"去杠杆"背景下
上市公司债务政策的持续性

黄 珍 著

机 械 工 业 出 版 社

在国家贯彻和落实供给侧结构性改革，大力推行"去杠杆"的背景下，本书基于路径依赖理论和印记理论，研究了我国上市公司债务政策持续性的存在性及其具体趋势，同时从主动选择和被动接受的视角深入探究了上市公司债务政策持续性的潜在影响因素。本书提出，战略惯性、盈利压力和创始 CEO 管理风格有助于上市公司主动增强其债务政策的持续性，而上市公司也会出于其融资约束和宏观环境稳定性的考虑而被动接受债务政策的持续性。本书有助于深入理解我国微观企业的债务政策持续性特征、规律及其产生机理，对于破除"去杠杆"的障碍，持续推进和落实"去杠杆化"相关政策，逐步实现企业杠杆率的下降，具有重要的理论价值和现实意义。

本书可供高校从事企业会计学领域研究的师生参考，也可用作企业会计人员的参考读物。

图书在版编目（CIP）数据

"去杠杆"背景下上市公司债务政策的持续性 / 黄珍著. —北京：机械工业出版社，2021.10

ISBN 978-7-111-69195-2

Ⅰ. ①去⋯　Ⅱ. ①黄⋯　Ⅲ. ①上市公司—债务管理—研究—中国　Ⅳ. ①F279.246

中国版本图书馆 CIP 数据核字（2021）第 192784 号

机械工业出版社（北京市百万庄大街 22 号　邮政编码 100037）

策划编辑：常爱艳　责任编辑：常爱艳

责任校对：张　力　封面设计：鞠　杨

责任印制：张　博

涿州市殷润文化传播有限公司印刷

2021 年 11 月第 1 版第 1 次印刷

169mm×239mm · 12.5 印张 · 1 插页 · 226 千字

标准书号：ISBN 978-7-111-69195-2

定价：59.00 元

电话服务　　　　　　　　　网络服务

客服电话：010-88361066　机　工　官　网：www.cmpbook.com

　　　　　010-88379833　机　工　官　博：weibo.com/cmp1952

　　　　　010-68326294　金　书　网：www.golden-book.com

封底无防伪标均为盗版　　机工教育服务网：www.cmpedu.com

前　言

随着现代金融市场与企业制度的发展，公司的财务决策一直都是公司财务管理的核心。然而，我国微观层面的企业债务政策却呈现出持续性的特征，并且无法采用现有的权衡理论和优序融资理论予以解释。为此，在我国宏观层面的供给侧结构性改革和"去杠杆"的现实背景下，本书重点研究了我国上市公司债务政策持续性的存在性及其具体趋势，同时从管理层主动选择和被动接受的视角深入探究了上市公司债务政策持续性的潜在影响因素，以期能够逐步实现企业杠杆率的下降，为国家宏观政策在微观层面的推行和实施提供政策建议。

一、本书的基本内容

公司财务决策的内容非常丰富，如何通过研究公司财务决策为微观企业行为和宏观政策制定提供参考依据就显得非常重要。

为此，本书重点关注上市公司债务政策的持续性趋势及其管理层主动选择和被动接受因素及其交互效应。在债务异质性假说的基础上，从债务规模异质性、债务来源异质性和债务期限异质性三个视角，提出研究债务政策的五个维度，在此基础上，针对我国上市公司债务政策的持续性问题，围绕以下三个方面展开深入研究：①基于债务异质性的视角，验证上市公司债务政策持续性的存在性，并描述上市公司债务政策持续性的具体趋势；②主动选择视角下，深入分析创始 CEO 管理风格、盈利压力和战略惯性等主动选择因素对债务政策持续性的影响机理；③被动接受视角下，深入分析融资约束和宏微观层面的环境不确定性对债务政策持续性的影响机理。本书采用实证研究的方法来开展研究工作，目的在于提出债务政策持续性的概念框架，详细揭示债务政策持续性的管理层主动选择因素和被动接受因素。

二、本书的主要创新点

本书的创新点主要体现在以下四个方面：

（1）提出了我国上市公司债务政策具有持续性的观点，认为公司的上市初期债务政策会持续地影响未来期间的债务政策。同时在债务异质性假说的基础上，提出了研究债务政策的五个维度，并且明确描述了上市公司债务政策持续性先下降而后再保持稳定的趋势。该创新点对于我国资本市场的发展、上市公司的债务政策选择以及完成"三去一降一补"工作都具有重要的现实意义，为公司及行业改善债务结构和制定有针对性的降杠杆政策提供了操作依据。

（2）运用路径依赖理论解释了上市公司债务政策持续性现象，克服了现有研究仅以印记理论对公司债务政策持续性进行理论解释的不足。基于路径依赖理论的解释，从不同的理论视角丰富了债务政策持续性的理论基础，对于理解上市初期债务政策对未来期间债务政策的内在影响具有至关重要的作用。

（3）提出了战略惯性和盈利压力有助于上市公司主动增强债务政策持续性的观点，并对现有创始 CEO 管理风格的研究广度和深度有所拓展。本研究发现战略惯性、盈利压力以及创始 CEO 管理风格都会显著地增强上市公司债务政策的持续性。该创新点基于公司主动选择因素的视角，挖掘出了战略惯性因素和盈利压力因素在解释上市公司债务政策持续性方面所具有的重要学术价值，拓展了 CEO 管理风格的相关研究。

（4）从被动接受的视角分析了融资约束和外部环境不确定性对债务政策持续性所产生的影响，提出了融资约束会增强上市公司债务政策的持续性，宏观层面的金融危机会降低上市公司债务政策的持续性，而微观层面的环境不确定性并不会影响债务政策的持续性。这意味着公司层面的融资约束和宏观环境的稳定性都会迫使微观企业被动接受债务政策的持续性，而深入研究我国微观层面的债务政策持续性特征对于更好地落实宏观层面的"去杠杆"等相关政策具有重要的现实意义。

本书在撰写过程中参考的国内外学者的相关著作，已在参考文献中列示。由于作者水平有限，书中难免存在不足之处，敬请广大读者指正，以便作者在后续研究中改进和完善。

作 者

目　录

第 1 章

绪论

1.1 研究背景

1.1.1 实践背景

1. 我国非金融企业部门的总债务杠杆率持续居高，去杠杆化势在必行

在当前供给侧结构性改革的背景下，"去杠杆化"已经成为我国经济改革的重要方向之一。自此之后，相关部门陆续出台了相关政策来推进"去杠杆化"的工作任务。

为进一步贯彻和落实供给侧结构性改革，完成"三去一降一补"的工作任务，国务院于 2016 年 10 月 10 日发布了《国务院关于积极稳妥降低企业杠杆率的意见（国发〔2016〕54 号）》，并明确提出通过优化债务结构、有序开展市场化银行债权转股权、依法破产、发展股权融资等措施，积极稳妥地降低企业杠杆率，助推供给侧结构性改革。

2019 年 7 月，国家发展改革委、中国人民银行、财政部和银保监会联合发布了《2019 年降低企业杠杆率工作要点》，切实将去杠杆工作从被动应对转为主动防控。具体来说，特别强调发挥金融资产投资公司的市场化债转股"主力军"作用，随后在资金募集、资本占用等诸多方面督促相关部门落实相关工作，推动市场化法治化债转股，同时综合运用各类降杠杆措施，进一步完善企业债务风险防控机制。

既然国家层面一直在大力推行去杠杆化工作，我国宏观层面非金融企业部门的总债务杠杆率到底如何？自 2008 年金融危机以后，我国非金融企业部门的总债务杠杆率持续攀升，并于 2017 年 3 月末达到 160.4%，较 2008 年 3 月的 97.7%上升了 62 个百分点，在全球处于较高水平。虽然从 2015 年中央工作会议提出"去杠杆"后，我国宏观杠杆率逐渐得到抑制并进入"稳杠杆"阶段。自 2017 年以来，我国非金融企业杠杆率已经有所下降，"去杠杆"取得了积极进展，但截至 2019 年 12 月，我国非金融企业部门的总债务杠

杆率依然达到了 151.3%，仍远高于 90% 的国际警戒水平。受疫情影响，2020 年我国非金融企业部门杠杆率又大幅攀升，并于 2020 年 6 月达到了 164.4%。总体来看，自 20 世纪 90 年代以来，我国的总债务杠杆率保持持续攀升的态势，在整体债务结构中非金融企业部门债务占比最高，而政府部门和居民部门的债务杠杆率相对较低，为了我国经济的长期稳定，实现非金融企业的去杠杆化势在必行。

2. 金融危机的冲击进一步加强了去杠杆化的趋势

2008 年，美国次贷危机爆发，进而引发了全球性的经济动荡。1980—2008 年，美国金融机构部门的杠杆率由 150% 大幅攀升至 400%（曲凤杰，2014）。美国在金融危机之前的高杠杆率是引发此次金融危机的重要因素。Allen，Rosenberg 和 Keller 等（2002）以发生过金融危机的国家为样本，分析发现，高杠杆率通常是导致金融危机爆发的重要因素。在金融危机之后，美国经济正在逐步实施去杠杆化措施，并对美国经济的稳定和复苏产生了重要影响。由于金融危机暴露出了过度使用金融杠杆和不当运用金融杠杆所产生的巨大风险。因此，金融危机的冲击也进一步加强我国经济的去杠杆化趋势。

3. 资本市场上零杠杆公司的比例呈逐年显著增长的趋势

从微观层面来看，公司采用债务融资不仅可以满足公司的融资需求，而且可以带来税收收益等好处。然而，在实践中，放弃债务融资收益而选择零杠杆政策的上市公司却并不少。已有研究发现，在美国，1962—2009 年放弃债务收益而选择零杠杆政策的公司比例平均为 10.2%（Strebulaev 和 Yang，2013）；在英国，1980—2007 年约有 12.18% 的非金融类上市公司选择了零杠杆政策（Dang，2013），零杠杆比例较美国更高；以 1988—2011 年 20 个北美和全球数据库中的发达国家为样本，平均约有 17.58% 的上市公司采用了零杠杆政策，零杠杆政策是一种国际化现象（Bessler，Drobetz 和 Haller 等，2013）。在我国，零杠杆观测值的比例也由 2000 年的 4.68% 增长到了 2012 年的 20.55%。2007—2014 年，平均有 33.98% 的公司曾经或正在采用零杠杆政策，而零杠杆观测值的平均比例也达到了 15.82%（黄珍、李婉丽和高伟伟，2016）。近年来，资本市场上零杠杆公司比例均呈现出不断增长的趋势（Strebulaev 和 Yang，2013；Bessler，Drobetz 和 Haller 等，2013；Devos，Dhillon 和 Jagannathan 等，2012；Dang，2013）。

综上可知，在宏观经济调控政策以及国际金融危机的双重影响下，降低我国非金融企业的杠杆率是目前经济改革的重要任务之一。在这种背景下，从微观层面来看，采用零杠杆政策的上市公司呈逐年显著递增的趋势。因此，深入研究微观企业的具体债务政策选择，对于解决我国非金融企业的去杠杆化问题具有必要性和重要的研究意义。

1.1.2　理论背景

自 1958 年 Modigliani 和 Miller 开创了现代资本结构理论研究的先河以后，资本结构政策一直是经济学和金融学的研究热点。关于资本结构理论的探讨，最初有 MM 理论，随后又有权衡理论、优序融资理论、代理理论等来解释公司的债务政策选择。这些理论能解释现实中存在的资本结构现象，但却无法解释所有的资本结构规律。针对 Lemmon，Roberts 和 Zender（2008）所提出的高杠杆公司持续 20 年仍采用高杠杆政策、低杠杆公司持续 20 年仍采用低杠杆政策的现象，即债务政策的持续性现象，现有的债务政策理论却无法做出合理的解释，需要运用新的理论，深入地理解债务政策持续性的具体作用机制。这是现有研究在理论方面存在的一个重大不足。

DeAngelo 和 Roll（2014）认为资本结构的稳定性只是一种特殊状态。然而在我国，1999—2015 年间，高杠杆公司持续 16 年仍采用高杠杆政策，而低杠杆公司持续 16 年仍采用低杠杆政策。也就是说，上市公司的债务政策存在长期稳定现象（Welch，2004；Hanousek 和 Shamshur，2011）。Lemmon，Roberts 和 Zender（2008）首次提出了资本结构持续性的概念，认为现已识别的传统资本结构决定因素无法解释上市公司资本结构的长期稳定现象，而资本结构政策的持续性主要来自于不随时间变化的无法观测因素。我国学者周开国和徐亿卉（2012）也就该问题进行了研究，研究结论基本与此一致，但并未解释资本结构政策具有持续性的可能原因。现有的理论文献和实证文献的研究都表明，公司债务政策选择受多种因素的共同影响，不仅包括微观层面的公司特征因素，也包括行业层面和宏观层面等被动接受因素。然而，这些传统的资本结构决定因素只能解释一小部分（最多 40%）的债务政策变化（Lemmon，Roberts 和 Zender，2008），而绝大部分债务政策变化来自于债务政策持续性的影响。因此，在这些传统影响因素之外，究竟是什么因素导致了债务政策的持续性呢？在此基础上，学者们针对资本结构政策的持续性展开了更深入的探究。Hanousek 和 Shamshur（2011）从宏观经济稳定性的视角，研究发现宏观经济的稳定性并不能解释资本结构的稳定性现象，而公司的所有权信息、所有权变化以及融资约束可能能够解释资本结构的稳定性现象。从公司成长类型的视角，Wu 和 Yeung（2012）研究指出，公司成长类型的持续性必然是导致资本结构政策持续性的一个重要原因。Hanssens，Deloof 和 Vanacker（2016）以创始 CEO 离职或去世事件为切入点，研究发现，当创始 CEO 离职或去世时，上市初期债务政策对未来期间债务政策的影响会显著降低。创始 CEO 对于债务政策的持续性具有重要的影响，由此验证了创始 CEO 管理风格对债务政策持续性的解释作用。

然而，现有研究仍存在以下几方面不足：

（1）考虑了现有的债务政策研究大都建立在债务同质性假说的基础上，忽视了债务规模异质性、债务来源异质性和债务期限异质性。虽然零杠杆政策已经成为一种国际化现象，但尚无学者将上市公司的零杠杆政策纳入债务政策的研究范围，探究零杠杆政策是否具有持续性。

（2）目前，债务政策持续性的相关研究主要以发达国家为研究对象，停留在现象描述以及可能的原因探究，鲜有研究从债务政策的多维度探究我国债务政策持续性的存在性及其具体的持续性趋势。

（3）虽然现有研究已经取得了一些进展，识别了公司成长类型、管理层风格等因素会对债务政策持续性产生积极的作用，但却忽略了债务政策持续性现象产生的一个基本问题——债务政策持续性是管理层主动选择还是被动接受的结果。

1.2 研究问题与研究意义

1.2.1 研究问题

债务政策持续性作为资本市场的一种异常现象，有必要对其进行更为深入的研究。债务政策持续性到底是管理层主动选择还是被动接受的结果？李延喜等人的（2012）研究指出，上市公司的债务政策选择会受到认知偏差的影响。因此，从本质上来说，关于主被动选择的探讨可以追溯至决策者心理机制和公司自身能力两方面。主动选择是指决策者基于自身的认知，主动评估所有的可选方案，平衡各种因素后而进行的决策（潘煜等，2016）；而被动接受是指决策者由于自身能力不足或其他因素，无法或不能主动选择，只能被动接受现有决策。本研究认为，债务决策可能是主动选择和被动接受综合影响的结果，而不同公司长期决策偏好的差异会促使其凸显出主动选择偏好或被动接受偏好。

本研究从实践背景和理论背景出发，结合现有研究存在的不足，深入探讨了我国上市公司债务政策持续性的存在性及其对最优债务政策动态调整速度的影响，同时分别从公司主动选择和被动接受两个角度研究了上市公司债务政策持续性的可能影响因素。本研究提出了以下几个研究问题：

（1）基于债务异质性假说。在我国，不同债务政策维度下，上市公司债务政策的持续性是否均存在？如果存在，不同债务政策偏好下，债务政策的持续性仍会存在吗？上市公司初期债务政策对最优债务政策的动态调整速度是否有影响？如果有影响，是否存在差异？

关于资本结构政策持续性的存在性已经得到了国内外学者的验证（Lemmon，Roberts和 Zender，2008；Hanssens，Deloof 和 Vanacker，2016；周开国和徐亿卉，2012）。在此基础上，本研究进一步扩展了债务政策的研究范围，首次将零杠杆政策纳入债务政策的研究范围。同时，在债务异质性假说的基础上，提出债务政策具体包括资本结构政策、债务类型结构政策、零杠杆政策、债务期限结构政策和债务期限分散度政策五个维度。针对债务政策的五个维度，本研究分别考察了上市公司初期债务政策对未来期间债务政策的影响，以及不同债务政策偏好对上市公司债务政策持续性的调节作用，进而更加明确了上市公司债务政策持续性的存在性。在验证了债务政策持续性的存在性后，深入考察了上市公司初期债务政策对最优债务政策动态调整速度的影响关系，同时研究了不同债务政策偏好对上市初期债务政策与最优债务政策调整速度之间关系的调节作用，进而确定了不同债务政策偏好下上市初期债务政策对最优债务政策动态调整速度的影响。

（2）基于主动选择的视角。哪些因素可能会促使上市公司增加其债务政策持续性？公司的战略惯性、盈利压力和 CEO 管理风格分别会如何影响债务政策的持续性？

随着研究的逐步深入，本研究从公司战略、管理层和 CEO 个人三个层面探究上市公司债务政策持续性的潜在主动选择因素。首先，基于公司战略层面，组织维持现有战略的可能性越大，战略惯性越大，因而公司是否会出于战略惯性的考虑而主动选择债务政策持续性？基于管理层层面，管理层是否会出于较高的盈利压力而主动选择债务政策的持续性？基于 CEO 个人层面，CEO 的管理风格是否会促使其主动选择债务政策的持续性？

（3）基于被动接受的视角。哪些因素会导致上市公司不得不增加其债务政策的持续性？公司的融资约束、微观层面的环境不确定性和宏观层面的金融危机分别会如何影响其债务政策的持续性？

被动接受所导致的债务政策持续性实属公司的无奈之举，更多受制于公司自身的融资约束和客观的外部融资环境情况。因此，公司的融资约束是否会导致上市公司不得不被动接受债务政策的持续性？从公司外部环境的角度，微观层面的环境不稳定性和宏观层面的金融危机是否会导致公司被动选择债务政策的持续性？

1.2.2　研究意义

本研究从上市初期债务政策这一视角，研究了我国上市公司债务政策持续性的存在性及其主被动选择因素。相关的研究结果具有重要的理论和实践意义。

1. 理论意义

在理论方面，本研究的意义主要体现在以下三个方面：

第一，本研究创新性地同时采用路径依赖理论和印记理论解释上市公司债务政策的持续性现象，对于理解上市初期债务政策对未来期间债务政策的内在影响机制具有至关重要的作用，弥补了现有研究对于债务政策持续性问题理论探讨的不足，丰富了债务政策持续性的理论基础。现有研究更侧重于对债务政策持续性现象的分析、描述以及原因探究，却忽视了用现有理论来解释债务政策具有持续性的合理性，本研究采用印记理论解释债务政策持续性现象主要是借鉴了 Hanssens，Deloof 和 Vanacker（2016）的研究，并在此基础上进行了扩展分析。同时，本研究认为，与印记理论有所不同，路径依赖理论则表现为惯性作用的不断正向反馈，不仅强调了历史的重要作用，也强调了时间的重要作用，也可以用来解释债务政策的持续性现象。这对于后续学者研究该问题具有重要的借鉴和指导意义。

第二，提出了研究债务政策的五个维度，并验证了债务政策的持续性。在债务异质性假说的基础上，从债务规模异质性、债务来源异质性和债务期限异质性三个视角，提出了研究债务政策的五个维度，具体包括资本结构政策、债务类型结构政策、零杠杆政策、债务期限结构政策和债务期限分散度政策，并分别从这五个维度验证了债务政策持续性的存在性。

第三，债务政策的持续性不仅可以用于明确债务政策的可预测性特征，而且可以作为衡量公司财务风险的重要特征。一方面，债务政策的可预测性特征是以持续性特征为前提的，不仅可以建立同一公司不同期间债务政策的确定关系，而且可以基于上市初期债务政策有效地预测未来期间的债务政策。在此基础上，认清并识别我国上市公司债务政策的持续性、可预测性规律，对于我国资本市场的发展、相关政策法规的制定以及公司债务政策的选择打下了良好的基础。另一方面，公司在债务政策持续性的基础上，结合经营风险，有助于从整体上进行风险控制。公司风险是由财务风险和经营风险共同决定的，即总杠杆系数等于财务杠杆系数乘以经营杠杆系数。因此，经营风险较高的公司可以使用较低的财务杠杆，而经营风险较低的公司可以用较高的财务杠杆。上市公司的债务政策调整会影响公司的财务风险水平，而债务政策的持续性反映了公司债务融资能力的状况以及财务风险的稳定性，在财务风险一定的情况下，也体现了公司经营风险的稳定性，这都有助于上下游企业与公司保持长期的合作，促进公司的持续性发展。

2. 实践意义

在实践方面，本研究的现实意义主要体现在以下几个方面：

第一，解释了债务政策持续性现象的存在及其原因。债务政策的持续性本质上是债务政策选择的问题。本研究表明，债务政策除了会受到来自外部资金供给和内部资金需求的影响外，上市公司的债务政策选择自身具有一定的持续性，公司上市初期的债务规模异质性（资本结构政策）、债务来源异质性（债务类型结构政策和零杠杆政策）以及债务期限异质性（债务期限结构政策和债务期限分散度政策）都会对未来的债务政策产生持续性的影响。本研究分别从公司主动选择和被动接受的视角深入探讨了债务政策持续性现象背后的影响因素。研究发现，公司的战略惯性、盈利压力、CEO 管理风格、融资约束以及宏观环境的稳定性等都会显著地增加债务政策的持续性。也就是说，公司出于战略惯性、盈余压力、创始 CEO 管理风格的考虑，会主动选择债务政策的持续性，而出于融资约束的限制、微观层面的环境不确定性和宏观层面的金融危机，会被动保持债务政策的持续性。本研究基于公司上市后债务政策的演变视角，采用债务政策的五个维度分别对公司上市后债务政策的动态变化进行分析，在此基础上总结和评价我国上市公司债务政策的特点、规律及其影响因素，这对于上市公司管理层如何根据以上主被动选择因素的变化更准确地选择债务政策，具有一定的现实参考价值。

第二，基于债务政策持续性的视角，本研究探究了上市公司如何进行债务政策选择以及不同公司之间的债务政策异质性问题。基于公司上市初期债务政策这一新的研究视角，本研究发现初期债务政策对未来期间的债务政策具有显著的正向影响，即债务政策具有持续性。也就是说，上市公司债务政策的差异主要是由上市初期的债务政策所决定，且其在长期内保持稳定。上市初期债务政策因子的引入不仅丰富了公司债务政策的影响因素研究，而且极大地提高了对于公司债务政策的演变以及不同公司债务政策异质性问题的解释力度，对于我国上市公司债务政策选择研究具有重要的意义。

第三，该研究结果有助于公司的各利益相关者意识到上市初期债务政策的重要性，正确识别影响债务政策持续性以及公司债务政策选择的可能因素。对于公司管理层来说，本研究揭示了上市初期债务政策是影响债务融资决策选择的重要渠道，而公司的战略惯性、管理层盈利压力、CEO 管理风格、融资约束、微观层面的环境不确定性和宏观层面的金融危机是影响上市初期债务政策产生持续性作用的重要因素。因此，重视公司的上市初期债务政策，明确当期债务政策的目标，有效评估债务政策持续性的主被动选择因素，有助于公司管理层选择更恰当的债务融资决策。对于政策制定者来说，鉴于公司的债务政策具有较强的持续性，且主要由上市初期债务政策所决定，因此在推行金融创新政策时可能存在一定的执行难度。为了降低此种风险，由本研究可以合理推测，一方面从管理层的角度，加强创始 CEO 或上市期间 CEO 对于金融创新政策的认识，另一方面从公司的组织战略角度，鼓励战略变革，进而促进金融创新政策的推行。对于外部投资者来说，在分析公司的债务政策选择时需要重点关注债务政策的持续性，并且可以从公司的战略惯性、管理层面临的盈利压力、是否为创始 CEO 或上市期间 CEO、是否具有融资约束以及外部宏观环境的稳定性等角度，综合考虑公司的债务政策选择，分析公司的财务风险，为下一步的投资决策提供依据。

第四，在债务政策的持续性特征下，我国经济的"去杠杆化"是一个长期过程。本研究发现，金融危机会降低上市公司债务政策的持续性，进而验证了宏观因素的冲击对于微观层面企业行为选择的影响。对于政策制定者来说，将宏观政策与微观企业行为相结合，可以更好地实现政策目的，有助于企业和政策制定者实现双赢。本研究也指出，我国上市公司的债务政策具有持续性，上市公司间的债务政策差异主要是由上市初期债务政策所决定，且其在长期内保持稳定。这就意味着在贯彻和落实供给侧结构性改革，完成"去杠杆化"的工作任务具有一定的难度。债务政策的持续性特征不仅不能助推供给侧结构性改革，反而会增加"去杠杆化"相关政策的实施难度，降低具体的实施效果。因此，在推进和落实"去杠杆化"相关政策时，不能操之过急，要结合我国微观企业的债务政策特征及规律，逐步地实现企业杠杆率的下降，这是一个长期过程。

1.3　研究内容、研究方法及本书的框架

1.3.1　研究内容

为了解决上述研究问题，本书以研究问题为导向来进行相关研究的安排。全书共分为 7 章，各章的研究内容如下：

第 1 章为绪论。首先，阐述了目前的实践背景和理论背景。其次，在此基础上，提出了本研究的研究问题和研究意义。再次，以研究问题为导向，阐述了与该问题相关的研究内容、研究方法以及论文框架。最后，简要总结了本研究的主要创新点。

第 2 章为核心概念界定及文献综述。首先，对债务政策和债务政策持续性这两个核心概念进行具体界定。其次，从债务政策的理论基础、影响因素和经济后果三个方面对现有研究进行文献综述。最后，基于债务政策持续性的理论基础及其影响因素分别进行文献回顾。在此基础上，针对现有研究进行研究述评，并提出了研究启示。

第 3 章为概念模型与研究假设。详细阐述了债务政策、上市初期债务政策、债务政策偏好、公司主动选择因素、公司被动接受因素等相关模型要素的概念界定。在此基础上，根据债务政策、上市初期债务政策以及公司主被动选择因素之间的内在关系进行理论分析，并构建了具体的概念模型。

第 4 章为上市公司债务政策持续性的存在性研究。针对上市公司债务政策的持续性是否存在，以及上市初期债务政策对最优债务政策动态调整速度的影响这两个问题，进行相关的研究设计和具体的实证结果分析，并进一步探讨了不同债务政策偏好对以上两个问题可能产生的影响。

第 5 章为债务政策持续性的主动选择因素研究。通过相关的研究设计和实证检验，研究了公司的战略惯性、盈利压力和创始 CEO 管理风格三个因素对债务政策持续性的具体影响机制，并以此为基础深入探讨了上市公司债务政策持续性的主动选择因素。

第 6 章为债务政策持续性的被动接受因素研究。通过相关的研究设计和实证检验，研究了融资约束、微观层面的环境不确定性和宏观层面的金融危机三个因素对上市公司

债务政策持续性的具体影响，以此为基础深入探讨上市公司债务政策持续性的被动接受因素。

第 7 章为结论与展望。归纳和总结了本研究的主要研究结论，并指出了本研究的主要创新点和可能的贡献，同时也说明了本研究可能存在的局限性以及未来的研究展望。

1.3.2 研究方法

本研究采用理论分析与实证研究相结合的研究方法，运用印记理论、路径依赖理论、委托代理理论、组织生态理论、业绩反馈理论和领导风格理论等管理学和经济学的相关理论，在统计学和计量经济学理论的基础上，研究了我国上市公司债务政策持续性的存在性及其主被动选择因素。在研究过程中，具体的实证检验方法包括：

（1）描述性统计分析。通过对债务政策、战略惯性、盈利压力、CEO 管理风格、融资约束、环境不确定性、金融危机以及相关的控制变量进行描述性统计分析，可以描述各变量的集中趋势、离散程度等特征，同时可以直观地发现各变量之间的相关关系，是进行后续复杂性分析的基础。

（2）相关性分析。相关性分析是研究各变量之间的相关关系的一种统计方法，具体来说，可以通过变量之间相关系数的方向、大小以及显著性程度来确定各变量之间的相关方向、相关程度及其显著性。

（3）多元线性回归分析。多元线性回归分析是一种统计方法，主要用于研究两个或两个以上自变量与一个因变量之间的线性关系。在本研究中，影响上市公司未来期间债务政策选择的因素有很多，除了以前研究所考虑的传统影响因素（控制变量）外，本研究主要对上市初期的债务政策、战略惯性、盈利压力、CEO 管理风格、融资约束、环境不确定性和金融危机等因素进行了相关回归分析。

（4）logistic 回归分析。logistic 回归分析是针对因变量为二值变量或多分类变量的一种方法。在本研究中，由于零杠杆政策变量是虚拟变量，因此，在具体的实证回归中，当零杠杆政策为因变量时，则采用 logistic 回归分析的方法。

（5）分位数回归分析。分位数回归是估计自变量与因变量的分位数之间线性关系的建模方法，描述了在某个分位数下的局部拟合效果。同时，由于分位数回归采用加权最小一乘估计方法，其估计通常具有较强的稳健性。在本研究中，对因变量采用分位数回归作为其中一种稳健性检验方法，从而验证本研究结论的可靠性。

1.3.3 本书的框架

本书的大体框架如图 1-1 所示。

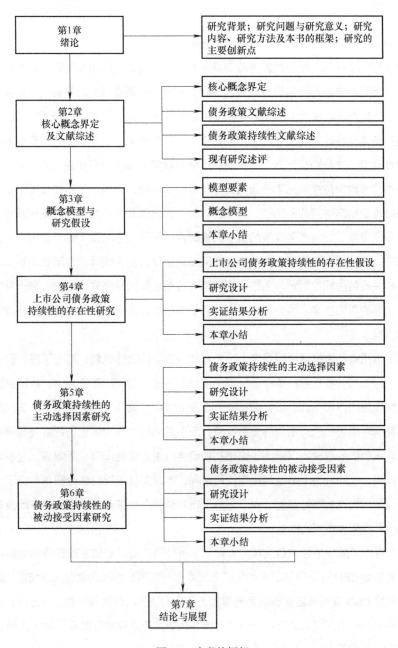

图 1-1 本书的框架

1.4　研究的主要创新点

本研究的创新点主要体现在以下四个方面：

（1）提出了我国上市公司债务政策具有持续性的观点，认为公司的上市初期债务政策会持续地影响未来期间的债务政策。同时，在债务异质性假说的基础上，从债务规模异质性、债务来源异质性和债务期限异质性三个视角，提出了研究债务政策的五个维度，具体包括资本结构政策、债务类型结构政策、零杠杆政策、债务期限结构政策和债务期限分散度政策，并分别从这五个维度验证了债务政策持续性的存在性。并且明确描述了上市公司债务政策持续性先下降而后再保持稳定的趋势，还揭示了不同维度下债务政策达到最终稳定所需时间的差异性。该创新点通过提出债务政策持续性的概念并对其进行验证，不仅丰富了公司债务政策的影响因素研究，也极大地增强了对于公司内部债务政策的演变以及不同公司间债务政策异质性问题的解释力度。同时，对于我国资本市场的发展、相关政策法规的制定、上市公司的债务政策选择以及完成"三去一降一补"工作都具有重要的现实意义，为公司及行业改善债务结构和制定有针对性的降杠杆政策提供了操作依据。

（2）运用路径依赖理论解释了上市公司债务政策持续性现象，克服了现有研究仅以印记理论对公司债务政策持续性进行理论解释的不足。与印记理论不同，本研究认为在路径依赖理论的作用下，上市初期的债务政策能够在"惯性"的作用下不断正向反馈，并最终持续性地影响未来期间的债务政策，而不是单纯地以"印记"判断公司债务政策持续性。路径依赖理论不仅强调了上市初期债务政策的重要作用，还强调了它在时间上的重要作用。因此，基于路径依赖理论的解释，本研究从不同的理论视角丰富了上市公司债务政策持续性的理论基础，对于理解上市初期债务政策对未来期间债务政策的内在影响机制具有至关重要的作用。

（3）提出了战略惯性和盈利压力有助于上市公司主动增加债务政策持续性的观点，并对现有创始 CEO 管理风格研究的广度和深度有所拓展。本研究发现战略惯性、盈利压力以及创始 CEO 管理风格都会显著地增加上市公司债务政策的持续性。一方面，战略惯性因素和盈利压力因素有助于对上市公司债务政策的持续性进行解释；另一方面，基于 CEO 管理风格的视角，上市公司债务政策持续性现象的产生主要源于创始 CEO 管理风格的影响，也部分受到了上市时非创始 CEO 管理风格的影响，但不会受其他非创始 CEO 管理风格的影响。该创新点基于公司主动选择因素的视角，分别从战略惯性、盈利压力和创始 CEO 管理风格三个方面研究了债务政策持续性的主动选择因素，从而挖掘出了战略惯性因素和盈利压力因素在解释上市公司债务政策持续性方面所具有的重要学术价值，拓展了 CEO 管理风格的相关研究。

（4）从被动接受的视角分析了融资约束、微观环境的不确定性和宏观层面的金融危机对债务政策持续性所产生的影响，提出了融资约束会增加上市公司债务政策的持续性，宏观层面的金融危机会降低上市公司债务政策的持续性，而微观环境的不确定性并不会影响债务政策的持续性。该创新点一方面提出了公司由于自身融资能力的限制导致其被动接受债务政策的持续性；另一方面扩展了公司外部环境因素与债务政策持续性间的关系研究。本研究认为，上市公司债务政策持续性的作用较强，不会受公司层面的非系统性风险影响，但可能受到宏观层面的系统性风险冲击。这意味着融资约束和宏观环境的不确定性都会迫使微观企业被动接受债务政策的持续性，而深入研究我国微观层面的债务政策持续性特征，对于更好地落实宏观层面的"去杠杆化"等相关政策，具有重要的现实意义。

第 2 章

核心概念界定及文献综述

本章主要包括核心概念界定和文献综述两部分。首先对债务政策和债务政策持续性这两个核心概念进行具体界定。然后基于国内外的债务政策研究以及债务政策持续性研究这两个方面进行了文献综述。在债务政策的研究文献中，本研究将其分为债务政策的理论基础、影响因素和经济后果三部分，并分别进行文献回顾。在债务政策持续性的研究综述中，本研究具体分为债务政策持续性的理论基础、影响因素两部分，并分别进行文献回顾。在此基础上，针对债务政策和债务政策持续性的相关文献回顾进行研究述评，并提出了相关的研究启示。

2.1 核心概念界定

2.1.1 债务政策的概念界定——基于债务异质性的视角

在现有研究的基础上，本研究认为，债务政策是指公司债务资本的构成及其比例关系。然而，现有的债务政策研究大都建立在债务同质性假说的基础上，忽视了长期债务和短期债务、银行信用和商业信用之间的差异等，本研究拟从债务异质性假说的视角深入研究债务政策的选择。

西方的债务政策选择理论大多都建立在债务同质性假说的基础上，认为负债就公司内部而言是没有差异的，这对于解释我国企业的债务政策选择具有一定的局限性。然而，David，O'Brien 和 Yoshikawa（2008）提出了债务异质性的概念，并根据债务期限和投资收益的属性将公司债务区分为交易型债务和关系型债务。其中，交易型债务以公司债券为代表，是指业绩标准简单且具有固定时间范围的公司债务；而关系型债务以银行贷款为代表，是指业绩标准复杂、可能有多种来源的潜在收益、债务期限长短具有不确定性的公司债务。类似的，李心合、王亚星和叶玲（2014）也认同了债务异质性的观点，有所不同的是，他们的研究基于金融性负债和经营性负债在来源渠道、范围与内容、债务成本、债务条件以及债务期限五个方面的巨大差异，进而提出了债务异质性假说。债务异质性假说认为，我国与西方国家信用制度的差异导致了我国经营性负债和金融性负债间存在很大的差异，因而债务异质性假说更符合我国的国情。

在债务异质性假说的基础上，胡建雄和茅宁（2015）提出，债务异质性可以表现为债务规模异质性、债务来源异质性和债务期限异质性三类。基于此，本研究分别从这三个视角来具体研究公司的债务政策。

1. 债务规模异质性

债务规模异质性体现了不同公司间债务融资规模的差异。考虑到资本结构政策可以从总体上反映公司全部负债与总资产之间的关系，可以凸显不同公司间债务规模的异质性，因而，本研究基于债务规模异质性的视角，采用资本结构政策进一步探讨债务政策的持续性。

2. 债务来源异质性

债务来源异质性体现了公司对不同债务融资方式选择的差异，如银行借款、商业信用、债券等。基于债务来源异质性的视角，本研究采用了以下两种债务政策：

（1）债务类型结构政策。债务类型结构政策是公司债务集中于某一种或某几种债务类型，可以展现公司进行债务政策选择时债务类型结构的集中程度，明确体现公司对不同来源债务融资方式的选择偏好。

（2）零杠杆政策。零杠杆政策是指公司不采用银行债务融资，是债务类型结构政策的一种特殊形式。近年来零杠杆公司呈现逐年增长的趋势，我国非金融类上市公司中选择零杠杆政策的比例平均达到了 12.03%，并且公司的零杠杆政策具有一定的持续性（黄珍，李婉丽和高伟伟，2016）。因此，结合我国的现实背景，本研究认为，零杠杆政策以更为极端的方式，即无银行债务融资，显现了上市公司针对不同来源债务融资方式（银行借款与非银行借款）选择的差异，有必要将其纳入债务政策的研究范围中，作为一种债务政策类型，以进一步丰富和完善债务政策的定义。

总体上，与零杠杆政策相比，债务类型结构政策的范围更广，不局限于银行借款与非银行借款的选择偏好，更强调商业信用、银行债务、债券等债务类型的选择偏好。鉴于两者的侧重点有所不同，故而不能相互替代，都需单独纳入债务政策的研究中。

3. 债务期限异质性

债务期限异质性体现了公司对不同期限债务选择的差异。基于债务期限异质性的视角，本研究采用了债务期限结构政策和债务期限分散度政策两种债务政策。具体来说，债务期限结构政策是目前学术界广泛采用并用以衡量公司债务期限特征差异的债务政策，其更强调短期债务和长期债务之间的差异。而债务期限分散度政策虽然也描述债务期限特征，但与债务期限结构政策有所不同，它更强调不同期限债务的分散程度，是一种管理公司展期风险的有效政策。因此，虽然债务期限结构政策和债务期限分散度政策都体现了公司债务期限特征的差异，但侧重点不同，且无法相互替代，有必要分别进行有针对性的深入研究，将其共同纳入到债务政策的研究范围。

鉴于此，在债务异质性假说的基础上，从债务规模异质性、债务来源异质性和债务期限异质性三个视角，本研究提出了研究债务政策的五个维度，具体包括资本结构政策、债务类型结构政策、零杠杆政策、债务期限结构政策和债务期限分散度政策。针对这五个维度的债务政策概念界定及特征描述详见第 3 章。

2.1.2　债务政策持续性的概念界定

债务政策持续性的概念源于 Lemmon，Roberts 和 Zender（2008）所提出的资本结构持续性概念。该研究发现，高杠杆公司持续 20 年仍倾向于保持高杠杆水平，而低杠杆公司亦然。进一步研究认为，公司的资本结构中包含一个显著的且不随时间改变的部分，进而提出了资本结构持续性的概念。为了验证资本结构持续性的存在，在传统资本结构决定因素模型设定的基础上，该研究进一步考虑了上市初期资本结构因素对资本结构政策的影响，研究发现，公司的上市初期资本结构政策对未来期间的资本结构政策变化具有显著影响，即公司的资本结构政策确实具有持续性。由此，该研究开启了上市公司债务政策研究的一个崭新的研究视角——债务政策的持续性。在此基础上，Hanssens，Deloof 和 Vanacker（2016）将资本结构政策的持续性拓展至了债务政策持续性，具体包括资本结构政策、债务类型结构政策、债务期限结构政策和债务期限分散度政策四种债务政策。该研究沿用了 Lemmon，Roberts 和 Zender（2008）的方法，采用上市初期债务政策对未来期间债务政策是否具有显著影响来衡量债务政策的持续性。

借鉴 Hanousek 和 Shamshur（2011），Wu 和 Yeung（2012）以及周开国和徐亿卉（2012）等研究，本研究认为，债务政策持续性是指公司的上市初期债务政策持续到未来期间的程度，即上市公司初期债务政策是否会对未来期间债务政策具有显著的正向作用。债务政策持续性的具体表现就是债务政策存在长期的持续性特征，如财务杠杆较高的公司会持续地采用较高的财务杠杆，而财务杠杆较低的公司会持续地采用较低的财务杠杆。因此，上市公司未来期间债务政策的高低，主要由上市初期债务政策所决定。

目前，在会计学领域中，关于持续性概念的研究主要集中于盈余持续性。而债务政策持续性的概念界定与盈余持续性的概念存在一定的类似，但也存在很大不同。首先，由于债务政策持续性概念的提出较晚，以及会计盈余在财务报表中处于核心地位，目前两者的受重视程度不同。其中，盈余持续性一直被看作盈余质量的重要特征。较高的盈余持续性不仅可以反映公司经营业绩的稳定性和较高的管理水平，而且也可以反映公司财务报告的较高质量，有利于降低公司风险和提高公司价值，对于公司自身和投资者都具有重要的意义。而债务政策持续性概念不仅可以解释上市公司中高杠杆公司持续采用高杠杆政策、低杠杆公司持续采用低杠杆政策的现象，而且极大地增强了对于公司内部债务政策的演变以及不同公司间债务政策异质性问题的解释力度，对于我国上市公司债务政策选择研究具有重要的意义。其次，两者所强调的重点及衡量方式不同。盈余持续性强调了当期盈余持续到下一期的程度，而债务政策持续性则强调了上市公司初期债务政策持续性到未来期间的程度，进而导致两者衡量方式的差异。目前在国内外研究中，线性一阶自回归模型是衡量盈余持续性的主导方法，主要采用当期盈余来预测下一期盈余，通过判断当期盈余的回归系数接近于 1 的程度，进而判断持续性的强弱。而债务政策持续性的衡量则更强调在传统资本结构决定因素模型设定的基础上，上市初期债务政策对未来期间债务政策的增量解释作用。具体来说，通过判断上市初期债务政策的回归系数是否显著，进而判断是否存在持续性。

2.2　债务政策文献综述

2.2.1　债务政策的理论基础

前文已述，债务政策主要包括资本结构政策、债务类型结构政策、零杠杆政策、债务期限结构政策以及债务期限分散度政策五个维度。在本节中，主要运用资本结构政策相关理论来回顾债务政策的理论基础。资本结构理论是公司财务理论的核心，其理论体系的发展可追溯至 20 世纪 50 年代。本节简要概述了 MM 理论、权衡理论、代理理论、基于信息不对称的资本结构理论以及控制权理论。

1. MM 理论

Modigliani 和 Miller（1958）提出的 MM 理论认为，在没有考虑公司所得税的情况下，公司的资本结构与公司价值无关，即"无税 MM 理论"。其表达式如下：

$$V_L = \frac{\text{EBIT}}{K_{\text{WACC}}^0} = V_U = \frac{\text{EBIT}}{K_e^U} \qquad (2\text{-}1)$$

式中，V_L 是指具有负债的公司（负债类公司）的价值；EBIT 是指公司全部资产的预期收益（永续现金流折现）；K_{WACC}^0 是指负债类公司的加权平均资本成本；V_U 是指不含负债的公司（全权益类公司）的价值；K_e^U 是指全权益类公司的权益资本成本。

该理论表明，公司是否采取债务融资对于其加权平均资本成本并不会产生影响，加权平均资本成本始终等于权益资本成本。因此，在该理论下，加权平均资本成本始终保持不变，公司价值仅取决于预期收益。

由于无税 MM 理论的假设条件过于严格，在现实经济中很难实现，也无法解释现实的资本结构现象。因此，1963 年，Modigliani 和 Miller（1963）进一步放宽了部分假设，对无税 MM 理论进行了修正并提出，在考虑公司所得税的情况下，负债类公司的价值等于相同风险等级的全权益类公司的价值加上债务利息抵税收益的现值：

$$V_L = V_U + T \times D \qquad (2\text{-}2)$$

式中，V_L 和 V_U 的定义与式（2-1）相同；T 是指公司的所得税税率；D 是指公司的债务规模。

该理论表明，由于债务利息可以在税前扣除，而随之产生的债务利息的抵税收益有助于增加公司的现金流，进而增加公司价值。因此，公司价值会随着负债比率的增加而逐渐增加。最终，当公司负债率达到 100% 时，公司价值达到最大。

通过对上述无税 MM 理论和有税 MM 理论模型的分析，不难发现，MM 理论是在一系列严格的假设条件下推论得出的，其结论虽然毋庸置疑，但却无法完全解释实体经济中存在的现象，比如 MM 理论并未考虑个人所得税对资本结构与公司价值之间关系的影响。

2. 权衡理论

有税 MM 理论虽然考虑了债务利息的抵税收益，但却忽略了负债可能带来的财务困境成本。因此，权衡理论是在 Modigliani 和 Miller（1963）提出的债务税盾价值和 Kraus

和 Litzenberger（1973）提出的财务困境成本之间进行权衡的基础上，实现公司价值最大化的最优资本结构。其表达式如下：

$$V_L = V_U + TD - \text{PV} \qquad\qquad （2\text{-}3）$$

式中，V_L、V_U、T 和 D 的定义与式（2-2）相同；TD 表示债务的税盾价值；PV 表示财务困境成本的现值。

一方面，随着负债率的增加，债务利息的税盾价值可以提高公司价值；另一方面，公司财务困境成本的现值也会随着负债率的增加而逐渐增加，并降低公司价值。因此，在权衡理论下，存在最优资本结构，即当边际债务税盾价值等于边际财务困境成本的现值时，债务税盾价值与财务困境成本达到平衡状态，此时公司价值达到最大值。

权衡理论虽然可以解释上市公司的债务率并非越大越好的现象，但是也存在一定的局限性，仍无法解释一些重要的现象。例如，根据权衡理论，最优债务率与公司的盈利能力应该正相关，然而，实证研究却发现，盈利能力较强的公司往往具有相对较低的债务率，与权衡理论的结论正好相反。

3. 代理理论

随着公司所有权和控制权的分离，公司的代理问题逐渐显现。而代理成本也逐渐成为影响公司资本结构选择的重要因素之一，代理理论应运而生。在资本结构决策中，股东、管理层和债权人之间的利益冲突会影响投资项目的选择，进而引发过度投资和投资不足，产生债务代理成本。Jensen 和 Meckling（1976）将不同主体间的代理冲突主要分为股东与管理层间的利益冲突和股东与债权人间的利益冲突。

过度投资是指公司采用净现值为负的项目而降低公司价值。发生过度投资的情形有如下两种：第一，当公司的股东与管理层间存在利益冲突时，管理层出于自利行为会产生过度投资。Jensen（1986）研究指出，当公司的自由现金较多时，即使缺乏盈利性的投资项目和成长机会，管理层也具有较强的动机通过扩大公司规模实现对公司资源的控制，从而导致随意支配自由现金流投资于净现值为负的项目而产生过度投资，而不是向股东分配股利。第二，当股东与债权人间存在利益冲突时，管理层作为股东利益的代表，倾向于选择高风险的投资项目，从而产生资产替代。这是因为高风险项目的风险主要由债权人承担，但收益却主要由股东获得。因此，股东通过选择高风险项目提高了债务资金的实际风险水平，降低了债务价值，可将债权人的财富转移至股东。

投资不足是指公司放弃净现值为正的项目而降低公司价值。投资不足主要发生在财务杠杆比率较高的公司中。此时，虽然投资项目的净现值为正，但是投资项目的收益大部分归债权人所有，而投资项目的成本则主要由股东来承担，从而导致了投资不足，损害了债权人的利益，降低了公司价值。

因此，债务代理成本的产生不仅源于过度投资，而且也源于投资不足。同时，随着债务代理成本的产生，也会产生相应的代理收益。为了降低债务代理成本的增加对债权人利益造成的损害，债权人通常会在债务契约中加入一些限制性条款，如提高利率、提供抵押担保或限定资金的用途等，以此来更好地保护债权人利益，约束减损公司价值的行为。同时，债务利息的定期偿付义务履行可以降低公司的自由现金流，约束管理层随意支配自由现金流的行为，降低管理层的机会主义行为对公司价值的损害。总之，债务代理收益有助于增加公司价值或约束公司价值减损的行为。

综上所述，在考虑了债务代理成本和代理收益的基础上，扩展后的资本结构权衡理论（即代理理论）表达式如下：

$$V_L = V_U + TD（债务税盾价值）- PV（财务困境成本）-$$

$$PV（债务代理成本）+ PV（债务代理收益） \qquad （2-4）$$

式中，V_L、V_U、T 和 D 的定义与式（2-2）相同；PV（财务困境成本）表示财务困境成本的现值；PV（债务代理成本）表示过度投资和投资不足产生的债务代理成本；PV（债务代理收益）表示由债务契约的限制性条款或定期偿付义务等而产生的债务代理收益。

代理理论提供了一种研究资本结构如何通过引发相应的债务代理成本及其代理收益进而影响公司价值的框架，对于解释实际的资本结构现象具有重要的现实意义。

4．基于信息不对称的资本结构理论

不对称信息是指交易中的各方拥有的信息不同，如公司管理层比外部投资者拥有更多关于公司资产质量以及未来发展前景的信息。基于信息不对称的资本结构理论主要分为优序融资理论和信号传递理论两类。

（1）优序融资理论

优序融资理论是 Myers（1984）以及 Myers 和 Majluf（1984）建立并提出的。该理论认为，当公司具有融资需求时，公司会首先选择内源融资而非外源融资，在外源融资中优先考虑债务融资。优序融资理论正好可以解释盈利能力较强的公司为何具有较低的债务率，这是因为具有较强盈利能力的公司往往具有充足的内源融资能力，当公司存在融资需求时，较强的内源融资可以降低公司的外部融资需求，进而导致较低的债务融资

比率。优序融资理论揭示了公司在进行融资决策时对不同筹资方式具有一定的顺序偏好。

优序融资理论将信息不对称纳入资本结构的研究框架中。这里的信息不对称主要是指公司内部管理层通常比外部投资者拥有更多关于公司未来经营预期的有价值的信息。由于公司内部人与外部投资者之间存在信息不对称，公司的股票市场价值可能被高估或者低估。当公司股票价值被高估时，管理层会通过发行股票为新项目融资，让新股东分担投资风险，以维护现有股东的价值。当公司股票价值被低估时，管理层可能会放弃发行股票而更偏好内部留存收益和债务为投资项目融资，因为发行股票会使得新股东获得超额收益而损害现有股东的利益。然而，对于外部投资者来说，公司进行外部权益融资可能向市场传递其股价被高估的信号，从而降低投资者对发行股票公司价值的预期，导致股票价格下跌。

为了避免外部投资者的逆向选择行为对公司价值的不良影响，管理层出于融资成本的考虑，会优先选用成本最低的内源融资方式为投资项目筹资。如果留存收益不能满足项目的资金需求，则需要进行外部融资，在外部债务融资和股权融资中优先考虑债务融资。因此，公司筹集资金时具有一定的顺序偏好，遵循"先内源融资后外源融资、先债务融资后权益融资"的基本顺序。

该理论虽然可以解释部分资本结构现象，但是无法解释现实生活中所有的资本结构规律。

（2）信号传递理论

信号传递理论主要是以 Ross 模型、Leland 和 Pyle 模型为代表。在 MM 理论的基础上，Ross（1977）完全保留了 MM 理论的全部假设，仅仅放松了关于充分信息的假设，认为公司管理层拥有内部信息，管理层的激励计划和融资结构选择可以通过向市场传递信号进而影响公司价值。Ross 模型认为，管理层可以通过债务融资比率向投资者传递公司利润分布的信息。由于高质量的公司可以承受高债务融资比率所带来的还本付息压力，而低质量的公司基于可能的破产风险无法承受，因此，通过债务融资比率的高低就可以区分公司质量的高低，这就是 Ross 模型的信号传递作用。

Leland 和 Pyle（1977）认为企业家持股比例可以向市场传递公司质量的信号。这是因为，企业家与投资者之间存在信息不对称，因此当企业家的持股比例越高，外部投资者会认为公司的项目质量越高，公司价值越大，即公司质量是企业家持股比例的一个函数。由于增加持股比例会降低企业家的效用，而提高债务融资比率可以变相地提高企业家的持股比例，从而向市场传递公司质量的信号。因此，与 Ross 模型相一致，Leland 和

Pyle 模型也认为，提高债务融资比率可以向市场传递公司质量较好的信号。

5. 控制权理论

由于股票具有投票权而债务没有投票权，因此资本交易不仅会带来剩余收益的分配问题，还会带来剩余控制权的分配问题。随着公司兼并和接管活动的不断深入，自20世纪80年代，学术界开始研究公司的控制权市场和资本结构之间的关系，并逐渐成为资本结构研究的重点。目前，Harris 和 Raviv（1988）、Stulz（1988）以及 Aghion 和 Bolton（1992）等都对该领域做出了突出的贡献。

Harris 和 Raviv（1988）假定管理层的收益来自其持有的股份和控制权，并且管理层可以通过调整其持股比例操纵并购结果。因此，经理与竞争对手之间的控制权之争主要取决于其持有股份的比例。鉴于管理层的个人财富有限，管理层仅通过增加持股来扩大其在接管活动中的控制权往往会受到限制，而改变公司的资本结构，即提高债务水平，进而获得公司的控制权则更具有优势。因此，债务杠杆的增加可以作为一种反收购政策，管理层可以通过选择反收购政策影响公司接管活动的类型及其结果。也就是说，公司的资本结构选择会受到控制权市场的影响。

Stulz（1988）研究指出，公司的资本结构会影响到公司表决权的分布状况。假设管理层所能控制的表决权比例为 α，当 α 较小时，增加债务水平可以提高 α 值，可以进一步提高公司发行在外的股票价值，此时公司价值会随着 α 值的增加而增加；但当 α 值较大时，此时公司价值与 α 则会变成负相关关系。鉴于公司价值和 α 值之间的这种不确定关系，管理层可以通过改变公司的资本结构来影响公司的表决权分布 α，进而影响公司价值。

Aghion 和 Bolton（1992）认为，债务融资和权益融资不仅在收益索取权上有所不同，在控制权的安排上也有所不同。对于债务融资来说，如果公司能够按期还本付息，那么管理层就拥有公司的控制权；反之，则公司的控制权就由管理层转移至债权人。对于权益融资来说，如果公司采用具有投票权的股票进行融资，那么控制权就归股东所有；反之，则控制权由股东转移至公司的管理层所有。从本质上来讲，由于债务契约和破产机制相关，而权益融资与公司经营控制权相关，因此，公司对于债务融资和权益融资方式的选择在很大程度上会影响公司控制权的变化。

目前，本研究主要探讨了 MM 理论、权衡理论、代理理论、基于信息不对称的资本结构理论和控制权理论等主流的资本结构理论，这些理论都从不同的视角阐述了资本结构与公司价值之间的关系，对于解释现实的资本结构现象以及指导公司相关决策都具有至关重要的作用。除此之外，相关学者提出的市场时机理论、基于产业组织的资本结构理论以及基于行为金融的资本结构理论等也都具有重要的理论意义和现实价值，这里就不再一一细说。

2.2.2　债务政策的影响因素

理论文献和实证文献已经发现，债务政策的选择可能受多种因素的影响，不仅包括微观层面的公司特征因素，而且包括中观层面的行业特征因素、宏观层面的国家因素等。因此，在现有文献的基础上，本研究分别从微观层面因素、中观层面因素和宏观层面因素三个方面对债务政策的影响因素进行文献综述。

1. 微观层面的公司特征因素

已有研究表明，公司规模可以影响上市公司的债务决策。然而，研究结论并不一致，主要分为两个方面：

（1）公司规模与资本结构正相关。Titman 和 Wessels（1988）研究指出，公司的规模越大，其多元化程度越高，破产风险越低，因此负债率越高。大规模公司在债务市场上的声誉更好，具有较低的债务代理成本（Frank 和 Goyal，2009）。基于信息不对称的视角，大规模公司面临的信息不对称程度更低，信息透明度更高，因此，债务发行规模通常较大（Byoun，2008）。此外，大规模公司通常具有较大的债务能力（Kayo 和 Kimura，2011）。

（2）公司规模与资本结构负相关。Rajan 和 Zingales（1995）的研究支持了这种观点。该研究认为，公司规模越大，信息透明度越高，外部投资者可获取的信息越多，公司更偏好于股权融资而不是债务融资，公司规模与资本结构呈负相关。

有形资产的规模表示了公司可变现资产的价值。该指标可以在一定程度上评价公司的偿债能力，因而对债务政策的选择具有重要的影响。Titman 和 Wessels（1988）以及 Rajan 和 Zingales（1995）均认为，大规模的有形资产可以用作抵押品，以此来降低债务代理成本，从而降低债权人的风险。另外，由于有形资产具有实物形态，与无形资产相比，其价值更容易评估，因此可用于降低预期的破产成本（Frank 和 Goyal，2009）。Almeida 和 Campello（2007）研究指出，有形资产作为公司融资约束状态的一个决定因素，当有形资产比例较低时，投资现金流敏感性会随着有形资产的增加而增加；但当有形资产比例较高时，公司处于无融资约束状态，这种效应就会消失。因此，已有研究普遍认为，有形资产比例越高，公司的杠杆水平越高。

盈利能力对公司债务政策选择的影响主要分为以下两种观点。一种观点认为，盈利能力越强，公司的债务水平越低。首先，基于优序融资理论，公司融资时先采用内源融资后采用外源融资。此时，公司的盈利能力越强，其内源融资能力越强，外部融资规模越小，债务融资比例越小。Fama 和 French（2002）以及 Shyam-Sunder 和 Myers（1999）已经证实了这一观点。Kayo 和 Kimura（2011）研究表明，公司的盈利能力和杠杆水平呈现显著的负向关系，支持了优序融资理论。另一种观点认为，盈利能力越强，公司的债务水平越高。Frank 和 Goyal（2009）研究表明，盈利较好的公司面临较低财务困境成本和更有价值的债务税盾效应，进而会促使公司举借更多的债务。此外，Jensen（1986）的研究也指出，债务的定期偿付义务可以约束管理层滥用自由现金流。而盈利能力较强的公司通常具有较多的自由现金流，举借较多的债务可以更好地解决自由现金流问题。

投资机会是影响上市公司资本结构、债务期限结构等债务政策选择的重要因素之一（Adam 和 Goyal，2008）。一方面，随着投资机会的增多，管理层与外部投资者之间的信息不对称程度增加，上市公司会遵循优序融资理论进行融资选择。此时，过多的投资机会使得上市公司的留存收益无法满足其投资需求，基于优序融资理论，上市公司会优先选择债务融资而非权益融资，从而导致债务融资的增加。与此相反，Autore 和 Kovacs（2010）研究表明，当公司的信息不对称程度与前些年相比有所降低时，此时上市公司更可能发行权益而不是进行债务融资。另一方面，过多的投资机会会增加上市公司的财务困境成本，减少自由现金流，同时加重债务代理成本，进而降低债务融资规模。Billett，King 和 Mauer（2007）的研究结论支持了该观点，他们的研究表明，公司的增长机会与杠杆水平负相关。但是由于契约保护可以缓解高增长公司的债务代理成本，因此，增长机会与杠杆水平的负向关系会随着契约保护程度的增加而减弱。Goyal，Lehn 和 Racic（2002）以 1980—1995 年间 61 个美国国防公司和 61 个配对制造业公司为样本，研究了公司债务水平和债务结构如何随着增长机会的变化而变化，研究表明，随着公司增长机会的下降，公司的债务规模会显著扩大，债务期限结构会显著变大，支持了增长机会与杠杆水平负相关的观点。

由于债务利息可以税前扣除，因此，毋庸置疑，税率也是影响上市公司债务政策选择的重要因素。Graham（1996）针对这一问题进行研究后发现，高税率的公司会发行更多的债务。既然债务的税收收益会影响公司的融资决策，那么，债务的税收收益有多大呢？ Graham（2000）以此为研究问题并得出结论认为，债务的资本化税收收益等于公司价值的 9.7%。Gordon 和 Lee（2001）研究了公司税率变化对不同规模公司债务政策的影响，研究认为，保持个人所得税率不变，公司所得税率每下降 10 个百分点，债务融资预计下降 3.5 个百分点。此外，由于小规模公司的边际税率比大规模公司更低，小规模公司更依赖债务融资，如果不控制公司规模的影响，估计税率的影响是强烈下偏的。Faccio 和 Xu（2015）采用 OECD（Organization for Economic Cooperation and Development）国家的税收数据库和世界银行的世界发展指数，以 29 个 OECD 的国家在 1981—2009 年间近 500 次的税率外生变化为自然实验，研究了税率对公司资本结构的影响。研究表明，公司所得税和个人股息税是公司资本结构的重要决定因素，当公司所得税或个人股息税增加时，公司更可能增加杠杆水平；当公司所得税或个人股息税降低时，公司更可能降低杠杆水平。李增福、顾研和连玉君（2012）从节税收益和破产成本的视角研究发现，即使面临同样的税率变化，由于边际破产成本的差异，高负债公司和低负债公司的表现也有所不同，低负债公司的资本结构对税率增加更为敏感，而高负债公司对税率降低更为敏感。王跃堂、王亮亮和彭洋（2010）以 2008 年《中华人民共和国企业所得税法》改革这一外生事件为基础，研究了西方的债务税盾理论在我国的适用性。研究发现，所得税率会正向影响上市公司的债务水平，即所得税改革后，高税率公司会显著地降低公司的债务水平，而低税率公司则会显著提高公司的债务水平。该结论支持了债务税盾理论。

管理层作为公司债务政策的实际执行者，自身的过度自信和风险偏好等特质都会影响其决策行为。已有研究表明，过度自信和乐观的人容易高估自己的知识和能力，低估所执行任务的内在风险（陈艺萍和张信东，2012）。Hackbarth（2008）将管理层特质引入资本结构的权衡模型，研究了管理层特质对公司财务政策和公司价值的影响。研究表明，乐观和（或）过度自信的管理层会采取较高的债务水平，同时较高的债务水平可以通过降低管理层与股东间的利益冲突来增加公司价值。Hackbarth（2009）基于管理层行为的视角，探究了管理层乐观和过度自信对公司投融资决策的影响。该研究指出，一方面，乐观和过度自信的管理层会选择较高的债务水平，进而加重公司的投资不足问题；而另一方面，这类管理层投资得更早，有助于缓解投资不足问题，且此类情况通常占主导地位。因此，该研究表明，适度的管理层过度自信可以缓解股东与债权人之间的代理冲突，减少非效率投资，提高公司的债务水平。Malmendier, Tate 和 Yan（2011）指出管理层特征对公司的融资决策具有显著的解释能力，主要表现在以下三个方面：①过度自信的管理者通常认为公司价值被低估，因而更偏好于内部融资和债务融资，而不是股权融资；

②经历过经济危机的 CEO 不愿意进行债务融资，过分依赖内源融资；③具有从军经历的 CEO 会采取更具侵略性的政策，包括提高杠杆水平。

除此之外，微观层面的公司特征，如非债务税盾、研发投入等，也都会影响上市公司的债务政策选择。DeAngelo 和 Masulis（1980）以及 Graham 和 Tucker（2006）都认为，非债务税盾如折旧费用、投资税收抵免等，可以替代债务利息抵税收益。王亮亮和王跃堂（2015）基于非债务税盾的视角，研究了研发投入对上市公司资本结构选择的影响，研究表明，研发投入的非债务税盾价值会影响债务的税盾价值，对债务融资具有替代效应，进而降低公司的债务水平。王亮亮和王跃堂（2016）基于我国工资薪金的非债务税盾角度，探究了工资税盾与资本结构的关系，研究再次验证了非债务税盾对债务税盾的替代效应，工资税盾的增加会导致债务水平的降低。

2. 中观层面的行业特征因素

理论界和实务界已经发现，行业层面因素也是影响公司债务政策的一个重要因素。公司的资产结构、项目投资、税收、融资能力以及破产成本等都与其所处的行业相关联，而这些行业特征必然会影响公司的资本结构选择。具体来说，公司所处行业的竞争程度至关重要，这是导致行业间资本结构存在显著差异的一个主要因素。

从产品市场竞争的角度，Brander 和 Lewis（1986）开创性地提出，公司的融资结构会影响产品市场的竞争程度，同理，产品市场竞争的强度也会影响公司的财务决策。公司融资结构的变化可能是因为存在特定的行业因素，如行业的竞争模式、价格竞争、规模竞争等。此后，产品市场竞争和资本结构间的互动关系引起了学术界的关注，并且学者们借此来解释不同行业间的资本结构差异。Maksimovic（1988）等人的研究也指出，行业内的公司数目、折现率、需求弹性以及其他因素会影响产品市场的均衡，进而影响公司的债务水平。朱武祥、陈寒梅和吴迅（2002）通过构造两阶段模型研究表明，公司未来的产品市场竞争程度与公司当期的债务规模负相关，也就是说，产品市场的激烈竞争使得上市公司为了保持后续的投资能力并降低后续的财务风险而选择财务保守行为。姜付秀、刘志彪和李焰（2008）进一步研究发现，行业间的产品竞争程度、发展机会差异、代理问题差异以及资产流动性差异等行业特征是导致不同行业间资本结构存在显著差异的主要原因之一。李曜和丛菲菲（2015）的研究验证了行业竞争强度与公司资产负债率的负相关关系，进一步从产权性质的视角研究发现，如果预期未来会发生激烈的行业竞争，那么，民营企业的资产负债率向下调整的幅度要大于国有企业，这不仅仅是金融歧视的结果，也是民营企业从长远考虑而自动选择的一种财务战略，主要是为了建立竞争优势并获取一定财务弹性。谈多娇、张兆国和刘晓霞（2010）也进行了类似的研究。梅波和吴昊旻（2013）从行业周期的视角分析，得出行业异质性对上市公司债务结构的选择具有重要的影响，与成熟期和衰退期行业相比，成长期行业的商业信用比率较低。

此外，姜付秀、屈耀辉和陆正飞等（2008）以我国 1999—2004 年的上市公司为样本，研究了产品市场竞争及其变化对上市公司资本结构调整速度的影响。研究表明，产品市场竞争的激烈程度越高，上市公司的资本结构与目标资本结构的偏离幅度越小。类似的，黄继承和姜付秀（2015）研究也指出，产品市场竞争的激烈程度越高，上市公司的资本结构调整速度越快。该研究也进一步探究了公司产权性质和融资约束对二者关系的影响，发现产品市场竞争对资本结构调整速度的影响会受融资约束程度的影响，但不会受到公司产权性质的影响，其中产品市场竞争对融资约束程度较低公司的资本结构调整速度的影响更大。

3. 宏观层面的国家因素

公司的债务政策选择不仅受公司特征的影响，也与宏观环境的波动息息相关。目前，宏观经济因素对公司债务政策的影响已被国内外学者们所验证。Korajczyk 和 Levy（2003）首次研究了宏观经济条件如何影响上市公司的资本结构选择，研究发现，无融资约束公司的目标债务水平是逆周期的，而融资约束公司则是顺周期的；宏观经济条件会显著影响无融资约束公司的债务发行，而不影响融资约束公司的债务发行。Hackbarth，Miao 和 Morellec（2006）也得出了资本结构是逆周期的结论，而且进一步研究指出，当公司可以动态调整其资本结构时，其调整的速度和规模取决于当期的宏观经济条件。与宏观经济萧条时相比，宏观经济繁荣时公司会以更快的速度、更小的幅度来调整其资本结构。与这些观点相一致，Levy 和 Hennessy（2007）研究认为，无融资约束公司的债务比例选择表现出显著的逆周期变化，其中未偿还债务是逆周期变化，权益是顺周期变化，而融资约束公司的权益和债务均表现出显著的顺周期变化。Chen（2010）从宏观经济变化的角度解释了公司的高利差和低负债现象，这两种现象的产生，是因为风险价格、违约可能性和违约损失的逆经济周期变化会提高债权人和股东预期违约损失的现值。苏冬蔚和曾海舰（2009）首次从宏观经济变化的视角研究了我国资本市场中资本结构变动，研究结论与国外观点基本一致，认为我国上市公司的资本结构变化也呈现出显著的逆经济周期，即当宏观经济上行时资产负债率呈下降趋势，而当宏观经济下行时资产负债率呈上升趋势。闵亮和沈悦（2011）基于融资约束差异的角度，再次验证了宏观经济变化对融资约束公司和无融资约束公司资本结构动态调整的影响存在显著的差异。甄红线、梁超和史永东（2014）进一步研究认为，改变公司面临的权益融资环境和信贷融资环境是宏观经济变化影响公司资本结构动态调整的主要途径，同时，不同资产规模的公司在同一市场状况下公司的资本结构调整行为也存在显著的差异。然而，现有研究并未得出一致性的研究结论。吕峻和石荣（2014）从资金供给和资金需求的视角研究发现，宏观经济周期对所有杠杆类型公司的资本结构都呈现顺周期影响。类似的，潜力和胡援成（2015）也支持资本结构顺周期的观点。

2.2.3 债务政策的经济后果

如前文所述，以 MM 理论、权衡理论、优序融资理论和代理理论等为代表的债务政策理论已经从不同的角度深入探讨了债务政策与公司价值之间的关系——从最初 MM 理论提出的资本结构与公司价值不相关，到后续提出的最优资本结构时公司价值最大。因此，在理论基础之上，学术界进行了大量的实证研究进一步探讨了债务政策的经济后果，特别是公司债务政策的治理效应研究、债务政策与公司绩效的关系探讨。

债务政策的治理效应是现代资本结构理论的一项重要研究内容，主要表现为银行债权人的监督作用。大量研究表明，银行债权人的监督作用确实存在，并已经成为许多学术研究的焦点。目前，用以解释银行债权人"独特"监督作用的理论包括委托监督理论和信息优势理论。

Diamond（1984）提出的委托监督理论认为，银行作为一个专门的代理人，较一般的借贷关系而言具有一定的成本优势，可以降低监督成本。Fama（1985）研究发现，银行债权人作为内部债权人具有一定的信息优势。这些研究都认为，与公开债务和其他融资方式相比，银行债务因银行债权人的监督作用而具有一定的独特性（Diamond，1984；Fama，1985）。除此之外，有关银行债权人监督对公司治理影响的研究也取得了丰富的研究成果。Gilson，John 和 Lang（1990）认为，在财务困境公司中，债权人的监督作用可以替代无效率的董事会治理。Ahn 和 Choi（2009）通过研究银行监督对借款公司盈余管理行为的影响后发现，借款公司的盈余管理行为会随着银行债权人监督强度的增加而降低。也就是说，银行债权人的监督作用在公司治理中具有重要作用，可以降低借款公司的盈余管理行为。Byers，Fields 和 Fraser（2008）以超过 20 年的 800 多个商业贷款公告为样本，研究发现，对于弱公司治理的公司来说，贷款公告更可能带来正向的财富效应。

该研究支持了 Diamond（1984）所提出的委托监督理论，研究认为，银行债权人的监督作用可以替代部分的内部公司治理机制。

此外，Qian 和 Yeung（2015）指出，银行债权人通过债权人权利的实施也可以有效监督和规范借款公司的质量，提高公司治理水平。Harvey，Lins 和 Roper（2004）研究表明，公司债务融资可以减少由于管理层所有权和控制权分离而导致的公司价值损失，债务的有利影响主要集中于用资比率较高的公司和增长机会较低的公司。熊剑和王金（2016）指出，鉴于债权人的外部监督及治理作用，上市公司在制定高管薪酬契约时也会考虑债权人的利益，国有企业表现得更加明显。

国内外学术界关于债务政策对公司绩效的研究文献是比较丰富的。

一方面，债务政策可以通过降低代理成本而提高公司绩效。随着所有权和控制权的分离，管理层与股东间的利益冲突随之产生，此时管理层的机会主义行为如在职消费、侵占公司资源、盲目投资等都会降低公司价值。Berger 和 Di Patti（2006）提出，债务融资有助于缓解公司的代理成本，因此提高债务水平可以通过降低外部股东的代理成本实现公司价值增加。实证结果也进一步验证了代理成本假设——较高的杠杆水平或较低的权益乘数与较高的利润效率显著相关。Margaritis 和 Psillaki（2010）以法国制造业公司为样本，研究结论同样支持了代理成本假设，认为较高的杠杆水平可以降低代理成本和非效率行为，从而提高公司绩效。

另一方面，债务政策对公司绩效具有负向的影响。Kang 和 Liu（2008）研究发现，虽然借款公司的异常回报显著为正，而对于贷款银行来说有时是显著为负的，借款公司和贷款银行的回报是负相关的。导致这种现象的原因在于，银行贷款公告的正向效应主要是来自于贷款银行的财富转移，而并非债务政策对公司绩效的提升作用。Billett，Flannery 和 Garfinkel（2006）研究发现，采用银行贷款融资的公司在随后的三年中具有负向的异常回报。长期来看，银行贷款与增发或公开债务发行没有什么显著不同，而与借款企业的权益相比，较大规模的贷款会伴随着更差的股票业绩。同样的，陈德萍和曾智海（2012）采用广义矩估计法（GMM）考察了我国创业板上市公司的资本结构与公司绩效之间的互动关系，研究也发现资本结构对公司绩效具有显著的负向影响，这可能是由于我国创业板超募资金而导致大量资金闲置。

除此之外，上市公司债务政策的选择对公司的投资行为、创新以及行业竞争等都具有显著的影响。胡建雄和茅宁（2015）以我国 2008—2013 年沪深 A 股上市公司为样本，研究了我国上市公司中债务来源异质性的存在性，研究发现，公司债务来源异质性确实存在，且主要表现在规模结构、期限结构和来源结构三个方面。进一步研究发现，债务来源的异质性程度越高，公司的投资扭曲程度就越低，过度投资或投资不足的程度越低。然而，关于债务政策对投资行为影响的研究结论并不一致。谢海洋和董黎明（2011）基于债务类型结构和债务期限结构的视角，研究了债务融资对公司过度投资和投资不足行为的影响，研究发现，从债务类型结构的角度，银行债务不能抑制非效率投资行为，包括过度投资和投资不足；从债务期限结构的角度，长期借款有助于过度投资行为，而短期借款无法抑制过度投资。陈岩、张斌和翟瑞瑞（2016）针对国有企业的债务结构对创新投入和产出研究发现，适度地提高短期债务比率、降低长期债务比率有助于降低代理成本，进而提高创新绩效。李科和徐龙炳（2009）以公司的资本结构和外部治理环境为切入点，研究发现，公司的外部治理环境和资本结构都是影响公司行业竞争的重要因素，较高的资本结构会对公司在行业中的竞争地位产生负面影响，但较好的外部治理环境可以缓解高负债所带来的负面效应。

2.3　债务政策持续性文献综述

上市公司如何选择其债务政策？迄今为止，关于这一基本问题的研究大致可以分为债务政策的理论研究（Bradley，Jarrell 和 Kim，1984；Myers 和 Majluf，1984；Jensen，1986）、债务政策的影响因素及经济后果（Cook 和 Tang，2010；Chang，Chou 和 Huang，2014）等研究。然而，关于债务政策的认识远不仅这些，债务政策的持续性现象如何来解释？由此，开启了研究上市公司债务政策的一个新视角——债务政策的持续性。

2.3.1　债务政策持续性的理论基础

目前，学术界对于债务政策持续性的研究尚处于初始阶段，主要集中于债务政策持续性现象的提出及其原因探究。现有研究关于债务政策持续性现象的理论解释明显存在不足，目前主要运用印记理论来解释债务政策的持续性现象。本研究则同时采用路径依赖理论和印记理论来解释债务政策的持续性。

1. 路径依赖理论

路径依赖理论由 David（1985）提出，该理论认为，一个小的最初优势或一些小的随机冲击能够在"惯性"的作用下不断正向反馈，并最终锁定在该路径上。基于对文献的调查，学者们认为路径依赖的产生可能是出于以下四种原因：增加收益、自我强化、正向反馈和锁定效应。增加收益是指一个选择或行为被执行的次数越多，收益就越大。自我强化是指做出选择或采取行动具有强化或完善作用，进而促使该选择的持续性。正向反馈是指当其他人做出同样的选择时，该项行为或选择会产生正向的外部性；正向反馈和增加收益虽然类似，但存在一定差异，增加收益会随着更多人的选择而产生收益，而正向反馈并不会对已经做出选择的人产生收益。锁定效应是指一项选择或行为比其他选择或行为更好。在此基础上，Page（2006）在标准框架下区分了路径依赖的种类，具体可以分为结果依赖、均衡依赖、状态依赖、最优依赖以及路径依赖等，并否认了增加收益对路径依赖的解释能力。该研究认为路径依赖是按照特定制度的要求而建立起来的行为惯例、认知结构和社会联系。Vergne 和 Durand（2010）分别从三个方面总结了路径依赖：宏观层面上，制度主义者采用路径依赖来解释制度的持续性；中观层面上，经济学家用路径依赖来解释次优化的公司治理或技术产出；微观层面上，动态能力的观点将路径依赖视为组织僵化的替代，并强调了对竞争优势的正向影响。

虽然路径依赖理论强调了时间和历史在分析过程中的重要作用，现已被广泛运用于经济学、社会学和管理学等学科。然而，到目前为止，尚无学者运用路径依赖理论来解释上市公司债务政策的持续性。王砚羽、谢伟和乔元波等（2014）指出，路径依赖可以表现为，企业先前历史对未来决策存在一定的影响。因此，结合债务政策持续性的概念界定，公司的上市初期债务政策持续到未来期间的程度，运用路径依赖理论可以合理解释上市公司债务政策持续性现象的产生。

2. 印记理论

印记理论由 Stinchcombe 和 March（1965）率先运用至组织研究中，此后许多学者又逐渐运用其解释经济和金融现象等（Bertrand 和 Schoar，2003；Marquis 和 Tilcsik，2013）。基于组织层面的视角，Stinchcombe 和 March（1965）研究指出，组织形式和组织类型的产生有一个过程，该过程对组织未来的发展具有持续性的影响，甚至决定了现在组织类型结构的某些方面。基于公司战略的视角，Boeker（1989）研究半导体行业中公司战略的发展，进而研究与公司成立时相比现在组织战略的稳定性或变革的程度。研究表明，组织成立时的特征通过围绕既定的战略实现内部一致性，有助于印记公司的上市初期战略。成立后的情况也会影响上市初期战略持续性的程度。进一步研究发现，当公司的创始人进入管理层时，初期战略的变化相对较少，这可能是因为创始人曾经参与了上市初期战略的规划和实施，进而不愿意改变。基于个人层面的视角，Malmendier 和 Nagel（2011）研究表明，以前的经历（如经济危机经历）会印记在 CEO 个人身上，并持续影响其未来的投资和融资决策。

因此，印记理论认为，在上市初期，组织会产生内部一致性的政策；随后期间，即使环境发生改变，组织仍会保持上市初期战略（Hanssens，Deloof 和 Vanacker，2016）。该理论不仅有助于研究人员确定重要的历史事件，而且是系统识别的重要且随着时间具有微妙影响事件的一个强大工具（Marquis 和 Tilcsik，2013）。Hanssens，Deloof 和 Vanacker（2016）研究指出，上市初期债务政策对未来期间债务政策有显著的正向预测作用，然而当创始 CEO 离职时，这种正向作用会显著减弱，进而支持了印记理论对债务政策持续性具有一定的解释能力这一观点。

2.3.2　债务政策持续性的影响因素

关于债务政策持续性的研究最早源于 2008 年 Lemmon，Roberts 和 Zender（2008）的研究。该研究指出，现已识别的资本结构决定因素无法解释上市公司杠杆比率的长期稳定现象，大部分杠杆比率的变化都来自于不随时间变化的无法观测因素，进而产生了惊人稳定的资本结构现象：高杠杆（低杠杆）公司持续 20 年仍倾向于保持高杠杆（低杠杆）水平，即"强者恒强，弱者恒弱"。自此之后，学术界开始广泛关注上市公司的债务政策持续性。

然而，现有研究的结论并不完全一致。一种观点认为，资本结构的稳定性只是一种特殊状态（DeAngelo 和 Roll，2014）；另一种观点则更为普遍，认为上市公司的债务政策存在长期稳定现象（Welch，2004；Hanousek 和 Shamshur，2011），上市初期债务政策对未来期间的债务政策具有持续性的影响（Lemmon，Roberts 和 Zender，2008；Wu 和 Yeung，2012；Hanssens，Deloof 和 Vanacker，2016；周开国和徐亿卉，2012），即债务政策具有持续性。关于债务政策持续性的存在性研究，目前研究结论比较一致，Lemmon，Roberts 和 Zender（2008）、Hanousek 和 Shamshur（2011）、Wu 和 Yeung（2012）以及周开国和徐亿卉（2012）等的研究都支持资本结构政策具有持续性这一观点。Hanssens，Deloof 和 Vanacker（2016）拓宽了现有的研究范围，从债务政策的视角验证了债务政策持续性的存在。

那么，为什么债务政策具有持续性？也就是说，为什么上市初期债务政策会对未来期间的债务政策产生显著的影响？不少学者针对该问题进行了更为深入的研究。Lemmon，Roberts 和 Zender（2008）研究表明，传统的资本结构决定因素只能解释一小部分（最多 40%）的资本结构变化，而 60% 的资本结构变化都来自于不随时间变化的无法观测因素。即使控制了公司的进入和退出以及现已识别的资本结构决定因素，资本结构政策仍然在长期内保持持续性。

Hanousek 和 Shamshur（2011）以 1996—2006 年间 7 个东欧经济转型国家的公司观测值为样本，研究了经济环境的稳定性是否会导致公司资本结构政策具有显著的持续性。该研究指出，虽然转型经济体与美国的经济存在显著的差异，但是经济转型所带来的经济环境波动并未影响公司资本结构政策的持续性特征。进一步研究认为，信贷约束限制了公司资本结构政策的显著变化，进而导致即使经济环境发生重大变化也不会影响公司资本结构政策的稳定性。同时，该研究提出，公司的所有权信息、所有权变化以及融资约束可能是关于资本结构政策持续性的一个重要解释。

基于公司成长类型的研究视角，Wu 和 Yeung（2012）认为公司的资产类型和信息不对称程度会影响公司的成长类型，因此采用公司上市后前三年市值账面比和有形资产比例的均值将公司划分为低成长类型、混合成长类型和高成长类型三种。采用 1971—2005 年的上市公司样本，研究发现，低成长类型的公司普遍具有较高的资产负债率，而高成长类型的公司总是具有较低的资产负债率，混合成长类型的公司也保持了资产负债率的持续性。因此，该研究指出，由于不同的公司成长类型会面临特定的市场和信息环境，并显著影响后期的投资和融资决策，因此公司成长类型的持续性必然是导致资本结构政策持续性的一个重要原因。也就是说，如果管理层不能改变公司的成长类型，他们就无法改变由于市场择时而导致的长期资本结构持续性。

以创始 CEO 离职或去世事件为切入点，Hanssens，Deloof 和 Vanacker（2016）首次研究了创始公司中的资本结构政策、债务类型结构政策、债务期限结构政策和债务期限分散度政策四种债务政策自公司成立后的演变过程。研究指出，公司成立后 15 年，创始公司的债务政策中所包含的不随时间而改变的因素仍然存在。当创始 CEO 离职或去世时，上市初期债务政策对未来期间债务政策的影响会显著降低，即创始 CEO 的管理风格有助于保持债务政策的持续性。因而，创始 CEO 管理风格是影响公司债务政策持续性的一个重要因素。同时，该研究也支持了印记理论，认为公司成立初期的债务政策在印记作用的影响下会持续性地影响未来期间的债务政策。

然而，我国国内研究尚处于萌芽阶段，学者们对债务政策持续性现象的关注尚存在一定的不足。目前，周开国和徐亿卉（2012）已经关注到了该现象，并研究了在我国上市公司初期资本结构政策对未来期间资本结构政策的影响，证实了我国上市公司中资本结构政策持续性现象的存在，并指出上市初期资本结构政策的差异最终导致了上市公司间资本结构政策的异质性，具有重要的研究意义。然而，该研究并未解释资本结构政策具有持续性的原因。鉴于国内其他学者对于债务政策持续性现象的关注度不够，相关研究较少，本研究认为有必要将资本结构政策的持续性拓展至债务政策的持续性，并深入探究我国上市公司的债务政策是否具有持续性及其主被动选择因素。

2.4 现有研究述评

整体来看，关于债务政策的研究已经取得了较为丰富的成果。现有研究主要从债务政策的理论基础、影响因素以及经济后果等方面探讨了债务政策的决策制定，而债务政策持续性作为研究上市公司债务政策的一个新视角，尚有许多疑团待进一步探究。为此，现有研究分别从债务政策持续性的概念提出、理论基础以及影响因素入手探讨了债务政策持续性的相关研究进展。通过对现有研究进行回顾分析，本研究认为，现有文献对本研究的研究启示主要有以下几个方面：

第一，债务政策的持续性现象已经引起了学术界的关注，然而到目前为止对该问题的研究主要停留在现象描述以及可能的原因探究，尚未有研究验证在不同的债务政策维度下我国债务政策持续性的存在性及其具体的持续性趋势。为此，本研究在债务异质性假说的基础上，从债务规模异质性、债务来源异质性和债务期限异质性三个视角，提出了研究债务政策的五个维度，认为有必要从债务政策的不同维度，即资本结构政策、债务类型结构政策、零杠杆政策、债务期限结构政策以及债务期限分散度政策等，共同验证在我国上市公司债务政策持续性的存在性。在此基础上，针对现有研究仅提出了债务政策具有持续性，但尚无对持续性趋势的描述这一问题，本研究针对债务政策的五个维度分别进行分年度回归，研究发现了债务政策的持续性趋势。具体来说，上市初期债务政策对未来期间债务政策的影响会随着上市时间的增加而呈现出先下降而后再逐渐保持稳定的趋势。

第二，大部分现有研究都没有深入到理论层面分析债务政策持续性的具体作用机制。现有研究关于债务政策持续性现象的理论解释主要采用印记理论，认为上市公司的初期债务政策达成后，即使后续期间环境发生了变化，在印记理论的作用下，公司仍会保持上市初期采用的债务政策，促使上市初期债务政策具有持续性的影响。为此，本研究进一步拓展了债务政策持续性的理论基础，同时采用印记理论和路径依赖理论解释上市公司债务政策的持续性。其中，路径依赖理论认为，上市初期债务政策可以在"惯性"的作用下不断正向反馈，进而持续对未来期间的债务决策产生影响。与印记理论有所不同，路径依赖理论则表现为惯性作用的不断正向反馈，不仅强调了历史的重要作用，也强调了时间的重要作用。

第三，现有研究虽然从公司的成长类型、创始 CEO 离职以及经济环境的稳定性等方面研究了债务政策持续性的影响因素，但却忽略了债务政策持续性现象产生的一个基本问题——债务政策持续性是管理层主动选择还是被动接受的结果。为此，在验证了我国上市公司债务政策持续性的存在性后，本研究分别从公司主动选择和被动接受的视角来考虑债务政策持续性的影响因素。具体来说，从公司的战略惯性、盈利压力和创始 CEO 管理风格三个方面来考虑公司主动选择因素对债务政策持续性的影响；从融资约束、微观层面的环境不确定性和宏观层面的金融危机三个方面来考虑被动接受因素对债务政策持续性的影响，以期能够从主被动选择的视角丰富债务政策持续性的影响因素研究。

第 3 章

概念模型与研究假设

通过回顾债务政策及债务政策持续性的相关研究和现有研究述评，本章基于现有文献的主要研究启示构建了相关的概念模型并提出研究假设，进而深入地研究上市公司债务政策持续性的存在性及其主被动选择因素。首先详细阐述了相关概念模型要素的定义及其具体界定，包括债务政策、上市初期债务政策、债务政策偏好、公司主动选择因素、公司被动接受因素。然后根据债务政策、上市初期债务政策、债务政策偏好以及公司主被动选择因素之间的关系，构建了具体的概念模型。最后针对本章内容做出总结。

3.1 模型要素

3.1.1 债务政策

前文已述，债务政策是指公司债务资本的构成及其比例关系。在债务异质性假说的基础上，从债务规模异质性、债务来源异质性和债务期限异质性三个视角，提出了研究债务政策的五个维度，具体包括资本结构政策、债务类型结构政策、零杠杆政策、债务期限结构政策和债务期限分散度政策。接下来，针对这五个维度的债务政策分别进行详细的概念界定及特征描述。

1. 资本结构政策

资本结构是指公司各种资本的构成及其比例关系。目前，学术界关于资本的含义存在一定的分歧，主要有以下两种观点：一种观点认为，资本是指全部的资本来源；另一种观点认为，资本是指长期资本来源，主要包括长期债务资本和（长期）股权资本。基于资本的不同含义，学术界对于资本结构的定义也主要分为狭义和广义两种。其中，狭义资本结构是指公司长期资本的构成及其比例关系，通常支持公司的永久性或长期性营运活动，重点强调了长期资本与所有者权益之间的关系。而短期债务主要用以支持公司的日常营运活动，故不包含在狭义资本结构的定义中。相对应的，广义资本结构是指公司全部资本的构成及其比例关系，重点强调了不同筹资类型之间的关系，如负债与总资产、负债与权益之间，忽视了不同债务类型之间的差异，如长期负债和短期负债。

狭义和广义资本结构的区别主要源于对短期负债和长期负债的功能认识存在差异。由于本研究着眼于研究上市公司的债务政策，而资本结构政策仅是债务政策的五个维度之一，更强调债务规模异质性，且后文中债务期限结构政策和债务期限分散度政策会重点关注于长期债务和短期债务的构成差异以及分布差异。因此，纵观全文，本研究使用广义资本结构的概念分析我国上市公司全部负债与权益之间的关系。

2. 债务类型结构政策

债务类型结构政策现象的提出起源于公司债务结构的相关研究。Rauh 和 Sufi（2010）将公司债务分为银行债务、普通债券、可转换债券、项目债务（如商业票据）、抵押债务以及其他债务六种债务类型。研究发现，约 70% 的观测值中，公司债务至少包含了两种债务类型；更令人震惊的是，在 25% 的观测样本中虽然公司的总体债务水平没有显著变化，但是明显调整了其债务构成。因此，公司的资本结构中存在明显的债务异质性现象。在此基础上，Colla, Ippolito 和 Li（2013）研究发现，85% 的样本公司主要依赖于某一种类型的债务融资，表现出了显著的债务专一性倾向。进一步研究发现，只有那些低风险、高盈利能力、低增长机会和高杠杆的大公司才会采用多元化的债务类型，而大部分公司的债务专一性是因为破产成本较高、信息不透明度较高以及缺乏进入某些债务市场的途径。鉴于此，Hanssens, Deloof 和 Vanacker（2016）将债务类型结构政策作为上市公司债务政策的一种，研究了公司成立后债务政策的演变。

虽然学术界已经关注到了债务类型结构的差异，然而到目前为止，现有研究并未给出明确的债务类型结构政策定义。借鉴债务类型结构政策的相关研究，本研究认为，债务类型结构政策是指公司债务集中于某一种或某几种债务类型的程度。

3. 零杠杆政策

借鉴 Byoun 和 Xu（2013），Devos, Dhillon 和 Jagannathan 等人（2012）以及 Strebulaev 和 Yang（2013）等人对零杠杆公司的定义，本研究认为，零杠杆政策是指公司不采用银行债务融资。因此，当上市公司账面杠杆率为零时，公司选择了零杠杆政策。零杠杆政策作为债务类型结构政策的一种特殊形式，凸显了上市公司针对不同来源债务融资方式

（银行借款与非银行借款）选择的差异，有必要将其纳入债务政策的研究范围中。

既然债务融资不仅可以满足公司的融资需求，而且可以带来税收收益等好处，那么，为什么上市公司会放弃债务融资而选择零杠杆政策？权衡理论和优序融资理论这两种传统的资本结构理论都认为公司存在一个最优的杠杆比率，然而零杠杆现象却与这两种理论发生了背离。这两种理论都无法解释零杠杆公司不采用债务融资而仅采用权益融资的行为。为此，Devos，Dhillon 和 Jagannathan 等人（2012）从融资约束角度直接研究了融资约束是否导致公司选择零杠杆政策的原因，研究认为公司选择零杠杆政策并非是公司不需要债务融资，而是公司出于融资约束的被迫选择。一旦大型的盈利性投资机会出现，即使要负担较高的外部融资成本，公司也会进行债务融资以获取该投资机会。Bessler，Drobetz 和 Haller 等人（2013）认为零杠杆公司是非同质的，研究发现，大部分的零杠杆公司由于受到融资约束而无法获得债务融资，剩下小部分的零杠杆公司则是自愿选择并保持零杠杆政策。Dang（2013）的研究也得出了类似的结论。此外，Huang，Li 和 Gao（2016）研究指出，上市公司会由于存在融资约束而被动选择零杠杆政策，除此之外，无外部融资需求和财务灵活性可能是上市公司主动选择零杠杆政策的直接动机。其中，无外部融资需求动机是指上市公司内源融资充分，不需要外部融资而主动选择了零杠杆政策；财务灵活性动机是指上市公司为了保存未来期间的财务灵活性而选择了零杠杆政策。

已有研究表明，零杠杆行为已经成为一种国际化现象（Bessler，Drobetz 和 Haller 等，2013）。在我国，零杠杆观测值的比例也由 2000 年的 4.68% 增长到了 2012 年的 20.55%。从 2007—2014 年，平均有 33.98% 的公司曾经或正在采用零杠杆政策，而零杠杆观测值的平均比例也达到了 15.82%（黄珍、李婉丽和高伟伟，2016）。随着零杠杆公司的逐年增多趋势，零杠杆政策作为上市公司债务选择的一种特殊形式，很有必要结合零杠杆政策进行更为深入的债务政策研究。

4. 债务期限结构政策

学者们对公司债务的研究最早开始于资本结构的相关研究，侧重于分析债务融资和权益融资之间的关系，而忽视了公司债务的异质性。为了弥补资本结构的不足，自 20 世纪 80 年代开始，学者们逐渐关注长期债务和短期债务之间的区别，并逐步开始进行债务期限结构研究。

相对于长期债务，一方面，短期债务具有一定的优势，如资本成本更低、灵活性更高、公司治理作用更强等。商业信用作为短期债务的一种，是没有融资成本的。长期债务通常具有很多的限制性条款或规定，而短期债务融资的限制较少，资金的筹集更为灵活、富有弹性。债务的定期偿付义务会迫使管理层支付现金，进而降低管理层的过度投资行为（Stulz，1990）。肖作平和廖理（2008）研究指出，公司治理水平与短期债务的使用存在一定的替代效应。另一方面，短期债务也存在流动性风险等弊端。Diamond（1991）研究提出，公司的债务期限选择会在借款人的短期债务融资偏好和流动性风险之间进行权衡，最终的结果是高信贷质量的公司偏好于短期债务、低信贷质量的公司偏好于长期债务，但低信贷质量的公司通常只能发行短期债务。类似的，Jun 和 Jen（2003）认为短期债务虽然具有成本优势，但是也会带来再融资风险和利率风险，而债务期限的选择主要是基于短期债务风险和收益的权衡。

目前，对于债务期限结构政策的定义，学术界已经达成了较为统一的认识。债务根据偿还时间分为短期债务和长期债务，债务期限结构政策是指长期债务占总负债的构成及其比例关系。本研究也采用这一定义。

5．债务期限分散度政策

债务期限分散度政策这一概念由 Choi，Hackbarth 和 Zechner（2021）首次提出，主要是为了缓解公司债务的展期风险。当公司无法满足融资需求时，公司就会面临展期风险，这可能是因为无法在债务到期时进行债务展期，也可能是因为不能为新投资机会获取相应的融资。分散型债务期限结构的公司会面临多重的小规模展期风险，而集中型债务期限结构的公司则会面临一次大规模的展期风险。因此，为了缓解展期风险，避免公司债务的到期时间集中是债务期限选择时的一个重要考虑因素（Graham 和 Harvey，2001）。Choi，Hackbarth 和 Zechner（2021）研究发现，可以观察到集中和高度分散的债务期限结构，并且其债务期限分散度政策确实存在实质性的变化。研究还指出，债务期限较分散的公司主要是较大规模且更成熟的公司、投资机会较好的公司、杠杆率较高的公司以及现金流较低的公司，Mian 和 Santos（2014）研究指出，公司会通过积极的债务期限管理使面临的流动性风险最小化，同时信用良好公司的债务期限管理使得其再融资更倾向呈现周期性。在此基础上，Norden，Roosenboom 和 Wang（2016）进一步研究了公司是否以及如何通过债务期限分散度政策来管理其展期风险，研究表明，债务期限的分散度可以通过频繁发行不同期限的债务来获得或维持，并且较高分散度的公司常常具有更高的融资可获得性、更低的融资成本、更低的融资约束以及更低的股票回报波动性。分散债务期限是一种管理展期风险的有效公司政策。

因此，沿用这一概念，本研究认为债务期限分散度政策是指现有债务到期期限的分散程度。具体的变量衡量详见第 4.1.2 小节。

3.1.2　上市初期债务政策

与债务政策概念相对应，上市初期债务政策概念的关键在于对初期的定义，通常是指公司成立或公司上市时期。在实际研究过程中，公司成立时的相关数据资料往往由于遗漏缺失或未公开等原因无法获取。而上市公司由于必须按照要求定期披露相应的财务数据以及非财务数据以满足外部投资者的信息需求，因此上市当年的相关数据可以获得。为了符合上市的要求，民营企业首次申请股票上市必须根据要求对诸如产权不明晰、不规范经营、财务处理不规范等问题进行整改，以达到规范运作的要求。因此，上市不仅可以让公司获得大量的资金支持，而且对于提高公司的规范化经营、改善公司的治理结构、提高公司的知名度和声誉等都具有重要的影响，对于公司的后续发展壮大具有至关重要的作用。

目前，Lemmon，Roberts 和 Zender（2008）以首次出现非缺失值的时点定义上市初期杠杆率；Wu 和 Yeung（2012）以上市前三年的均值定义上市初期值；周开国和徐亿卉（2010）选取 1999 年 6 月之前上市的公司为样本，以 1999 年 6 月到 2011 年 6 月为样本区间，以 1999 年 6 月作为初始时期定义上市初期杠杆率。借鉴这些研究，考虑到除了公司成立之外，上市是公司另一个具有重要意义的时点，同时鉴于上市数据的可获得性，本研究以公司上市当年来定义上市初期。因此，上市初期债务政策是指上市当年公司债务资本的构成及其比例关系，具体包括上市初期资本结构政策、上市初期债务类型结构政策、上市初期零杠杆政策、上市初期债务期限结构政策和上市初期债务期限分散度政策这五个维度。

3.1.3　债务政策偏好

相关研究表明，许多上市公司的融资政策都过于保守，财务保守现象已经成为学术研究的热点（张志强，2010；Graham 和 Harvey，2001）。财务保守现象源于实际融资政策持续低于最优融资政策。Graham 和 Harvey（2001）对 392 个 CFO 进行了问卷调查，研究表明，大部分上市公司都趋于财务保守。目前，关于财务保守行为的研究主要从融资约束、财务灵活性、管理层特质等方面展开。基于融资约束的视角，Korajczyk 和 Levy（2003）的研究从侧面反映了融资约束会对公司的资本结构决策产生影响。Devos，Dhillon

和 Jagannathan 等（2012）从融资约束的角度直接研究了融资约束是否是导致公司选择保守型杠杆政策（零杠杆政策）的原因，研究认为公司选择零杠杆政策并非是公司不需要债务融资，而是公司出于融资约束的被迫选择。一旦大型的盈利性投资机会出现，即使负担较高的外部融资成本，公司也会进行债务融资以获取该投资机会。Bessler，Drobetz 和 Haller 等人（2013）则认为零杠杆公司是非同质的，研究发现，大部分的零杠杆公司由于受到融资约束而无法获得债务融资，剩下小部分的零杠杆公司则是自愿选择并保持零杠杆政策。基于财务灵活性的视角，Marchica 和 Mura（2010）研究表明，以保持财务灵活性为目标而采用保守的杠杆政策可以提高公司的未来投资能力，公司一旦具有新的投资机会就会发行新债务而放弃保守的杠杆政策。此外，高层梯队理论认为，管理层自身的特质会影响公司的战略选择，进而影响公司的决策行为。因此，基于管理层特质的视角，李晓溪、刘静和王克敏（2016）研究指出，企业创始人的风险偏好会影响公司的财务保守行为。

与财务保守概念相对应的是激进型债务政策。李延喜、李克兢和姚宏等人的（2012）研究表明，管理层的认知偏差会影响上市公司债务政策的选择，当管理层认知偏差严重时，上市公司会选择激进型债务政策或保守型债务政策。与此类似，李青原、吴素云和王红建（2015）研究指出，通货膨胀预期对公司银行债务偏离程度的影响会受到债务政策偏好的影响。具体来说，通货膨胀预期会增加激进型债务政策公司的银行债务偏离程度，但却会降低保守型债务政策公司的银行债务偏离程度。

上市公司的财务保守和财务激进行为普遍存在，且其影响不容忽视。因此，借鉴李青原、吴素云和王红建（2015）等的研究，本研究认为，债务政策偏好是指公司的实际债务水平与最优债务水平之间的关系。具体来说，债务政策偏好包括激进型债务政策和保守型债务政策两种。其中，激进型债务政策是指公司的实际债务水平高于最优债务水平，而保守型债务政策是指公司的实际债务水平低于最优债务水平。

3.1.4　公司主动选择因素

主动选择是指决策者基于自身的认知，主动评估所有的可选方案，平衡各种因素后进行的决策（潘煜等，2016）。在债务政策持续性的研究中，本文主要从公司战略、管理层和 CEO 个人三个层面探讨公司的主动选择因素，具体包括战略惯性、盈利压力和创始 CEO 管理风格。

1. 战略惯性

战略惯性是指组织战略在时间区间上的稳定性和持久性程度，即组织倾向于维持战略现状而不愿改变的程度（连燕玲和贺小刚，2015）。从产生的根源来看，战略惯性可以分为结构性惯性和认知性惯性两种类型（吕一博、程露和苏敬勤，2015）。借鉴吕一博、程露和苏敬勤（2015）以及 Hannan 和 Freeman（1984）等人的研究，本研究认为，结构性惯性是指组织结构中可以制度化、标准化和惯例化的具有高可靠性的特征，具体包括管理结构、组织惯例、组织制度以及组织文化等。认知性惯性类似于人类认知活动的惯性（Von Hofsten，Vishton 和 Spelke 等，1998），是指组织的认知和学习方式，具体包括采用过去的知识和经验解决当前问题等。Tripsas 和 Gavetti（2000）研究指出，管理层认知会影响组织能力的发展，进而导致组织惯性的产生。本研究继续沿用连燕玲和贺小刚（2015）对于战略惯性的定义，但在实证研究过程中并不具体区分结构性惯性和认知性惯性。

在此基础上，战略惯性的前期研究关注战略惯性的驱动因素分析，主要集中在以下两个方面。

一方面研究总经理或 CEO 离任或继任事件对公司战略惯性的影响，即总经理或 CEO 继任有助于降低战略惯性。已有研究表明，总经理或 CEO 继任事件为打破战略惯性创造了条件（李维安和徐建，2014）。继任总经理或 CEO 上任之后，可以降低组织结构的稳定性，重新配置组织资源和组织权力，这主要是基于以下三方面的考虑：一是"新官上任三把火"，二是获取管理层权力，三是继任总经理具有新观点和新知识。因此，为了改变组织中存在的弊病而获得更为突出的业绩，继任总经理或 CEO 会进一步修正组织惯例程序，为组织注入新鲜血液，提高实现组织目标的积极性，降低组织战略的惯性。CEO 作为高管团队中最重要的一员，CEO 变更对于公司经营具有至关重要的作用。现有研究表明，CEO 继任毋庸置疑会推动组织战略变革，降低战略惯性。Barron，Chulkov 和 Waddell（2011）研究发现，CEO 变更会显著地增加公司非持续性经营的可能性，增加战略变革的可能。然而，不同类型的高管团队变更对战略变革的影响存在一定的差异。Hutzschenreuter，Kleindienst 和 Greger（2012）针对 CEO 继任对公司战略变革的影响进行了文献综述，重点关注继任后战略变革现象的理论解释、继任领导者对战略变革产生影响的权变因素、战略变革如何在公司中实施以及其时间维度。李维安和徐建（2014）对总经理继任对战略变化幅度影响的研究表明，随着继任总经理的任职，公司执行战略变化的管理权力转移至继任总经理。继任总经理通常会扫除前任总经理遗留下的组织惯性阻力，积极推动战略变化的幅度，降低战略惯性。

另一方面基于在任 CEO 的视角分析 CEO 个人特征对战略惯性的影响，即 CEO 特征对战略惯性具有显著影响。CEO 作为组织战略决策的制定者和实施者，在组织发展的过程中，承担着根据组织发展的状况以及面临的外部环境状态及时调整组织战略的责任，对于组织战略是否保持现状具有重要的作用。已有研究表明，战略选择和业绩水平作为组织结果的两种形式，会部分受到管理层个人背景特征的影响，特别是 CEO 个人背景特征的影响（Hambrick 和 Mason，1984）。Hambrick，Geletkanycz 和 Fredrickson（1993）提出，较长任期的高级管理人员表现出了更强的组织战略持续性，Finkelstein 和 Hambrick（1990）则得出了几乎一致的研究结论。Datta，Rajagopalan 和 Zhang（2003）进一步研究指出，继任 CEO 的知识背景和认知取向等开放性特征会负向影响 CEO 继任后的战略持续性，年龄较小、学历较高、任期较短的 CEO 更可能挑战现有组织战略的现状，进而降低组织战略的惯性，提出新的战略方向。Haynes 和 Hillman（2010）认为，有权力的 CEO 倾向于保持组织战略的现状，进而通过董事会抑制董事会资本对战略变革的负向影响。然而，也有研究表明，虽然具有类似经验的新任 CEO 会促进组织战略变革的实施，但是当考虑了董事会的经验后，CEO 对组织战略变革的影响会被董事会的效应所掩盖（Westphal 和 Fredrickson，2001）。Nadkarni 和 Herrmann（2010）从 CEO 的个人特征视角切入，分别研究了 CEO 的情绪稳定性、外向性、经验的开放性、责任心以及随和性对组织战略灵活性的影响，研究发现，CEO 的情绪稳定性、外向性和经验的开放性有助于促进组织战略的灵活性，降低战略惯性，而 CEO 的责任心和随和型特征则正好相反。连燕玲和贺小刚（2015）研究也表明，CEO 的开放性程度会增加组织应对外部环境变化的动态资源配置战略，进而降低战略惯性；同时，CEO 所拥有的管理自主权可以负向调节 CEO 开放性特征与战略惯性的关系，即有助于打破现有的组织战略现状，而 CEO 持股数量则刚好相反。

此外，学者们在探讨战略惯性的经济后果研究时，通常将研究重点放在战略惯性对公司绩效和公司风险承担的影响上。

（1）战略惯性对公司绩效的影响具有不确定性。现有文献主要有以下两种截然对立的观点：①基于资源观的理论认为，战略惯性与公司绩效具有正相关关系。这是因为，当战略惯性程度较高时，组织中逐渐形成了一定的风俗、习惯与技术诀窍（刘海建、周小虎和龙静，2009），可以为企业政策的选择和实施提供"过去经验"，是企业保持持久竞争优势的源泉，有助于企业绩效的提高。②基于惰性观的视角，战略惯性与企业绩效具有负相关关系。因为随着战略惯性程度的加重，组织内过度依赖过去的经验、惯例，而忽视了外界环境的变化以及组织自身的学习。此时，企业对新事物和新思想的接受能力较弱，应对外界环境变化的能力不足，导致企业具有惰性而降低绩效。在此基础上，国内外相关学者的研究结论也不尽一致。Smith 和 Grimm（1987）研究表明，为了应对环境变化，大部分公司都会降低现有的战略惯性而进行战略变革，这最终有助于促进战略变革公司的业绩优于非战略变革公司的业绩。与此相类似，Nadkarni 和 Herrmann（2010）则基于 CEO 的情绪稳定性、外向性、经验的开放性、责任心以及随和性这五个特征研究了 CEO 的个人特征会通过影响组织战略灵活性最终影响公司绩效。也就是说，战略惯性越低，公司战略灵活性越高，企业的绩效越高，支持了惰性观的研究结论。然而，Zhang 和 Rajagopalan（2010）基于 1993—1998 年离职 CEO 的纵向任期数据进行研究发现，战略变革对公司业绩的影响呈倒 U 型关系。而内部继任 CEO 和外部继任 CEO 对公司业绩的影响存在显著差异：当战略变革水平较低时，外部继任 CEO 对公司业绩的正向影响比内部继任 CEO 更显著；而当战略变革水平较高时，外部继任 CEO 对公司业绩的负向影响也比内部继任 CEO 更显著。连燕玲和贺小刚（2015）也得出了类似的结论，认为战略惯性与公司绩效存在倒 U 型关系，也就是说，适度的战略惯性可以提高企业绩效，但过高的战略惯性则会降低企业绩效。刘海建、周小虎和龙静（2009）基于企业资源观和惰性观的研究视角，认为组织结构惯性对企业绩效的影响存在两种情形：当企业处于初创期或面临破产时，组织结构惯性有助于保持企业的稳定性，有助于提高企业绩效；而当组织结构惯性较强时，较强的组织惰性不利于企业绩效的提高。

（2）战略惯性会影响企业的风险水平。一方面，众所周知，组织战略的变化作为一种创新性行为，具有一定的不确定性，进而会增加企业风险（赵文红和李垣，2004）。因而，战略惯性可以保证企业战略的稳定性，通过降低决策的风险性和不确定性而规避企业风险。针对个体网络活动的研究发现，组织惯性的存在可以提升集群网络的可持续发展能力、延缓集群网络的僵化和衰落进而有助于降低企业风险，（吕一博等，2015）。对于高层管理者来说，保持战略惯性可能使其自身所获得的薪酬具有一定的风险。Grossman 和 Cannella（2006）研究了在公司治理中不同的参与者是否会通过高管薪酬而获得战略惯性的奖励，研究认为，当公司业绩较差时，高管人员更可能由于战略惯性而促进总体薪酬水平的增加，这可能主要是对于较差业绩的威胁—刚性反应；而在业绩较好的公司中，保持战略惯性会使得其获得的薪酬较低。另一方面，过高的战略惯性也可能增加企业风险。随着外部环境的变化，组织中以前的知识、经验和惯例已经不足以解决现有的问题，而过高的战略惯性则会抑制组织的学习能力，降低组织应对外部环境变化的灵活性，进而增加组织的风险水平和不确定性。随着外部环境的变化，大部分公司都会进行战略变革，而少数公司由于保持战略惯性进而降低了企业的业绩（Smith 和 Grimm，1987），并最终增加了企业的风险和不确定性。

2. 盈利压力

盈利压力的研究可追溯至 Cyert 和 March（1963）提出的企业行为理论。该理论强调了对经验的学习，提供了一种更为详细的经验维度，比如在期望水平之上或之下，由此形成了业绩反馈理论的精髓并逐步体现在后续的理论模型上。业绩反馈理论认为，组织的历史绩效可以有效地反馈组织战略的有效性，而实际绩效与期望绩效的差距会影响管理层的后续战略决策。在此基础上，Gavetti 和 Levintha（2000）提出回顾过去（Looking Backward）和预期未来（Looking Forward）两个模型。其中，回顾过去模型是针对过去经验的一种模拟学习，根据实际绩效与期望的差距采取不同风险的公司决策；预期未来模型则是管理层通过预测未来的公司绩效来进行公司决策。

基于以上观点，本研究将盈利压力定义为由于公司的实际经营绩效低于期望而让决策者内心所感受到的压力。根据期望的参照对象选择，盈利压力可以具体分为内部盈利压力和外部盈利压力。其中，内部盈利压力是指管理层的实际盈余是否低于该公司历史经营绩效的预期值；外部盈利压力通常是指管理层的实际盈余是否低于分析师盈余预测。

学术界对盈利压力的经济后果也进行了深入研究。盈利压力是公司实际经营绩效低于期望绩效后管理层所感受到的压力，其主要来源于两方面：一是如果公司的实际绩效无法达到期望绩效，公司的股价会显著降低；二是如果公司盈余无法达到预期，CEO 可能会面临离职的威胁（Farrell 和 Whidbee，2003）。此时，为了达到期望的绩效水平，管理层会更加注重短期盈余，会通过降低投资支出或研发支出来提高实际绩效，从而会影响公司的总体战略。

盈利压力会导致管理层更加关注于短期盈余，以达到管理层预测盈余或分析师预测盈余的目标。Graham，Harvey 和 Rajgopal（2005）访谈和问卷调查了 400 个公司 CEO，研究发现，管理层达到或超过盈余预测目标，可以在资本市场上树立威信，保持或提高公司的股票价格，提高管理团队的外部声誉以及向市场传递未来增长的预期。因此，为了达到盈余预测的目标，样本中 78% 的 CEO 承认会通过牺牲长期价值来平滑盈余。已有研究表明,如果公司的盈余达不到预测盈余,那么公司的股票价格将会显著下降(Skinner 和 Sloan,2002)。因此,Burgstahler 和 Eames(2006)认为,为了避免报告盈余低于分析师预测盈余,管理层会通过向上调整报告盈余和向下调整分析师预测两种方法达到零或微正的盈利惊喜。同时,Zhang 和 Gimeno(2010)研究也发现,公司在盈利压力下会通过拓展市场机会、缩减产出的方式来努力增加当期利润,即使这些方式会导致竞争对手产出的扩张。Farrell 和 Whidbee(2003)研究指出,董事会在进行 CEO 离职决策时更关注实际业绩与期望业绩的差距而不是实际业绩本身,尤其是分析师对公司的盈余预测比较一致或存在大量分析师关注时。贺小刚、李婧和吕斐斐等(2015)的研究指出,绩优企业面临向上比较而遭受的追赶性压力,为了缓解追赶性压力、实现高期望目标,会增加从事短期性投机经营活动的行为。

盈利压力会促使管理层通过降低投资支出、研发支出等来达到其盈余目标。Bushee(1998)研究表明,当机构持股水平极高时,机构投资者的高周转率和动量交易有助于短视性的投资行为,管理层很可能会通过削减研发费用支出来应对盈余的下降。与此类似,盈利压力也可能导致管理层的短视行为。He 和 Tian(2013)以创新为例研究了财务分析师对实体经济的影响,研究发现,管理层为了迎合分析师的短期目标而产生的盈利压力会妨碍公司的长期创新项目投资,降低公司的创新投资。王菁和程博(2014)研究了管理层所感知的外部盈利压力对公司投资不足的影响机制,研究认为,外部盈利压力会导致上市公司的投资不足,并且财务分析师关注度的监督作用和经理自由裁量权的激励作用可以缓解外部盈利压力所导致的投资扭曲。谢震和艾春荣(2014)提出,随着盈利压力的增加,管理层会通过减少研发投入来提高短期绩效,而分析师关注会进一步加重盈利压力所导致的研发投入降低。林钟高、徐虹和芮晨(2016)从公司并购的视角研究了外部盈利压力的经济后果,研究指出外部盈利压力越大公司并购的可能性越低,但是外部盈利压力对公司并购的负面效应会随着上市公司内部控制质量的提高而降低。研究结论并不一致,王菁、程博和孙元欣(2014)则认为由实际绩效低于公司期望而产生的盈利压力,会促使管理层增加研发和慈善捐赠的投入来调整资源配置情况。

此外,盈利压力也会对公司的总体战略产生显著的影响。连燕玲、周兵和贺小刚等(2015)的研究则认为,当实际绩效与经营期望的落差越大时,管理层认为组织处于低效率状态,因此为了促使公司绩效达到期望的水平,管理层突破现有组织阻力进行战略变革的动机将会增加。连燕玲、贺小刚和高皓(2014)研究了盈利压力与战略调整之间的关系,研究表明,公司的盈利压力越大,通过战略变革而规避损失的动机和需求就越强烈，实施战略调整的可能性越大。

3. 创始 CEO 管理风格

职业经理人是指专业从事企业经营管理、对企业法人财产承担保值增值责任的专业人员。而创始 CEO 通常是活跃在管理层的公司创始人，他们不仅仅是拥有管理权的 CEO，而且通常也是公司的股东，同时还与公司存在着情感上的联系（陈闯和刘天宇，2012）。因此，创始 CEO 与职业经理人对公司治理所发挥的作用是不同的。

首先，作为公司的创始人，在公司成立之初甚至公司成立之前，创始 CEO 通过早期的决策已经将自己的经营理念设定在了公司上市初期的组织结构、公司战略以及企业文化等诸多方面（Nelson，2003；He，2008）。与此观点相一致，Baron，Hannan 和 Burton（1999）指出，公司成立之初的性别构成和创始人的雇用政策会持续地影响后期的公司决策，即组织结构的发展具有路径依赖特征。

其次，与一般的职业经理人相比，创始 CEO 通常持有较多的股份。一方面，作为公司的股东，创立 CEO 在进行管理层决策时可以降低股东与管理层之间利益冲突所带来的代理成本问题，能够部分消除股东与管理层的利益不一致问题。Li 和 Srinivasan（2011）研究表明，创始人作为公司的董事可以提高董事会决策的有效性，可以提高董事会的出席率，有效监督公司的部分董事会成员，进而提高公司治理的水平、降低代理问题。另一方面，由于创始 CEO 的个人财富与人力资本过于集中于该创业公司，受公司价值波动的影响较大，因此创始 CEO 更加依赖公司的持续经营，缺乏承担更多风险的意愿（陈闯和刘天宇，2012）。由于股东和管理层在风险偏好上的差异，那么，同时作为股东和管理层的创始 CEO 该如何抉择？陈闯和刘天宇（2012）以具有收益滞后性和高风险性特征的研发决策为基础，研究发现创始 CEO 可能会更多地考虑自身的股东利益，更倾向于保守行为，进而抑制公司的研发投入。

最后，创始 CEO 与公司的情感联系也是其较一般职业经理人的重大差异。基于对自主经营的自主性或对做自己喜欢工作的满意度等，许多创业者会由于这些非经济因素的"心理收入"而坚持创业。与此观点相一致，Gimeno，Folta 和 Cooper 等（1997）的研究指出，创业 CEO 对自己创造的公司有着特殊的感情，可以获得较高的"心理收入"。这种"心理收入"虽然不会增加公司的经济业绩，但可以降低公司退出的可能性，提高企业解散的门槛。Wasserman（2006）研究认为，与一般职业经理人相比，创始 CEO 在其所创立公司任职可以获得更多的非货币性收益，可以接受更低的薪酬水平。

　　学者们探讨创始 CEO 的相关问题时，研究重点往往放在创始 CEO 与公司价值的关系上。然而，现有研究对该关系的看法尚不一致。

　　第一种观点认为，创始 CEO 能够提高公司价值，提高公司治理水平。Mackey（2008）解决了先前研究中可能存在的方法问题，重新研究了 CEO 异质性对公司业绩的影响。研究表明，实际上，CEO 对公司业绩的促进作用相比其他因素更重要。既然 CEO 的地位如此重要，那么与一般 CEO 相比，创始 CEO 是否更具优势呢？创始 CEO 作为公司的创始人，较一般职业经理人有以下几方面的优势：①掌握的信息更充分，可以更好地监督管理层；②拥有较多的股份，可以降低股东与管理层之间利益冲突所带来的代理成本问题；③作为公司的精神领袖，其号召力以及制定决策的执行力更强。Nelson（2003）研究指出，创始人的影响会持续地表现在公司治理和所有权安排方面，而且创始 CEO 所在公司的股票市场反应显著高于配比公司的市场反应。在此基础上，He（2008）研究也表明，创始 CEO 对公司财务业绩的提高作用主要表现在以下三方面：①新上市公司的公司价值存在较大的不确定性，创始 CEO 对于外部投资者来说是一种有价值的信号；②与职业经理人相比，创始 CEO 的管理层短视问题较小；③在外部劳动力市场上，创始 CEO 面临更强的声誉关注度，一旦经营失败，很难再获得其他的就业机会。Anderson，Mansi 和 Reeb（2003）则基于债务融资成本的视角，研究发现创始人持股可以通过降低债务融资成本进而提高公司价值。Villalonga 和 Amit（2006）以 1994—2000 年的《财富》世界 500 强公司为样本，研究发现只有当创始人作为家族企业的 CEO 或董事会主席时，家族持股才能提高公司价值。Fahlenbrach（2009）研究指出，11%的美国大型公司都是由创始 CEO 管理的，而创始 CEO 与继任 CEO 在公司价值、投资行为以及股票市场业绩等方面都存在系统性差异：创始 CEO 会更多地投资研发，具有更活跃的资本支出和并购活动，对比继任 CEO 公司，1993—2002 年投资创始 CEO 所在的公司平均每年可以获得 8.3%的超额回报。Adams，Almeida 和 Ferreira（2009）基于创始 CEO 与业绩之间的内生性关系，采用工具变量的方法梳理了创始 CEO 对公司业绩的影响以及公司业绩对创始 CEO 身份的影响。研究发现，考虑了内生性问题后，创始 CEO 身份对公司业绩的影响显著大于标准 OLS 回归的估计效应。也就是说，如果不考虑内生性问题，则创始 CEO 对公司业绩的影响会被低估。

　　第二种观点则认为，创始 CEO 由于缺乏风险承担能力而趋于保守，进而无益于公司价值的提高。如前文所述，创始 CEO 同时作为股东和管理层，虽然可以部分降低股东与管理层间的代理问题，但是忽略了股东与管理层关于风险的态度差异。创始 CEO 的个人财富主要是公司股票，基于自我利益的考虑，创始 CEO 缺乏承担更多风险的意愿而更倾向于保守型政策（陈闯和刘天宇，2012）。Jayaraman，Khorana 和 Nelling 等（2000）以 94 个创始 CEO 和非创始 CEO 公司为样本，研究发现创始 CEO 对于公司的股票回报没有显著的正向效应，但是当公司规模较小或者公司成立时间较短时，创始 CEO 可以提高公司的财务业绩。也就是说，随着企业生命周期阶段的变化，创始 CEO 对公司价值的影响会逐渐由正面效应变为非正面效应。Souder，Simsek 和 Johnson（2012）提出创始 CEO 任期的增加会降低公司的市场扩张行为，进而不利于公司价值的提高。这主要是由于创始 CEO 会频繁地拒绝风险投资资金或公开股票筹资，以避免自身的所有权和管理层权力被稀释。Lee，Hwang 和 Chen（2017）研究表明，创始 CEO 普遍比一般的职业经理人更加过度自信，具体表现在以下几方面：创始 CEO 在微博和盈余电话会议上会使用更多乐观性的语言，更可能发布过高的盈余预测，更可能察觉到公司被低估等。而到目前为止，投资者还没有意识到创始 CEO 所带来的这种"过度自信偏差"。

因此，基于创始 CEO 与职业经理人对公司治理的差异，本研究首先深入探讨了创始 CEO 管理风格对债务政策持续性的影响。由于本研究以公司上市当年定义上市初期债务政策，因此为了探究上市公司债务政策持续性现象，研究公司上市时 CEO 的管理风格对债务政策持续性的影响也具有一定的意义。鉴于 Hambrick，Geletkanycz 和 Fredrickson（1993）指出较长任期的高级管理人员和高管团队会展现出更大的战略惯性，即维持现有战略的可能性更大，因此以任期最长的非创始 CEO 作为一般职业经理人的代表。故而，在第 5 章的变量衡量中同时采用创始 CEO 管理风格、上市时 CEO 管理风格以及任期最长 CEO 管理风格来深入探究 CEO 管理风格所产生的影响。

3.1.5　公司被动接受因素

被动接受是指决策者由于自身能力不足或其他因素，无法或不能主动选择，只能被动接受现有决策。结合公司债务政策持续性这一问题，由于公司自身能力的限制或外部环境的不确定性，本研究分别从公司的融资约束、微观层面的环境不确定性和宏观层面的金融危机三方面探究了上市公司债务政策持续性的潜在的被动接受因素。

1. 融资约束

融资约束研究始于 Fazzari 等人（1988），是指在不完美的资本市场中，由于外部融资成本与内部融资成本存在显著差异，使得企业无法获取充足资金以达到最优投资水平。

现有研究重点关注于融资约束的驱动因素分析和经济后果两个方面。一方面，宏观层面的金融危机、经济周期以及货币政策等都会影响公司的融资约束进而影响公司的投融资选择（Campello 等，2010；Korajczyk and Levy，2003）。Campello 等（2010）研究指出，在 2008 年金融危机期间，公司不仅存在融资约束，而且在重要项目的投资上都受到限制，支持了金融危机可以通过影响资金的供给进而影响投资或融资决策的观点。刘星、张超和辛清泉（2016）从需求冲击的视角解释了金融危机期间公司的投融资行为。Korajczyk and Levy（2003）研究指出，无融资约束公司的目标资本结构呈现出逆经济周期变化，而融资约束公司则呈顺经济周期变化。另一方面，有关融资约束经济后果的研究主要集中于研发投资、对外投资以及债务决策等方面（喻坤等，2014；刘胜强等，2015；Devos 等，2012）。Devos et al.（2012）从融资约束角度直接研究了融资约束是不是导致公司选择零杠杆政策的原因，研究认为公司选择零杠杆政策并不是公司不需要债务融资，而是公司出于融资约束的被迫选择。一旦大型的盈利性投资机会出现，即使负担较高的外部融资成本，公司也会进行债务融资以获取该投资机会。

2. 微观层面的环境不确定性

根据不同的视角，现有研究将企业环境分为不同的类别，主要有以下几种：①根据企业环境的具体内容可以分为政治环境、经济环境、技术环境、文化环境和自然环境等，该分类有助于企业更好地了解其所面临的具体环境，因此更适合针对单一企业进行经营管理分析；②根据企业环境的具体特征可以分为环境的复杂性、动态性等（Duncan，1972），该分类有助于对企业进行纵向和横向的对比分析；③根据管理层感知到的能力限制，可以将环境不确定性分为状态不确定性、影响不确定性和反应不确定性三类（Milliken，1987），该分类可以通过设计问卷而实现研究的可比性。总之，环境不确定性不仅与公司外部环境的特征相关，也与管理层的能力、知识及主观感受息息相关，进而对公司的决策和业绩产生重要影响。

目前，学术界对于微观环境不确定性尚无统一的概念界定。学者们关于"环境不确定性"和"感知到的环境不确定性"进行了激烈的讨论，其主要分歧在于，环境不确定性本身是一种客观的组织环境状态，而感知到的环境不确定性是个人由于缺乏信息而感知到的组织环境状态，具有一定的主观性。然而，只有感知到的环境不确定性才能促使管理层采取相应的措施以应对可能面临的风险和不确定性。因此，本研究关于环境不确定的研究是基于感知到的环境不确定性（下文均简称为"环境不确定性"）。Duncan（1972）

认为环境不确定性的定义包含以下三部分内容：①缺乏与决策相关的环境因素的相关信息；②无法确定由于决策错误而导致的损失；③无法评估环境因素对决策成功或失败的影响程度。总之，该定义认为，环境不确定性是个人在决策制定过程中所感受到的不确定性程度。Milliken（1987）对环境不确定性进行了更为准确的定义，认为环境不确定性是指由于管理者缺乏充分的信息而不能正确感知或准确评估组织外部环境的状态或发展趋势。本研究采用 Milliken（1987）对环境不确定性的具体定义。

关于环境不确定性的经济后果研究，国内外学术界都取得了一定的成果。截至目前，现有研究主要集中于环境不确定性对公司投资、资本成本以及盈余管理等方面的影响。首先，环境不确定性会影响公司的投资决策，但研究结论并不一致。Bloom，Bond 和 Van Reenen（2007）研究指出，不确定性的增加会使得公司在进行扩大或缩减投资时更为谨慎，进而降低需求冲击对投资的影响。他们推测认为，当不确定性程度较高时，上市公司对任一政策刺激的反应可能都会变弱。Baum，Caglayan 和 Talavera（2010）基于 Merton（1980）的方法，采用日股票收益率和市场指数收益率，从股票回报和总体金融市场的年内变化计算内在和外在的环境不确定性。研究指出，环境不确定性是影响公司投资行为的一个重要决定因素。其中，外在环境不确定性的增加会抑制投资支出，使得管理层在投资时更加谨慎；而内在环境不确定性的增加会刺激投资支出，增加公司的流动性。申慧慧、于鹏和吴联生（2012）研究认为，由于已有文献没有考虑融资约束对公司投资决策的影响，导致环境不确定性对投资决策研究结论存在不一致。研究表明，在融资约束程度较低的国有控股公司中，环境不确定性的增加会导致上市公司的过度投资行为进而最终降低公司价值；而在融资约束程度较高的非国有控股公司中，环境不确定性的增加则主要通过导致投资不足的产生进而最终提高公司价值。

其次，在微观环境下，较高的环境不确定性通过向市场传递不利信号，进而增加公司的资本成本。一方面，随着环境不确定性程度的增加，公司的盈余波动性增强，盈余的持续性降低；另一方面，较高的环境不确定性会加剧公司与外部投资者以及债权人间的信息不对称程度（林钟高、郑军和卜继栓，2015）。基于这两方面的考虑，环境不确定性会增加公司的资本成本。Lambert，Leuz 和 Verrecchia（2012）研究指出，信息不对称程度增加会进一步提高公司的资本成本。与这种观点相一致，Easley 和 O'Hara（2004）以及 Christensen，de la Rosa 和 Feltham（2010）研究认为，通过财务报告和其他公开信息披露的方式增加对外公开信息可以降低环境不确定性，进而降低风险溢价，降低资本成本。

最后，环境不确定性也会影响公司的盈余管理。Ghosh 和 Olsen（2009）研究指出，当环境不确定程度较高时，管理层普遍会采用会计应计来降低非操控性盈余的变动，以此来降低高盈余波动所带来的公司风险。因此，环境不确定性与公司的盈余管理呈正相关关系。Habib，Hossain 和 Jiang（2011）认为，由于环境不确定性会诱发公司报告盈余的波动，同时加重管理层与外部投资者之间的信息不对称，因此，在较高的不确定性环境中，管理层有动机通过平滑业绩来降低盈余的波动。在前人研究的基础上，申慧慧（2010）进一步考虑了盈余管理的方向以及公司的成长趋势对盈余管理的影响，研究表明，与增长型公司相比，衰退型公司的破产风险较大，衰退型公司中环境不确定性与向上盈余管理的正相关关系更强；而环境不确定性对负向盈余管理的影响并不会因成长趋势的影响而存在显著差异。

3. 宏观层面的金融危机

金融危机是指金融体系发生严重困难，具体表现为各项金融指标急剧下降，各类金融资产价格大幅下跌，导致金融机构大量破产或濒临破产，进而引发整个金融市场的严重动荡并对整个经济体系造成一系列的严重后果。已有研究表明，金融危机期间，宏观环境的不确定增加（申慧慧、于鹏和吴联生，2012）。本研究以 2008 年始于美国的全球金融危机事件作为研究对象，借鉴 Love，Preve 和 Sarria-Allende（2007）以及梁琪和余峰燕（2014）等的研究，将金融危机具体划分为两个阶段：危机爆发期和后危机时期。鉴于金融危机的爆发始于 2007 年下半年，故将 2007 年定义为危机爆发期。然而，自 2008 年第 3 季度后，金融危机对公司盈利能力的影响已经凸显出来，我国 A 股非金融类上市公司的平均总资产收益率（ROA）由第三季度的 0.84%下降到 2008 年第四季度的-0.45%（祝继高和王春飞，2013）。因此，将 2008—2010 年间定义为金融危机的后危机时期。

目前，关于金融危机的研究不仅包括从宏观层面分析金融危机的成因和影响机理，而且包括从微观层面分析金融危机的经济后果。国际金融危机的频繁发生为研究宏观层面的金融危机对微观经济主体行为的影响提供了一些极好的自然实验。

首先，金融危机对公司投融资行为的影响表现在以下两个方面。一方面，从资金供给的视角，金融危机不仅提高了商业银行的流动性需求（Acharya 和 Merrouche，2012），降低了银行的信贷供给，而且会影响其他的信贷供给，如债券、商业信用等，进而增加公司的融资约束，影响公司的投资和融资决策。Ivashina 和 Scharfstein（2010）研究得出了三个主要的结论：2008 年第四季度的银行贷款规模下降最大，同比下降了 47%；公司耗尽了他们的信贷额度；这两个方面对银行流动性的压力会导致银行减少贷款，特别是对于存款融资渠道较差且依赖于短期债务的银行。Santos（2011）进一步研究发现，在金融危机期间公司需支付更高的贷款成本，并且对于遭受较大损失的公司而言，贷款成本增加更多。Duchin，Ozbas 和 Sensoy（2010）以 2008 年金融危机为研究切入点，研究了金融危机对公司投资的影响，研究发现，金融危机对公司投资支出的负向冲击主要源于金融危机对外部融资供给的降低作用以及对融资摩擦的增加作用。对于外部融资成本较高或外部融资需求较大的公司来说，金融危机降低投资支出的效应尤其显著。Campello，Graham 和 Harvey（2010）以来自美国、欧洲和亚洲的 1050 个 CFO 为调查对象，探究了在 2008 年金融危机中这些公司是否存在信贷约束。研究指出，就受到融资约束的美国公司而言，86%的 CFO 表示在 2008 年金融危机期间，他们在重要项目的投资上是受到限制的，而全样本中超过 50%的被调查者表明其取消或延迟了计划的投资项目。因此，这些研究支持金融危机可以通过影响资金的供给进而影响投资或融资决策的观点。另一方面，从资金需求的视角，随着投资机会的降低，金融危机期间公司的投资需求降低，融资约束对公司经营的影响逐渐降低（Duchin，Ozbas 和 Sensoy，2010）。Kahle 和 Stulz（2013）分别从资金需求和资金供给的视角研究发现，金融危机之后，无杠杆公司和高现金公司的资本支出下降比例显著高于高杠杆公司和银行依赖公司。这些研究结果表明，需求冲击才是影响金融危机期间公司的融资和投资政策的主导因素，而上文所述的银行贷款供给冲击或信贷供给冲击并不是主导因素。

梁琪和余峰燕（2014）印证了金融危机对公司资本投资的负面冲击作用，这主要是金融危机所带来的信贷市场萎缩以及由此引起的资金供给不足导致的。在此基础上，进一步研究了产权性质在其中发挥的作用，研究认为，国有银行和国有企业等国有股权可以弱化金融危机对投资的负面冲击，这表明有限的信贷供给不均匀地分配给了不同产权性质的公司。在不同的财务柔性下，金融危机对公司投资行为的影响存在差异吗？曾爱民、张纯和魏志华（2013）针对该问题进行了深入探究。研究结果表明，财务柔性公司在金融危机期间受到的融资约束显著更低，因而投资支出较多，公司的财务业绩较非财务柔性公司更好，由此验证了财务柔性能够增强其抵御未来不利冲击的能力这一观点。于蔚、金祥荣和钱彦敏（2012）研究了宏观冲击如何影响微观层面的公司融资决策，研究指出，经济环境等宏观冲击可以改变公司面临的股权再融资环境和信贷环境，进而影响公司资本结构的动态调整；同时，不同融资约束程度公司在面临相同的宏观冲击时，其资本结构的动态调整行为也存在显著的差异。

其次，金融危机对公司股利政策的影响也不容忽视。随着金融危机的冲击，公司的盈利能力下降（Baek，Kang 和 Suh Park，2004；Liu，Uchida 和 Yang，2012），未来现金流的不确定性增加，受到融资约束的可能性增大（Campello，Graham 和 Harvey，2010；Santos，2011）。因此，在金融危机期间，上市公司会通过降低现金股利的支付水平来应对未来的盈利和现金流等不确定性（祝继高和王春飞，2013）。Abreu 和 Gulamhussen（2013）研究了 462 个美国银行控股公司在 2007—2009 年金融危机前后的股利支付，研究结论支持了代理成本假设和信号假设。其中，代理成本假设认为股利支付可以弥补监督的需要，可以解释金融危机前后的股利支付行为；信号假设认为股利可以释放未来具有成长机会的信号。然而，信号假设仅在金融危机期间有效，这可能是因为银行控股公司一般不需要信号作用，除非整个行业备受压力且公司盈利水平需要被识别为高于行业平均水平。然而，金融危机对股利政策的影响尚存在一定的争议。Basse，Reddemann 和 Riegler 等人（2014）得出的结论认为，在对欧洲银行业的股利政策研究中，并没有实证证据表明股利的信号作用或股利平滑有助于解释相关的经济现象。因此，当面临金融危机时，欧洲银行应该明确考虑降低或免除股利支出，以增强公司的财务实力。

最后，金融危机对盈利能力的影响也是经济后果的一个重要方面。Baek，Kang 和 Suh Park（2004）以 1997 年亚洲金融危机为切入点，研究发现，公司层面的公司治理水平差异是决定金融危机期间公司价值变化的主要因素。例如，信息披露质量较高和有其他外部融资来源的公司在金融危机期间损失较小，而控股股东的投票权超过现金流权的公司以及银行借款较多的公司在金融危机期间具有较低的收益。类似的，Liu，Uchida 和 Yang（2012）以 970 个中国上市公司为研究对象，研究了在我国上市公司的治理结构对金融危机期间公司价值变化的影响。已有研究表明，在金融危机期间利益侵占问题会更加严重。然而，该研究却发现中国的国有企业在金融危机之前业绩较差，而在金融危机期间股票业绩较好，特别是依赖于银行债务的国有企业，这是因为国有股权可以缓解金融危机期间的融资约束。Cornett，Guo 和 Khaksari 等人（2010）从银行的视角，研究了国有银行和私有银行在 1997 年亚洲金融危机期间的业绩差异，研究发现，1989—2000 国有银行的业绩明显差于私有银行，而金融危机之后的 2001—2004 年间国有银行和私有银行的业绩无明显差异，这表明金融危机增加了金融服务的全球化竞争，有助于完善无效率的监管，提高国有银行的业绩。结合公司的并购事件，Wan 和 Yiu（2009）以 1997 年亚洲金融危机为一个自然实验，研究发现，金融危机期间环境波动较大，公司并购与公司业绩呈正相关关系；而在金融危机前后期间，公司并购则会负向影响公司业绩。王红建、李青原和邢斐（2014）研究表明，金融危机之后，上市公司为了获取更多的政府补贴而进行负向盈余操纵的动机更强。

3.1.6　小结

本节详细阐述了债务政策、上市初期债务政策、债务政策偏好、公司主动选择因素和公司被动接受因素各概念模型要素的具体定义。首先，在阐述债务政策具体定义的基础上，基于债务规模异质性、债务来源异质性和债务期限异质性三个视角，提出了研究债务政策的五个维度及其具体界定，具体包括资本结构政策、债务类型结构政策、零杠杆政策、债务期限结构政策和债务期限分散度政策。其次，明确界定了上市初期债务政策中上市初期的定义及其原因。再次，基于上市公司财务保守行为和财务激进行为的普遍存在及其影响，提出了债务政策偏好的概念及其具体界定。再次，分别从战略惯性、盈利压力和CEO管理风格三个方面阐述了公司主动选择因素的具体内涵及其影响。最后，基于融资约束、微观层面的环境不确定性和宏观层面的金融危机三个方面概述了公司被动接受因素的具体内涵及其影响。关键模型要素的定义汇总详见表3-1。

表 3-1　关键模型要素的定义汇总表

模型要素	要素名称	具体定义
债务政策	资本结构政策	资本结构政策是指公司各种资本的构成及其比例关系
	债务类型结构政策	债务类型结构政策是指公司债务集中于某一种或某几种债务类型的程度
	零杠杆政策	零杠杆政策是指公司不采用银行债务融资
	债务期限结构政策	债务期限结构政策是指长期债务占总负债的构成及其比例关系
	债务期限分散度政策	债务期限分散度政策是指现有债务到期期限的分散程度
上市初期债务政策	上市初期债务政策	上市初期债务政策是指上市当年公司债务资本的构成及其比例关系，具体包括上市初期资本结构、上市初期债务类型结构政策、上市初期零杠杆政策、上市初期债务期限结构政策和上市初期债务期限分散度政策这五个维度
债务政策偏好	激进型债务政策	借鉴李青原、吴素云和王红建（2015）的研究，激进型债务政策是指公司的实际债务水平高于最优债务水平
	保守型债务政策	借鉴李青原、吴素云和王红建（2015）的研究，保守型债务政策是指公司的实际债务水平低于最优债务水平

（续）

模型要素	要素名称	具体定义
公司主动选择因素	战略惯性	借鉴连燕玲和贺小刚（2015）的研究，战略惯性是指组织战略在时间区间上的稳定性和持久性程度，即组织倾向于维持战略现状而不愿改变的程度
	盈利压力	盈利压力是指由于公司的实际经营绩效低于期望而导致决策者感受到的压力。根据期望的参照对象选择，盈利压力可以具体分为内部盈利压力和外部盈利压力。其中，内部盈利压力是指管理层的实际盈余是否低于该公司历史经营绩效的预期值；外部盈利压力通常是指管理层的实际盈余是否低于分析师盈余预测
	创始 CEO 管理风格	创始 CEO 管理风格是指与一般职业经理人相比，创始人担任上市公司 CEO 的任职期间内，其管理风格对上市公司的影响
公司被动接受因素	融资约束	借鉴 Fazzari et al. (1988)的研究，融资约束是指在不完美的资本市场中，由于外部融资成本与内部融资成本存在显著差异，使得企业无法获取充足资金以达到最优投资水平
	环境不确定性	借鉴 Milliken（1987）对环境不确定性的定义，环境不确定性是指由于管理者缺乏充分的信息而不能正确感知或准确评估组织外部环境的状态或发展趋势
	金融危机	借鉴 Love，Preve 和 Sarria-Allende（2007）以及梁琪和余峰燕（2014）等研究，将金融危机具体划分为两个阶段：危机爆发期和后危机时期。其中，将 2007 年定义为危机爆发期；将 2008—2010 年间定义为金融危机的后危机时期

3.2　概念模型

　　通过上述概念要素的具体界定，本研究拟从债务政策的持续性及主动选择因素和被动接受因素对债务政策持续性的影响机制出发，详细阐述相关的理论基础，以此为基础来构建本研究的概念模型。

　　债务政策的持续性现象主要建立在路径依赖理论和印记理论的基础上。

　　路径依赖理论由 David（1985）提出，该理论认为，一个小的最初优势或一些小的随机冲击能够在"惯性"的作用下不断正向反馈，并最终锁定在该路径上。基于对文献的调查，学者们认为路径依赖的产生可能是出于以下四种原因：增加收益、自我强化、正向反馈和锁定效应。其中，增加收益是指一个选择或行为被执行的次数越多，收益就越大；自我强化是指做出选择或采取行动具有强化或完善作用，进而促使该选择的持续性；正向反馈是指当其他人做出同样的选择时，该项行为或选择会产生正向的外部性，正向反馈和增加收益虽然类似，但存在一定差异，增加收益会随着更多的人的选择而产生收益，而正向反馈并不会对已经做出选择的人产生收益；锁定效应是指一项选择或行为比其他选择或行为更好。在此基础上，Page（2006）在标准框架下区分了路径依赖的种类，具体可以分为结果依赖、均衡依赖、状态依赖、最优依赖以及路径依赖等，并否认了增加收益对路径依赖的解释能力。该研究认为路径依赖是按照特定制度的要求而建立起来的行为惯例、认知结构和社会联系。路径依赖理论强调了时间和历史在分析过程中的重要作用，现已被广泛运用于经济学、社会学和管理学等学科。

印记理论认为，在上市初期，组织会产生内部一致性的政策；随后期间，即使环境已经发生改变，组织仍会保持以前的政策（Hanssens、Deloof 和 Vanacker，2016）。印记理论由 Stinchcombe 和 March（1965）率先运用至组织研究中，此后许多学者又逐渐运用其解释经济现象和金融现象等（Bertrand 和 Schoar，2003；Marquis 和 Tilcsik，2013）。基于组织层面的视角，Stinchcombe 和 March（1965）研究指出，组织形式和组织类型的产生有一个过程，该过程对组织未来的发展具有持续性的影响，甚至决定了未来组织类型的某些方面。该研究强调了组织的历史对组织发展过程的潜在强大影响。基于公司战略的视角，Boeker（1989）通过研究半导体行业中公司战略的发展，进而研究与公司成立时相比现在组织战略的稳定性或变革的程度，认为组织成立时的特征通过围绕既定的战略方法来建立内部一致性，有助于被印记在公司的上市初期战略中。进一步研究发现，成立后的情况也会影响上市初期战略持续性的程度，当公司的创始人进入组织的管理层时，上市初期战略的变化相对较少，这可能是因为创始人很可能曾经参与了组织上市初期战略的规划和实施进而不愿意改变。基于个人层面的视角，Malmendier 和 Nagel（2011）研究表明，以前的经历如经济危机经历会印记在创始人身上，并持续影响其未来的投资和融资决策。印记理论不仅有助于研究人员确定重要的历史事件，而且是系统识别重要且随着时间具有微妙影响事件的一个强大工具（Marquis 和 Tilcsik，2013）。

战略惯性理论的分歧点在于强调组织在面临外部环境时，是采取适应行为，还是接受外部环境对组织的选择机制。由此产生了组织演化的"适应"理论和"选择"理论。而战略惯性则建立在"选择"理论的基础上，主要以组织生态理论为代表。组织生态理论最先由 Hannan 和 Freeman（1977）提出，该理论认为由于受到内外部环境的限制，如对于厂房、设备的巨额投资、决策制定者的信息限制以及组织自身历史经验的限制等，组织具有很强的战略惯性。最终，环境的选择取代了组织内部调整而成为组织变革的主要力量，与组织演化的"适应"理论形成了鲜明的对比（姜晨和刘汉民，2005）。随后，Hannan 和 Freeman（1984）基于明确的发展模型认为，高水平的组织结构惯性是外部环境选择的结果而不是选择的先决条件。而外部环境选择是以高度可靠性和责任性为基础，具备这两种性质的组织必然具有很高的可再生能力，进而产生较强的战略惯性。在此基础上，学者 Singh 和 Lumsden（1990）以及 Hannan 和 Carroll（1992）等进一步对组织生态理论进行了一定的修正。

业绩反馈理论认为，组织的历史绩效可以有效地反馈组织战略的有效性，而实际绩效与期望绩效的差距会影响管理层的后续战略决策。业绩反馈理论可以在一定程度上解释盈利压力的来源。而盈利压力的研究最早可追溯至 Cyert 和 March（1963）提出的企业行为理论。企业行为理论强调了对经验的学习，提供了一种更为详细的经验维度，比如在期望水平之上或之下，由此才形成了业绩反馈理论的精髓并逐步体现在后续的理论模型上。在业绩反馈理论的基础上，Gavetti 和 Levintha（2000）提出的回顾过去（Looking Backward）和预期未来（Looking Forward）两个模型。其中，回顾过去模型是对过去经验的一种模拟学习，公司根据实际绩效与期望的差距进而采取不同程度风险的决策；预期未来模型则是管理层通过预测未来的公司绩效进而影响公司决策。

组织学习理论由 March 和 Simon（1958）首次提出，组织学习是一个动态的概念，组织学习开始于多维度的经验学习，不仅包括直接经验和间接经验（Levitt 和 March，1988），也包括成功的经验和失败的经验（Kim 和 Miner，2009）等。目前，学术界对于组织学习尚无统一的概念界定。Levitt 和 March（1988）研究提出，组织学习是基于组织惯例、历史依赖和目标导向的，组织从历史经验中学习形成惯例进而指导行为。进一步地，March（1991）开创性地提出了开发式学习和探索式学习的概念，对于解释组织学习的过程以及内在机制具有重要的理论借鉴意义。有效的选择如规则、惯例或实践等旨在提高组织效率的开发式学习对于组织的生存是必需的。然而，在不断变化的环境中，发现和捕捉新知识和新机会的探索式学习也是必不可少的。因此，在实践中，合理保持开发式学习和探索式学习的平衡是组织生存和繁荣的一个基本因素。为了更加全面地理解组织学习，Huber（1991）阐述了知识获取、信息分布、信息解释、组织记忆四个概念，这是与组织学习相联系的一组完整概念。进一步研究指出，组织通过先天性学习、经验学习、替代学习、移植、搜索与发现五种途径来获取信息或知识。Crossan，Lane 和 White（1999）提出了一个从个体、群体和组织三个层面研究的组织学习过程框架，将组织学习具体分为直觉、解释、整合和制度化四个过程。该研究认为，组织学习是更新组织战略的一个重要手段。Argote 和 Miron-Spektor（2011）基于知识的视角提出了一个分析组织学习的理论框架，在该框架下组织学习和知识的产生相互影响，也就是说，组织学习有助于产生新的知识，而新的知识也会进一步促进组织学习的效率。姜晨和刘汉民（2005）认为，组织学习是对组织惯例的重复和修改。虽然学术界关于组织学习是有意识还是无意识的行为、组织学习是否一定会促进组织绩效等问题仍存在一定的争论，然而，不可否认的是，在不断变化的组织内外部环境中，组织学习是提高公司竞争优势的关键，有助于组织在激烈的竞争中得以生存和繁荣发展。

委托代理理论由 Jensen 和 Meckling（1976）提出，该理论认为，委托代理关系本质上是一种契约关系，委托人授予代理人一定的决策权利，通过雇用的形式使得代理人按照委托人的利益从事经济活动，并根据代理人提供服务的数量和质量支付相应的薪酬，最终实现委托人和代理人双方利益的最大化。然而，事实上，由于委托人和代理人之间的信息不对称以及激励不相容等问题，代理人可能不会以委托人的最大利益为原则进行决策，可能会产生逆向选择或道德风险问题，进而导致委托代理风险并侵害委托人的利益。委托代理风险是委托代理理论研究的核心问题，主要包括逆向选择问题和道德风险问题。其中，逆向选择又称"事前信息不对称"，是一种由于信息不对称而造成市场资源配置扭曲的现象；而道德风险又称"事后信息不对称"，是指代理人从事经济活动时最大限度增进自身的效用而损害委托人利益的行为。在公司治理中，委托代理问题的核心是公司股东如何设计最优的治理结构和机制以解决公司股东和管理层之间的代理问题，主要是降低管理层的道德风险。本研究认为，相比一般的 CEO，创始 CEO 通常持有较多的股份，因此当创始人担任 CEO 时，可以部分消除股东与管理层之间的利益不一致问题，降低公司面临的股东与管理层间代理冲突和代理成本问题。

信息不对称和代理问题会引发融资摩擦，使得公司外部融资成本与内部融资成本存在显著差异，进而导致公司融资约束。信息不对称是指在市场经济活动中，各类人员对有关信息的了解存在差异。在融资活动中，资金需求方更为了解企业自身的经营状况、偿债能力以及未来的发展潜力，而资金供给方拥有的信息更少，面临更大的风险，因而交易双方的信息不对称会加重内外部融资成本之间的差异。从代理问题的视角，由于委托人与代理人之间的信息不对称而产生的逆向选择问题也是导致外部融资成本高于内部融资成本的关键因素之一。Fazzari，Hubbard 和 Petersen（1988）研究指出，在不完美的资本市场中，内部融资存在显著的成本优势，由于内外部融资成本的差异，部分公司无法获取充分的外部融资。而当公司面临融资约束时，公司的外部融资成本会进一步增加（Campbell，Dhaliwal 和 Schwartz，2011）。

在领导行为研究领域中，有关领导风格的研究始于 Burns（1978）提出的交易型领导和变革型领导概念。此后，学术界逐渐开始关注并探讨领导风格及其产生的影响。Burns（1978）认为，变革型领导和交易型领导具有显著的区别，是两个相对的概念。在此基础上，Bass（1985）进一步扩展了变革型领导的概念，认为变革型领导风格包括精神激励、智能启发、领导魅力或理想化影响以及个人关怀等四个维度，具体是指变革型领导风格能够通过改变员工的价值和信念，激发员工的高层次需要，以使其有意愿和动机付出超出个人期望以外的努力。与变革型领导风格有所不同，交易型领导风格是指领导和员工之间是一种契约关系，领导首先分析员工的低层次需要，然后通过传统的奖惩手段来激励员工完成既定的工作任务。交易型领导风格主要包括权变报酬和例外管理两个维度。由于变革型领导风格更注重企业的长期发展，因此现有研究更多地集中于变革型领导风格的有效性研究。已有研究表明，变革型领导风格有助于减少组织变革的阻力（Bass，2006）、提高组织绩效（Waldman，Javidan 和 Varella，2004），以及增加员工的满意度等。鉴于变革型领导风格和交易型领导风格之间的显著差异，Bass（2006）认为在具体实践中，同时运用这两种领导风格，彼此相互补充可以实现更好的领导效果，不仅可以维持组织的稳定，而且可以提高员工的工作积极性。此外，基于我国独特的文化传统，Redding（1990）和 Westwood（1997）也提出了家长式领导风格的概念，主要包括权威领导、仁慈领导和德行领导三个维度。借鉴葛永波、陈磊和刘立安（2016）对管理者风格的定义，本研究认为不同公司的 CEO 在投融资偏好、风险偏好以及公司战略选择等方面都具有相对独特的属性和效应，具有不同的管理者风格。然而，由于数据获取的难度较大，本研究在研究时并不具体区分管理者风格的详细类型。

基于组织外部环境的动荡变化，Teece，Pisano 和 Shuen（1997）提出了动态能力的概念，并建立了动态能力理论框架。动态能力是指整合、构建并重构组织内外部竞争力以应对环境变化的能力。在提出该概念的同时，Teece，Pisano 和 Shuen（1997）进一步提出了以过程、位置和路径为三个关键要素的"3P"动态能力理论框架。在此基础上，Teece（2007）更深入地界定了动态能力的内涵，认为动态能力表现为感知机会能力、把握机会能力和资源重构能力。此外，其他学者也陆续对动态能力进行了相应的界定。动态能力理论源于企业能力理论和资源基础观，因此，动态能力一方面受到与企业资源和能力相关的组织惯例、组织结构、组织文化以及组织学习等内生性因素的影响，另一方面也受到外部宏观环境、市场环境以及技术环境等环境动态性的影响。随着环境的变化，动态能力能够改变已不适应内外环境变化的战略资源和组织惯例等，通过协调和改变现有的资源基础以适应新环境，并最终实现组织的持续优势（李大元、项保华和陈应龙，2009）。

本部分根据路径依赖理论和印记理论分析了上市公司债务政策的持续性现象，运用组织生态理论阐述了公司战略惯性对债务政策持续性的影响，运用业绩反馈理论和组织学习理论分析了盈利压力对债务政策持续性的影响，依托委托代理理论和领导风格理论阐明了管理层风格对债务政策持续性的解释作用。最后，基于信息不对称和代理理论分析了融资约束对债务政策持续性的影响，基于组织动态能力理论分析了外部环境的不确定性对债务政策持续性的影响。基于上述理论分析，本部分将上市初期债务政策、未来期间的债务政策、债务政策偏好、最优债务政策的动态调整速度以及公司主动选择因素（包括战略惯性、盈利压力和创始 CEO 管理风格）和公司被动接受因素（包括融资约束、微观层面的环境不确定性和宏观层面的金融危机）纳入一个统一的分析框架，并进而提出了本研究的概念模型，详见图 3-1。其中，债务政策包括资本结构政策、债务类型结构政策、零杠杆政策、债务期限结构政策和债务期限分散度政策五个维度。

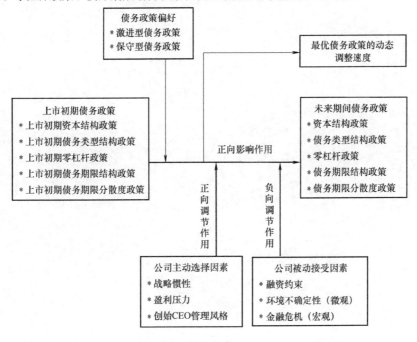

图 3-1 概念模型

3.3　本章小结

首先，本章详细阐述了债务政策、上市初期债务政策、债务政策偏好、公司主动选择因素以及被动接受因素五个概念要素。其次，在路径依赖理论、印记理论、组织生态理论以及组织学习理论等理论的基础上，将债务政策、上市初期债务政策以及公司主被动选择因素纳入一个统一的分析框架，构建了本研究的概念模型，主要研究了上市初期债务政策对未来期间债务政策具有持续性影响的现象，并分别从公司主动选择和被动接受的角度来解释影响债务政策持续性的具体因素。

第 4 章

上市公司债务政策持续性的存在性研究

4.1 上市公司债务政策持续性的存在性假设

4.1.1 上市初期债务政策对未来期间债务政策的影响

自 Lemmon，Roberts 和 Zender（2008）提出了资本结构政策的持续性后，一些研究，如 Wu 和 Yeung（2012）以及 Hanssens，Deloof 和 Vanacker（2016）也相继指出上市初期资本结构政策确实存在一定的持续性，并试图从公司的成长类型以及创始 CEO 的角度分析其原因。虽然现阶段资本结构相关理论的研究并无法解释资本结构政策的持续性现象，但是本研究仍然可以运用两种独立的理论解释债务政策的持续性现象：印记理论和路径依赖理论。

第一，印记理论与债务政策持续性。一般来说，印记理论认为，在上市初期，组织会产生内部一致性的政策；随后期间，即使环境已经发生改变，组织仍会保持以前采纳的政策（Hanssens，Deloof 和 Vanacker，2016）。印记理论由 Stinchcombe 和 March（1965）率先运用至组织研究中，此后许多学者又将其用于解释经济现象和金融现象等（Bertrand 和 Schoar，2003；Marquis 和 Tilcsik，2013）。Malmendier 和 Nagel（2011）研究发现，经历过经济危机的人具有较低的财务风险承受能力，参与股票市场的可能性更低，同时对未来股票回报更为悲观。因此，以前的经历会印记在个人身上，并继续影响其未来的投资和融资决策，对于公司也是如此。Hanssens，Deloof 和 Vanacker（2016）发现，上市初期债务政策对未来期间债务政策有显著的正向预测作用，然而当创始 CEO 离职时，这种正向作用会显著降低，进而支持了印记理论对债务政策持续性具有一定的解释能力这一观点。

第二，路径依赖理论与债务政策持续性。David（1985）提出的路径依赖理论认为，一个小的最初优势或一些小的随机冲击能够在"惯性"的作用下不断正向反馈，并最终锁定在该路径上。该理论强调了时间和历史在分析过程中的重要作用，现已被广泛运用于经济学、社会学和管理学等学科。Vergne 和 Durand（2010）分别从三个方面总结了路径依赖：宏观层面上，制度主义者采用路径依赖来解释制度的持续性；中观层面上，经济学家用路径依赖来解释次优化的公司治理或技术产出；微观层面上，动态能力理论将路径依赖视为组织僵化的替代，并强调了对竞争优势的正向影响。因此，路径依赖可以表现为，企业先前历史对未来决策存在一定的影响（王砚羽、谢伟和乔元波等，2014），也即是说，债务政策具有持续性。类似地，在路径依赖理论的惯性作用下，公司上市初期的成长类型导致了未来期间成长类型的持续性，而成长类型对投资和融资决策的影响必然导致了资本结构政策的持续性（Wu 和 Yeung，2012）。

综上可知，印记理论和路径依赖理论都可以解释债务政策持续性现象。进一步，将当期债务政策区分为激进型和保守型时，上市初期债务政策是否依然保持持续性的预测作用？虽然目前尚无研究针对激进型债务政策和保守型债务政策进行相关研究，但是基于上文的相关分析，本研究有理由推测认为，无论公司采用激进型债务政策或保守型债务政策，上市初期债务政策的预测作用仍然显著为正向。

基于以上分析，提出如下假设：

假设 1：上市初期债务政策对未来期间债务政策具有正向的预测作用。

假设 2：无论公司采用激进型债务政策或保守型债务政策，上市初期债务政策对未来期间债务政策都具有正向的预测作用。

4.1.2　上市初期债务政策对最优债务政策动态调整速度的影响

众所周知，另一个关于债务政策不可回避的问题是是否存在最优债务政策。根据资本结构动态权衡理论，公司存在最优资本结构政策，当实际资本结构偏离最优资本结构时，公司将以最优资本结构为目标进行动态调整（Leary 和 Roberts，2005；Flannery 和 Rangan，2006）。然而，在激进型债务政策和保守型债务政策下，上市公司的初期债务政策分别对最优债务政策动态调整速度会产生怎样的影响？

已有研究表明，调整成本是决定上市公司资本结构调整速度快慢的关键因素（Leary 和 Roberts，2005；江龙、宋常和刘笑松，2013），而公司的融资约束是影响调整成本的重要因素。于蔚、金祥荣和钱彦敏（2012）的研究表明，在面临宏观冲击时，融资约束程度较大的公司对外部融资的需求动机更强烈，资本结构的调整速度较低。类似的，Korajczyk 和 Levy（2003）以及 Faulkender 和 Petersen（2006）的研究也表明，融资约束程度的增加会减缓公司的资本结构调整速度。因此，基于调整成本的视角，在激进型债务政策下，上市公司的实际债务水平远高于目标债务水平，受到的融资约束程度较大，调整成本较高，进而降低了上市初期债务政策向最优债务政策的动态调整速度。

然而，在保守型债务政策下，上市初期债务政策对最优债务政策动态调整速度的影响则正好相反。此时，资本结构调整的方式是向上调整，具体包括增加负债和减少所有者权益（经营亏损或现金股利都会降低所有者权益），因此公司面对的主要是银行系统的摩擦（王正位、赵冬青和朱武祥，2007）。而财务风险是银行等金融机构进行信贷资金配置的重要参考指标。郑祥风（2015）提出了财务经济学"五力模型"并建立了动态最优资本结构的理论模型，该模型指出财务风险的优化是中国上市公司动态资本结构的决定性因素。因此，基于财务风险的角度，在保守型债务政策下，公司的实际债务政策远低于目标债务水平，公司的财务风险较低，融资渠道较多，获得资金的速度更快、更便捷，从而会加快最优债务政策的动态调整速度。

基于以上分析，提出如下假设：

假设 3：当公司采用激进型债务政策时，上市初期债务政策会降低最优债务政策的动态调整速度。

假设 4：当公司采用保守型债务政策时，上市初期债务政策会加快最优债务政策的动态调整速度。

4.2 研究设计

4.2.1 样本选择与数据来源

本研究以 1999—2015 年沪深两市 A 股上市公司为研究对象，相关数据主要来自 CSMAR 数据库和 Wind 数据库。依照惯例，按照以下原则对样本进行筛选：①剔除 43 家金融类上市公司合计 448 个观测值，因为金融行业的财务数据与非金融行业相比具有一定的特殊性；②剔除 1999 年以前上市的公司样本，合计共剔除 826 家公司 13305 个观测值；③剔除上市之前的公司样本，合计共剔除 14 家公司 449 个观测值；④剔除财务数据缺失的公司样本，合计剔除 1 家公司 18 个观测值。对连续变量在 1% 和 99% 分位上进行缩尾处理（winsorize），以避免异常值对分析结果的影响。经过表 4-1 中样本公司的筛选过程，最终形成了一个包含 2026 家公司 15450 个有效观测值的非平衡面板数据。

表 4-1 样本公司的筛选过程

序号	筛 选 标 准	剔除公司数目	剔除观测值数目	公司数目	观测值数目
	原始样本			2910 家	29670 个
1	剔除金融类上市公司	43 家	448 个	2867 家	29222 个
2	剔除 1999 年以前上市的公司样本	826 家	13305 个	2041 家	15917 个
3	剔除上市之前的公司样本	14 家	449 个	2027 家	15468 个
4	剔除财务数据缺失的公司样本	1 家	18 个	2026 家	15450 个
	最终样本			2026 家	15450 个

4.2.2 变量定义

1. 债务政策的度量

借鉴 Hanssens，Deloof 和 Vanacker（2016）等研究，债务政策具体包括资本结构政策、债务类型结构政策、零杠杆政策、债务期限结构政策和债务期限分散度政策五个维度。

（1）资本结构政策（Lev），这是目前学者研究债务政策必然且广泛采用的度量方式之一，采用总负债与总资产的比率来衡量（Rajan 和 Zingales，1995）。

（2）债务类型结构政策（DS），用以衡量上市公司所采用的债务类型是否单一。该概念由 Colla，Ippolito 和 Li（2013）首次提出，Hanssens，Deloof 和 Vanacker（2016）在其基础上进行了一定的扩展和应用。借鉴两者的研究，本研究采用标准化债务类型的赫芬达尔指数来衡量债务类型结构政策。具体来说，首先计算赫芬达尔指数（HHI1），见式（4-1）与式（4-2）。

$$SS1_{it} = \left(\frac{TradeCredit_{it}}{Debt_{it}}\right)^2 + \left(\frac{BankDebt_{it}}{Debt_{it}}\right)^2 + \left(\frac{Bonds_{it}}{Debt_{it}}\right)^2 + \left(\frac{NonBankDebt_{it}}{Debt_{it}}\right)^2 +$$
$$\left(\frac{OtherDebt_{it}}{Debt_{it}}\right)^2 \tag{4-1}$$

式中，i 表示公司；t 表示年份；Debt 表示公司的总负债；$Debt_{it}$ 表示第 t 年公司 i 的总负债；SS1 表示五种债务类型所占比率的平方和；TradeCredit 表示商业信用，具体包括应付票据、应付账款和预收账款三类；BankDebt 表示银行借款，具体包括短期借款和长期借款；Bonds 表示债券，主要是指应付债券科目；NonBankDebt 表示非银行借款，具体包括应付职工薪酬、应缴税费和应付股利；OtherDebt 表示其他债务。

$$HHI1_{it} = \frac{SS1_{it} - 1/5}{1 - 1/5}$$ （4-2）

式中，HHI1 表示标准化债务类型的赫芬达尔指数，也是债务类型结构政策（DS）变量，该数值越大，表示债务专一性程度越高。

（3）零杠杆政策（ZL），用来衡量上市公司是否采用银行债务融资。借鉴 Byoun 和 Xu（2013）、Devos，Dhillon 和 Jagannathan 等（2012）以及 Strebulaev 和 Yang（2013）等相关研究，当上市公司账面杠杆率为零时取值为 1，否则为 0，以此来定义零杠杆政策虚拟变量。实际上，上市公司的负债科目中能够反映银行债务杠杆作用的主要有"短期借款"和"长期借款"。因此，本研究采用短期借款和长期借款合计占总资产的比率来定义账面杠杆率。

（4）债务期限结构政策（DM）。借鉴 Fan，Titman 和 Twite（2012）以及 Custódio，Ferreira 和 Laureano（2013）等研究，采用超过 5 年的长期债务占总负债的比率来度量。

（5）债务期限分散度政策（DG），由 Choi，Hackbarth 和 Zechner（2021）首次提出，很快 Norden，Roosenboom 和 Wang（2016）及 Hanssens，Deloof 和 Vanacker（2016）已将其运用至债务政策的相关研究中。借鉴相关研究，本研究采用标准化债务期限分布的赫芬达尔指数乘以-1 来衡量债务期限分散度政策。具体计算方法类似于债务类型结构政策，见式（4-3）和式（4-4）。

$$SS2_{it} = \left(\frac{DebtMaturity < 3_{it}}{Debt_{it}}\right)^2 + \left(\frac{3_{it} \leqslant DebtMaturity \leqslant 5_{it}}{Debt_{it}}\right)^2 + \left(\frac{DebtMaturity > 5_{it}}{Debt_{it}}\right)^2$$ （4-3）

式中，i 表示公司；t 表示年份；Debt 表示公司的总负债；SS2 表示三种债务期限所占比率的平方和；债务期限 DM（DebtMaturity）分为 3 年期限以下、3 年至 5 年和 5 年期限以上三类。

$$HHI2_{it} = \frac{SS2_{it} - 1/3}{1 - 1/3}$$ （4-4）

式中，HHI2 表示标准化债务期限分布的赫芬达尔指数，该指数数值越大，表示债务期限的分散度越低。为了便于理解和分析，将 HHI2 指数乘以-1 表示变量债务期限分散度政策（DG）。

2. 上市初期债务政策

参考 Lemmon，Roberts 和 Zender（2008）以及 Hanssens，Deloof 和 Vanacker（2016）

等研究，本研究将上市初期债务政策（InitialDebtPolicy）定义为上市当年的债务政策，分别包括上市初期资本结构政策（InitialLev）、上市初期债务类型结构政策（InitialDS）、上市初期零杠杆政策（InitialZL）、上市初期债务期限结构政策（InitialDM）和上市初期债务期限分散度政策（InitialDG）五个变量。

3. 控制变量

借鉴 Lemmon，Roberts 和 Zender（2008）、Frank 和 Goyal（2009）以及 Hanssens，Deloof 和 Vanacker（2016）等相关研究，本研究选取公司规模（Logsize）、有形资产比率（Tangibility）、总资产增长率（AssetGrowth）、资本支出比率（CapExp）、资产负债率的行业中值（IndLev）、托宾 Q 值（TobinQ）、盈利能力（Profitability）作为控制变量。为避免行业和年度的影响，设置了行业虚拟变量（Industry）与年度（Year）虚拟变量。具体定义如表 4-2 所示。

表 4-2　研究变量一览表

性质	符号	变量名称	定义
被解释变量	Lev	资本结构政策	总负债/总资产
	DS	债务类型结构政策	采用标准化债务类型的赫芬达尔指数
	ZL	零杠杆政策	当上市公司采用零杠杆政策时取1，否则取0
	DM	债务期限结构政策	超过5年的长期债务占总负债的比率
	DG	债务期限分散度政策	采用标准化债务期限分布的赫芬达尔指数乘以−1
解释变量	InitialDebtPolicy	上市初期债务政策	上市当年的债务政策，分别包括上市初期资本结构政策（InitialLev）、上市初期债务类型结构政策（InitialDS）、上市初期零杠杆政策（InitialZL）、上市初期债务期限结构政策（InitialDM）和上市初期债务期限分散度政策（InitialDG）五个维度
控制变量	Logsize	公司规模	总资产的自然对数
	Tangibility	有形资产比率	有形资产总额／总资产；其中，有形净资产总额＝资产总额−无形资产净值
	AssetGrowth	总资产增长率	（总资产$_t$−总资产$_{t-1}$）/总资产$_{t-1}$
	CapExp	资本支出比率	购建固定资产、无形资产和其他长期资产支付的现金/总资产
	IndLev	资产负债率的行业中值	分行业分年度下的资产负债率中值

（续）

性质	符　号	变量名称	定　义
控制 变量	TobinQ	托宾 Q 值	托宾 Q 值
	Profitability	盈利能力	息税前利润/总资产
	Year	年度虚拟变量	当样本选自第 t 年时，虚拟变量 $Year_{it}$ 取 1，否则取 0
	Industry	行业虚拟变量	当第 i 家公司第 t 年属于某个行业时，$Industry_{it}$ 为 1，否则为 0

4.2.3　模型设定

1. 债务政策调整速度的度量

借鉴 Flannery 和 Rangan（2006）以及 Chang，Chou 和 Huang（2014）等研究，本研究分别采用两阶段部分调整模型和简化模型来衡量债务政策的调整速度。首先，两阶段部分调整模型如式（4-5）和式（4-6）所示。

$$DebtPolicy_{it} = \beta_0 + \beta_c ControlVariables_{it-1} + v_{1it} \tag{4-5}$$

式中，i 表示公司；t 表示年份；DebtPolicy 表示上市的债务政策，分别包括资本结构政策（Lev）、债务类型结构政策（DS）、零杠杆政策（ZL）、债务期限结构政策（DM）和债务期限分散度政策（DG）五个变量；ControlVariables 表示公司的控制变量，具体包括公司规模（Logsize）、有形资产比率（Tangibility）、总资产增长率（AssetGrowth）、资本支出比率（CapExp）、资产负债率的行业中值（IndLev）、托宾 Q 值（TobinQ）、盈利能力（Profitability）以及行业和年度固定效应；β_0 表示常数项；β_c 表示变量的回归系数；v 表示模型的残差。

$$DebtPolicy_{it} - DebtPolicy_{it-1} = \sigma(TargetDebtPolicy^*_{it} - DebtPolicy_{it-1}) + v_{2it} \tag{4-6}$$

式中，σ 表示变量的回归系数，即债务政策的调整速度，其数值越大，调整速度越快；TargetDebtPolicy* 是式（4-5）回归后 DebtPolicy 变量的拟合值，表示目标的债务政策水平；其他注释参见式（4-5）。

为了区分激进型债务政策和保守型债务政策，参考李青原、吴素云和王红建（2015）的划分方法，当未来期间的实际债务水平大于目标债务水平时，表示公司采用了激进型债务政策；当未来期间的实际债务水平小于目标债务水平时，表示公司采用了保守型债务政策。

将式（4-5）带入式（4-6），即可得到如式（4-7）的简化模型：

$$\text{DebtPolicy}_{it} = \beta_0 + (1-\sigma)\text{DebtPolicy}_{it-1} + \sigma\beta_c\text{ControlVariables}_{it} + \varepsilon_{it} \qquad (4\text{-}7)$$

式中，i 表示公司，t 表示年份；DebtPolicy 和 ControlVariables 的具体衡量与式（4-5）相同，此处不再赘述；$1-\sigma$ 表示变量的回归系数，σ 即债务政策的调整速度，在后文实证分析中，$1-\sigma$ 的数值越小，表示债务政策的调整速度越快；β_0 表示常数项；$\sigma\beta_c$ 表示变量的回归系数；ε 表示模型的残差。

2．上市初期债务政策与未来期间债务政策

为了检验上市初期债务政策对未来期间债务政策的影响，参考 Lemmon，Roberts 和 Zender（2008）以及 Hanssens，Deloof 和 Vanacker（2016）等研究，建立模型来验证假设 1 和假设 2：

$$\text{DebtPolicy}_{it} = \beta_0 + \beta_1\text{InitialDebtPolicy}_{it} + \beta_c\text{ControlVariables}_{it} + \varepsilon_{it} \qquad (4\text{-}8)$$

式中，i 表示公司，t 表示年份；InitialDebtPolicy 表示上市的初期债务政策，分别包括上市初期资本结构政策（InitialLev）、上市初期债务类型结构政策（InitialDS）、上市初期零杠杆政策（InitialZL）、上市初期债务期限结构政策（InitialDM）和上市初期债务期限分散度政策（InitialDG）五个变量；DebtPolicy 和 ControlVariables 的具体衡量与式（4-5）相同，相关变量的具体衡量如表 4-2 所示；β_0 和 β_c 的注释参见式（4-5）；ε 表示模型的残值；β_1 表示变量的回归系数。

3．上市初期债务政策与最优债务政策的调整速度

进一步，参考 Cook 和 Tang（2010）等研究，为了验证上市初期债务政策对未来期间债务政策调整速度的影响，在式（4-6）和式（4-7）中分别加入 InitialDebtPolicy 及其交互项，具体如下所示：

$$\begin{aligned}\text{DifDebtPolicy}_{it} = \beta_0 &+ \beta_1\text{TargetDifDebtPolicy}_{it} + \beta_2\text{InitialDebtPolicy}_{it} + \\ &\beta_3\text{TargetDifDebtPolicy}_{it} \times \text{InitialDebtPolicy}_{it} + \varepsilon_{it}\end{aligned} \qquad (4\text{-}9)$$

式中，i 表示公司，t 表示年份；DifDebtPolicy 表示当期债务水平与上一期债务水平的差额；TargetDifDebtPolicy 表示当期目标债务水平与上一期债务水平的差额；DebtPolicy、InitialDebtPolicy 和 ControlVariables 的具体衡量与式（4-8）相同，相关变量的具体衡量如表 4-2 所示；β_0 和 ε 的注释参见式（4-7）；β_1、β_2 和 β_3 均表示变量的回归系数。

$$\begin{aligned}\text{DebtPolicy}_{it} = \alpha_0 &+ \alpha_1\text{DebtPolicy}_{it-1} + \alpha_2\text{InitialDebtPolicy}_{it} + \alpha_3\text{DebtPolicy}_{it-1} \times \\ &\text{InitialDebtPolicy}_{it} + \alpha_c\text{ControlVariables}_{it} + \varepsilon_{it}\end{aligned} \qquad (4\text{-}10)$$

式中，i 表示公司，t 表示年份；DebtPolicy、InitialDebtPolicy、ControlVariables 的具体衡

量与式（4-8）相同，相关变量的具体衡量如表 4-2 所示；α_0 表示常数项；ε 表示模型的残差；α_1、α_2、α_3、α_c 均表示变量的回归系数。

如果 $\beta_3 > 0$ 或 $\alpha_3 < 0$，则表示上市初期债务政策会加快债务政策的调整速度；如果 $\beta_3 < 0$ 或 $\alpha_3 > 0$，则表示上市初期债务政策会降低债务政策的调整速度。

4.3　实证结果分析

4.3.1　描述性统计与相关性分析

1. 描述性统计分析

为了更加清晰地呈现我国资本市场中债务政策随时间的变化趋势，本研究分析了 1999—2015 年不同组别下资本结构政策和债务类型结构政策均值随时间的变化趋势，如表 4-3 所示。以资本结构政策的均值为例，虽然公司组别分类在上市当年既已确定，但是上市以后各年度的资本结构政策均值却仍完全遵循上市当年的分组，高杠杆公司持续 17 年仍采用高杠杆政策，而低杠杆公司持续 17 年仍采用低杠杆政策，这与 Lemmon，Roberts 和 Zender（2008）等的研究结论相一致，表明上市初期资本结构政策对未来期间资本结构政策的确定具有不可忽视的预测作用。同理，债务类型结构政策均值随时间的变化趋势与资本结构政策均值基本一致。由于篇幅限制，债务期限结构政策和债务期限分散度政策的均值随时间的变化趋势不再一一列示，但基本上都与资本结构政策均值的走势相一致。因此，本研究初步认为，上市初期债务政策对未来期间债务政策具有显著的影响，不容忽视。

表 4-3　1999—2015 年不同组别下资本结构政策（Lev）和债务类型结构政策（DS）均值随时间的变化趋势

年份	Lev 均值				DS 均值			
	低	中	高	很高	低	中	高	很高
1999	0.1131	0.2062	0.3292	0.4861	0.1562	0.2730	0.3833	0.5588
2000	0.1440	0.2316	0.3393	0.4851	0.1717	0.2592	0.3892	0.5092
2001	0.1552	0.2399	0.3693	0.4906	0.2283	0.2767	0.3587	0.5004
2002	0.1884	0.2720	0.4005	0.5186	0.2444	0.2964	0.3663	0.5316

（续）

年份	Lev 均值				DS 均值			
	低	中	高	很高	低	中	高	很高
2003	0.1979	0.3010	0.4102	0.5551	0.2858	0.3293	0.4216	0.4930
2004	0.2345	0.3368	0.4426	0.5742	0.2766	0.3174	0.3893	0.4902
2005	0.2861	0.3674	0.4850	0.6159	0.2768	0.3172	0.3767	0.4772
2006	0.2945	0.3842	0.4950	0.6231	0.2756	0.3043	0.3508	0.4626
2007	0.2838	0.3720	0.4648	0.6035	0.2764	0.2976	0.3540	0.4708
2008	0.2391	0.3736	0.4676	0.6080	0.2846	0.3099	0.3597	0.4866
2009	0.1971	0.3699	0.4684	0.6119	0.2841	0.2982	0.3694	0.5032
2010	0.1396	0.3241	0.4463	0.5990	0.2666	0.2995	0.3668	0.5675
2011	0.1412	0.3216	0.4375	0.6069	0.2599	0.2972	0.3574	0.5351
2012	0.1628	0.3356	0.4397	0.6044	0.2581	0.2877	0.3417	0.5179
2013	0.1966	0.3630	0.4440	0.6079	0.2588	0.2839	0.3192	0.4603
2014	0.2260	0.3668	0.4416	0.5987	0.2417	0.2674	0.3062	0.4168
2015	0.2392	0.3578	0.4252	0.5747	0.2328	0.2652	0.3002	0.3967
合计平均值	0.1959	0.3446	0.4414	0.5919	0.2582	0.2900	0.3420	0.4764

注：针对公司上市当年的债务政策进行四分位数，分别分为低、中、高和很高四组。随后年度公司组别的确定依照公司上市当年所确定的组别，不再重新分组。

表 4-4 列示了主要变量的描述性统计分析结果。对于资本结构政策来说，上市公司资本结构政策（Lev）的均值为 41.60%，标准差为 0.2238，最小值和最大值差距达到了 156.35%，表明我国上市公司资本结构政策的分布比较分散。对于债务类型结构政策（DS）来说，上市公司债务类型结构政策的最小值为 0.0751，最大值为 0.8783，说明债务类型结构政策分布也比较分散。对于零杠杆政策（ZL）来说，从 1999—2015 年间平均有 16.45% 的上市公司选择了零杠杆政策，而 Bessler，Drobetz 和 Haller 等（2013）以 1988—2011 年 20 个北美和全球数据库中的发达国家为样本，研究发现，平均约有 17.58% 的上市公司采用了零杠杆政策。本研究中我国上市公司采用零杠杆政策的比例也基本类似于 Bessler，Drobetz 和 Haller 等（2013）的研究。类似的，债务期限结构政策和债务期限分散度政策同样也表现出了明显的分散特征。因此，针对我国上市公司债务政策分布较为分散的现象，有必要进行更为深入的探究。

表 4-4　主要变量描述性统计

变　量	样本量	平均值	标准差	中位数	最小值	最大值
Lev	15450	0.4160	0.2238	0.4035	0.0491	1.6126
DS	15450	0.3307	0.1743	0.2911	0.0751	0.8783
ZL	15450	0.1645	0.3708	0.0000	0.0000	1.0000
DM	15450	0.1197	0.1676	0.0351	0.0000	0.7152
DG	15450	−0.6927	0.2662	−0.7558	−1.0000	−0.1420
Logsize	15450	21.5800	1.1754	21.3780	18.8360	25.3450
Tangibility	15450	0.9460	0.0662	0.9656	0.6148	1.0000
AssetGrowth	13817	0.2126	0.4008	0.1149	−0.4404	2.8126
CapExp	15450	0.0668	0.0591	0.0503	0.0000	0.2730
IndLev	15450	0.4405	0.0938	0.4136	0.2235	0.7081
TobinQ	15101	2.7178	1.9063	2.1072	0.9053	12.2610
Profitability	15450	0.0588	0.0614	0.0573	−0.2969	0.2546

对于控制变量来说，公司规模（Logsize）的平均值（中位数）为 21.5800（21.3780），有形资产比率（Tangibility）的平均值（中位数）为 0.9460（0.9656），总资产增长率（Asset-Growth）的平均值（中位数）为 0.2126（0.1149），资本支出比率（CapExp）的平均值（中位数）为 0.0668（0.0503），资产负债率的行业中值（IndLev）的平均值为 0.4405，托宾Q 值（TobinQ）的平均值和中位数分别为 2.7178 和 2.1072，盈利能力（Profitability）的平均值和中位数分别为 0.0588 和 0.0573，这些控制变量的描述性统计结果与已有研究的结果基本保持一致。

2. 相关性分析

表 4-5 列示了债务政策与控制变量之间的 Pearson 相关系数矩阵。由该表可知，零杠杆政策（ZL）变量与资本结构政策（Lev）变量的相关系数达到了−0.427，显著负相关，这是由零杠杆政策和资本结构政策的不同定义所决定的。另外，债务期限结构政策（DM）和债务期限分散度政策（DG）的相关系数达到了 0.805，这种高相关性主要是源于不同债务政策的定义之间存在一定的关联性，它们衡量了债务期限的两个方面。此外，公司规模（Logsize）与债务期限结构政策（DM）的相关系数为 0.405，表明规模较大的公司更可能获得期限较长的债务融资。除此之外，其他变量间的 Pearson 相关系数基本都低于40%，表明本研究不存在多重共线性问题。

表 4-5　Pearson 相关系数矩阵

变量	Lev	DS	ZL	DM	DG	Logsize	Tangibility	AssetGrowth	CapExp	IndLev	TobinQ	Profitability
Lev	1											
DS	-0.088***	1										
ZL	-0.427***	0.371***	1									
DM	0.277***	-0.159***	-0.247***	1								
DG	0.194***	-0.292***	-0.195***	0.805***	1							
Logsize	0.372***	-0.172***	-0.219***	0.405***	0.383***	1						
Tangibility	0.028***	0.133***	0.048***	-0.044***	-0.097***	-0.042***	1					
AssetGrowth	-0.00300	0.00100	-0.0110	0.049***	0.053***	0.100***	-0.146***	1				
CapExp	-0.086***	-0.00100	-0.073***	0.199***	0.177***	-0.0110	0.00800	0.107***	1			
IndLev	0.377***	-0.029***	-0.189***	0.140***	0.050***	0.163***	0.153***	-0.014*	-0.051***	1		
TobinQ	-0.286***	0.019**	0.252***	-0.222***	-0.144***	-0.349***	-0.135***	0.101***	-0.049***	-0.247***	1	
Profitability	-0.306***	-0.029***	0.140***	-0.021***	-0.014*	0.068***	0.017	0.198***	0.151***	-0.065***	0.205***	1

注：*、**、***分别表示在10%、5%、1%的水平下显著。

4.3.2　债务政策持续性的实证结果

1. 上市初期债务政策对未来期间债务政策的影响

表 4-6 列示了上市初期债务政策对未来期间债务政策影响的回归结果，分别从上市初期资本结构政策（InitialLev）、上市初期债务类型结构政策（InitialDS）、上市初期零杠杆政策（InitialZL）、上市初期债务期限结构政策（InitialDM）以及上市初期债务期限分散度政策（InitialDG）这五个维度来检验上市初期债务政策对未来期间债务政策的影响。从实证结果来看，回归（1）中 InitialLev 的系数为 0.593，且在 1% 的显著性水平上统计显著，表明上市公司的初期资本结构政策对未来期间的资本结构政策选择具有正向的影响。类似地，在回归（2）~回归（5）中自变量 InitialDS、InitialZL、InitialDM 以及 InitialDG 的回归系数均在 1% 的统计水平上显著为正，这意味着在印记理论和路径依赖理论的作用下，上市初期债务政策确实具有一定的持续性，对未来期间债务政策具有显著的正向预测作用，由此验证了假设 1。

表 4-6　上市初期债务政策对未来期间债务政策影响的回归结果

变　量	Lev	DS	ZL	DM	DG
	(1)	(2)	(3)	(4)	(5)
InitialLev	0.593***				
	(53.59)				
InitialDS		0.320***			
		(40.45)			
InitialZL			1.652***		
			(25.23)		
InitialDM				0.200***	
				(24.31)	
InitialDG					0.222***
					(26.09)
L.Logsize	0.0446***	−0.0194***	−0.699***	0.0393***	0.0594***
	(26.33)	(−12.76)	(−16.29)	(28.26)	(25.90)
L.Tangibility	−0.144***	0.280***	4.887***	−0.108***	−0.191***
	(−5.606)	(11.47)	(7.880)	(−4.935)	(−5.283)
L.AssetGrowth	0.0352***	0.0111***	−0.280***	0.00986***	0.0110*
	(8.662)	(2.876)	(−3.088)	(2.845)	(1.920)

（续）

变　量	Lev	DS	ZL	DM	DG
	(1)	(2)	(3)	(4)	(5)
L.CapExp	0.0342	−0.0358	−5.294***	0.526***	0.782***
	(1.305)	(−1.440)	(−8.346)	(23.45)	(21.09)
L.IndLev	0.269***	−0.0482	−2.257***	0.0675**	−0.103**
	(7.950)	(−1.497)	(−3.096)	(2.339)	(−2.167)
L.TobinQ	0.00685***	−0.00172	0.155***	−0.00589***	−0.00385**
	(5.647)	(−1.488)	(7.414)	(−5.696)	(−2.252)
L.Profitability	−1.087***	−0.0857***	4.472***	−0.0983***	−0.106***
	(−41.57)	(−3.477)	(8.073)	(−4.441)	(−2.901)
Constant	−0.622***	0.394***	7.688***	−0.681***	−1.656***
	(−12.90)	(8.721)	(6.656)	(−16.75)	(−24.30)
Year	控制	控制	控制	控制	控制
Industry	控制	控制	控制	控制	控制
Observations	11747	11747	11747	11747	11747
F-test/LR chi2	271.16***	70.02***	2277.67***	174.27***	123.78***
Adj.R-squared/ Pseudo R2	0.4853	0.1942	0.2454	0.3769	0.3000

注：1. 回归（3）采用 Logit 回归，其他回归均采用 OLS 回归。

2. *、**、***分别表示在 10%、5%、1%的水平下显著。

3. Observations 表示观测值数量；F-test/LR chi2 表示回归模型总体的 F 值及其显著性；Adj.R-squared/Pseudo R2 分别表示 OLS 回归的调整拟合优度或 Logit 回归的调整拟合优度；下同。

2. 不同债务政策下的分年度回归结果

考虑到上市初期债务政策对上市后不同年度产生的影响可能存在差异，因此，随着上市时间的增加，上市初期债务政策对未来期间债务政策的影响是稳定不变的，还是逐渐降低，抑或是其他？为此，针对上市 1~10 年的公司样本，表 4-7、表 4-8、表 4-9、表 4-10 和表 4-11 分别报告了上市初期资本结构政策、上市初期债务类型结构政策、上市初期零杠杆政策、上市初期债务期限结构政策和上市初期债务期限分散度政策对未来期间债务政策影响的分年度回归结果。

由表 4-7 可知，在不同的上市年限样本中，上市初期资本结构政策（InitialLev）的系数均显著为正，表明分年度回归的结果依然支持假设 1。进一步研究发现，上市初期资

表 4-7 上市初期资本结构政策对未来期间资本结构政策影响的分年度回归结果

变量	1年 (1)	2年 (2)	3年 (3)	4年 (4)	5年 (5)	6年 (6)	7年 (7)	8年 (8)	9年 (9)	10年 (10)
InitialLev	0.965***	0.870***	0.768***	0.682***	0.566***	0.561***	0.541***	0.491***	0.410***	0.404***
	(63.30)	(41.33)	(30.76)	(21.96)	(15.33)	(12.09)	(10.55)	(9.056)	(6.724)	(6.403)
L.Logsize	-0.00218	0.0148***	0.0226***	0.0299***	0.0392***	0.0422***	0.0286***	0.0294***	0.0355***	0.0431***
	(-0.923)	(4.592)	(5.877)	(6.279)	(6.999)	(6.095)	(3.676)	(3.718)	(3.877)	(4.718)
L.Tangibility	-0.0562	-0.197***	-0.0878	-0.124*	-0.141*	-0.156	0.155	0.0910	-0.119	-0.229*
	(-1.049)	(-3.193)	(-1.472)	(-1.956)	(-1.859)	(-1.523)	(1.378)	(0.861)	(-0.986)	(-1.948)
L.CapExp	0.182***	0.347***	0.419***	0.212***	0.195**	0.0365	0.114	0.257*	0.106	0.0972
	(6.418)	(9.331)	(8.298)	(3.220)	(2.386)	(0.332)	(0.920)	(1.795)	(0.683)	(0.582)
L.IndLev	0.00303	0.115**	0.133*	0.170*	0.177	0.0615	0.336**	0.177	0.378*	0.499**
	(0.0697)	(2.002)	(1.793)	(1.753)	(1.574)	(0.409)	(2.039)	(1.003)	(1.869)	(2.224)
L.TobinQ	0.00489***	0.00857***	0.00422	-0.000464	0.00971**	0.0260***	0.0191***	0.0111**	0.0143***	0.0114*
	(2.890)	(3.392)	(1.496)	(-0.149)	(2.404)	(5.513)	(3.629)	(2.190)	(2.195)	(1.716)
L.Profitability	-0.0545	-0.606***	-0.645***	-0.554***	-1.210***	-1.453***	-1.232***	-1.186***	-0.663***	-1.113***
	(-0.842)	(-9.947)	(-10.95)	(-7.512)	(-15.80)	(-16.29)	(-11.88)	(-10.89)	(-5.128)	(-8.376)
Constant	0.129*	-0.181	-0.214**	-0.384***	-0.423***	-0.400**	-0.572***	-0.451**	-0.497**	-0.535**
	(1.647)	(-1.463)	(-2.001)	(-3.016)	(-2.890)	(-2.322)	(-2.886)	(-2.223)	(-2.040)	(-2.113)
Year	控制	控制	控制	控制	控制	控制	控制	控制	控制	控制

（续）

变　量	1年	2年	3年	4年	5年	6年	7年	8年	9年	10年
	(1)	(2)	(3)	(4)	(5)	(6)	(7)	(8)	(9)	(10)
Industry	控制	控制	控制	控制	控制	控制	控制	控制	控制	控制
Observations	1802	1675	1658	1489	1224	887	782	691	589	531
F-test	230.24	116.25	76.24	44.25	34.49	21.93	14.29	11.47	6.31	8.69
Adj.R-squared	0.8392***	0.7336***	0.6391***	0.5249***	0.5033***	0.4596***	0.3665***	0.3338***	0.2187***	0.2961***
InitialLev变量的SUEST检验		(1)vs.(2)	(2)vs.(3)	(3)vs.(4)	(4)vs.(5)	(5)vs.(6)	(6)vs.(7)	(7)vs.(8)	(8)vs.(9)	(9)vs.(10)
Prob > chi2		0.0003***	0.0024***	0.0716*	0.0431**	0.9367	0.8046	0.5796	0.4276	0.9552

注：1. L.Logsize表示$Logsize_{t-1}$，其他变量的定义与此相同。

2. 括号内为T值。

3. *、**、***分别表示在10%、5%、1%的水平下显著。

表4-8　上市初期债务类型结构政策对未来期间债务类型结构政策影响的分年度回归结果

变　量	1年	2年	3年	4年	5年	6年	7年	8年	9年	10年
	(1)	(2)	(3)	(4)	(5)	(6)	(7)	(8)	(9)	(10)
InitialDS	0.607***	0.477***	0.396***	0.318***	0.274***	0.293***	0.249***	0.240***	0.217***	0.220***
	(33.68)	(23.43)	(19.27)	(14.67)	(11.54)	(9.519)	(7.405)	(6.361)	(5.101)	(4.833)
L.Logsize	−0.00552	−0.0182***	−0.0160***	−0.0175***	−0.0153***	−0.00969*	−0.0154***	−0.0140***	−0.0185***	−0.0261***
	(−1.349)	(−4.036)	(−3.542)	(−3.748)	(−3.062)	(−1.745)	(−2.559)	(−2.254)	(−2.643)	(−3.646)
L.Tangibility	0.142	0.295***	0.292***	0.224***	0.213***	0.202***	0.242***	0.267***	0.311***	0.314***
	(1.376)	(3.075)	(3.755)	(3.270)	(2.913)	(2.313)	(2.667)	(3.091)	(3.243)	(3.304)

	(1)	(2)	(3)	(4)	(5)	(6)	(7)	(8)	(9)	(10)
L.CapExp	-0.0700	-0.105*	-0.0419	-0.0425	0.0418	0.0239	-0.0140	-0.00176	0.132	0.209
	(-1.294)	(-1.826)	(-0.638)	(-0.595)	(0.532)	(0.254)	(-0.140)	(-0.0150)	(1.077)	(1.551)
L.IndLev	0.0473	-0.0178	-0.0346	-0.318***	-0.114	-0.0723	0.141	0.251*	0.260	-0.122
	(0.569)	(-0.202)	(-0.359)	(-3.038)	(-1.049)	(-0.562)	(1.065)	(1.746)	(1.624)	(-0.676)
L.TobinQ	-0.00637**	-0.00907**	-0.00454	-0.00840**	-0.00338	-0.00162	0.00807*	0.00703*	-0.00247	-0.00846
	(-1.998)	(-2.376)	(-1.260)	(-2.521)	(-0.874)	(-0.404)	(1.916)	(1.696)	(-0.473)	(-1.580)
L.Profitability	-0.00952	-0.0360	0.0534	0.0974	0.0220	-0.0350	-0.104	-0.225**	-0.0424	0.125
	(-0.0789)	(-0.386)	(0.703)	(1.232)	(0.302)	(-0.466)	(-1.251)	(-2.558)	(-0.418)	(1.178)
Constant	0.102	0.348*	0.265**	0.552***	0.448***	0.265*	0.260*	0.195	0.227	0.563***
	(0.688)	(1.860)	(1.971)	(4.151)	(3.291)	(1.842)	(1.649)	(1.192)	(1.192)	(2.783)
Year	控制	控制	控制	控制	控制	控制	控制	控制	控制	控制
Industry	控制	控制	控制	控制	控制	控制	控制	控制	控制	控制
Observations	1802	1675	1658	1489	1224	887	782	691	589	531
F-test	37.38***	19.59***	13.36***	9.58***	6.85***	5.27***	4.69***	4.64***	3.77***	3.00***
Adj.R-squared	0.4530	0.3076	0.2254	0.1797	0.1504	0.1477	0.1385	0.1483	0.1276	0.0987
InitialDS 变量的 SUEST 检验		(1)vs.(2)	(2)vs.(3)	(3)vs.(4)	(4)vs.(5)	(5)vs.(6)	(6)vs.(7)	(7)vs.(8)	(8)vs.(9)	(9)vs.(10)
Prob > chi2	0.0002***	0.0002***	0.0212**	0.0276**	0.2371	0.6615	0.4087	0.8729	0.7268	0.9636

注：1. L.Logsize 表示 Logsize$_{t-1}$，其他变量的定义与此相同。

2. 括号内为 T 值。

3. *、**、***分别表示 10%、5%、1%的水平下显著。

表4-9 上市初期零杠杆政策对未来期间零杠杆政策影响的分年度回归结果

变量	1年 (1)	2年 (2)	3年 (3)	4年 (4)	5年 (5)	6年 (6)	7年 (7)	8年 (8)	9年 (9)	10年 (10)
InitialZL	3.041***	2.074***	1.684***	1.449***	1.244***	1.644***	1.559***	1.722***	1.526***	1.370***
	(18.36)	(12.93)	(10.40)	(7.838)	(5.824)	(5.324)	(4.391)	(4.453)	(3.618)	(3.250)
L.Logsize	-0.279**	-0.533***	-0.527***	-0.578***	-0.725***	-0.640***	-0.823***	-0.712***	-0.523***	-0.859***
	(-2.445)	(-4.522)	(-4.381)	(-4.401)	(-4.670)	(-3.348)	(-3.609)	(-3.335)	(-2.236)	(-3.803)
L.Tangibility	3.243	8.185***	4.370***	6.042***	5.624***	6.683**	1.611	3.154	1.300	3.426
	(1.248)	(3.930)	(2.819)	(3.549)	(3.067)	(2.410)	(0.579)	(1.166)	(0.479)	(1.160)
L.CapExp	-8.349***	-8.030***	-6.219***	-2.140	-6.979***	-7.210***	-7.486***	-13.35***	-17.75***	-5.183
	(-5.197)	(-5.924)	(-4.010)	(-1.215)	(-3.138)	(-2.138)	(-1.993)	(-2.904)	(-2.871)	(-1.099)
L.IndLev	-0.160	-4.706**	-3.751*	-4.410*	-2.699	-1.529	3.243	3.399	-3.444	-9.363*
	(-0.0832)	(-2.495)	(-1.721)	(-1.844)	(-1.056)	(-0.445)	(0.770)	(0.938)	(-0.655)	(-1.948)
L.TobinQ	0.0590	0.0992	0.0972	0.137**	0.0893	0.250***	0.218**	0.248***	0.117	0.105
	(0.796)	(1.296)	(1.436)	(2.246)	(1.177)	(3.075)	(2.423)	(2.957)	(0.999)	(0.984)
L.Profitability	5.715**	4.693**	6.767***	1.720	6.851***	3.759*	7.217***	4.279**	2.884	8.939***
	(2.039)	(2.137)	(3.545)	(0.986)	(3.435)	(1.883)	(2.790)	(1.963)	(1.078)	(3.105)
Constant	0.125	2.306	-7.986	4.814	8.007**	-9.708	-1.699	7.735	9.313	16.29***
	(0.0337)	(0.671)	(-0.0109)	(1.342)	(2.026)	(-0.0102)	(-0.00274)	(1.415)	(1.554)	(2.688)

表 4-10　上市初期债务期限结构政策对未来期间债务期限结构政策影响的分年度回归结果

变　量	1 年 (1)	2 年 (2)	3 年 (3)	4 年 (4)	5 年 (5)	6 年 (6)	7 年 (7)	8 年 (8)	9 年 (9)	10 年 (10)
InitialDM	0.564***	0.425***	0.320***	0.246***	0.179***	0.155***	0.152***	0.104***	0.0638*	0.0922**
	(31.11)	(19.92)	(14.47)	(10.70)	(6.583)	(5.001)	(4.765)	(3.084)	(1.701)	(2.424)
L.Logsize	0.0221***	0.0289***	0.0337***	0.0325***	0.0322***	0.0354***	0.0359***	0.0386***	0.0371***	0.0295***
	(7.122)	(8.055)	(9.042)	(8.389)	(6.807)	(6.538)	(6.186)	(6.345)	(5.267)	(4.195)
Year	控制	控制	控制	控制	控制	控制	控制	控制	控制	控制
Industry	控制	控制	控制	控制	控制	控制	控制	控制	控制	控制
Observations	1784	1662	1642	1461	1172	838	706	629	489	459
LR chi2	869.59***	551.75***	419.74***	243.6***	191.6***	125.16***	115.58***	111.16***	68.92***	78.49***
Pseudo R2	0.4244	0.3210	0.2693	0.2056	0.2075	0.2412	0.2692	0.2775	0.2294	0.2517
InitialZL 变量的 SUEST 检验		(1)vs.(2)	(2)vs.(3)	(3)vs.(4)	(4)vs.(5)	(5)vs.(6)	(6)vs.(7)	(7)vs.(8)	(8)vs.(9)	(9)vs.(10)
Prob > chi2		0.0000***	0.0924*	0.3472	0.4819	0.3076	0.8637	0.7698	0.7408	0.7974

注：1. L.Logsize 表示 Logsize$_{t-1}$，其他变量的定义与此相同。

2. 括号内为 T 值。

3. *、**、***分别表示在10%、5%、1%的水平下显著。

（续）

变　量	1年 (1)	2年 (2)	3年 (3)	4年 (4)	5年 (5)	6年 (6)	7年 (7)	8年 (8)	9年 (9)	10年 (10)
L.Tangibility	0.100 (1.310)	-0.149** (-1.990)	-0.102 (-1.612)	-0.00356 (-0.0637)	-0.138** (-2.021)	-0.0190 (-0.226)	0.0474 (0.549)	-0.0197 (-0.237)	-0.145 (-1.526)	-0.187** (-2.028)
L.CapExp	0.207*** (5.058)	0.329*** (7.232)	0.428*** (7.974)	0.600*** (10.28)	0.613*** (8.289)	0.511*** (5.634)	0.535*** (5.633)	0.925*** (8.184)	0.807*** (6.654)	1.281*** (9.842)
L.IndLev	0.00536 (0.0867)	0.00419 (0.0605)	0.0243 (0.311)	0.0471 (0.551)	0.121 (1.192)	-0.0791 (-0.641)	-0.293** (-2.325)	-0.0430 (-0.310)	0.122 (0.770)	0.00824 (0.0470)
L.TobinQ	0.00572** (2.412)	-0.00106 (-0.355)	-0.00109 (-0.371)	-0.00463* (-1.708)	-0.00326 (-0.901)	-0.00240 (-0.625)	-0.0126*** (-3.130)	-0.00341 (-0.853)	-0.00527 (-1.027)	-0.00644 (-1.241)
L.Profitability	-0.220** (-2.454)	-0.0962 (-1.317)	-0.0655 (-1.061)	-0.0101 (-0.157)	-0.188** (-2.757)	-0.0320 (-0.443)	0.0104 (0.132)	-0.150* (-1.759)	-0.000267 (-0.00265)	-0.0318 (-0.310)
Constant	-0.570*** (-5.172)	-0.495*** (-3.360)	-0.577*** (-5.258)	-0.642*** (-5.895)	-0.549*** (-4.282)	-0.662*** (-4.770)	-0.573*** (-3.808)	-0.747*** (-4.700)	-0.645*** (-3.385)	-0.452** (-2.304)
Year	控制	控制	控制	控制	控制	控制	控制	控制	控制	控制
Industry	控制	控制	控制	控制	控制	控制	控制	控制	控制	控制
Observations	1802	1675	1658	1489	1224	887	782	691	589	531
F-test	48.03***	30.15***	24.91***	23.57***	16.91***	14.27***	15.84***	15.16***	13.53***	15.74***

	(1)	(2)	(3)	(4)	(5)	(6)	(7)	(8)	(9)	(10)
Adj. R-squared	0.5171	0.4106	0.3601	0.3656	0.3249	0.3503	0.3924	0.4038	0.3977	0.4464
InitialDM 变量的 SUEST 检验		(1)vs.(2)	(2)vs.(3)	(3)vs.(4)	(4)vs.(5)	(5)vs.(6)	(6)vs.(7)	(7)vs.(8)	(8)vs.(9)	(9)vs.(10)
Prob > chi2		0.0007***	0.0168**	0.0942*	0.1448	0.6187	0.9535	0.3464	0.4401	0.6092

注: 1. L.Logsize 表示 Logsize$_{t-1}$，其他变量的定义与此相同。

2. 括号内为 T 值。

3. *、**、***分别表示在 10%、5%、1%的水平下显著。

表 4-11　上市初期债务期限分散度政策对未来期间债务期限分散度政策影响的分年度回归结果

变　量	1 年 (1)	2 年 (2)	3 年 (3)	4 年 (4)	5 年 (5)	6 年 (6)	7 年 (7)	8 年 (8)	9 年 (9)	10 年 (10)
InitialDG	0.611*** (34.20)	0.438*** (20.36)	0.356*** (16.02)	0.289*** (12.30)	0.214*** (7.798)	0.174*** (5.272)	0.135*** (4.042)	0.107*** (3.072)	0.0847** (2.135)	0.0958** (2.400)
L.Logsize	0.0341*** (6.369)	0.0454*** (7.234)	0.0491*** (7.610)	0.0509*** (7.458)	0.0458*** (5.755)	0.0538*** (5.909)	0.0560*** (5.938)	0.0659*** (6.819)	0.0546*** (4.868)	0.0376*** (3.416)
L.Tangibility	0.0419 (0.317)	−0.208 (−1.591)	−0.206* (−1.896)	−0.0987 (−1.005)	−0.280** (−2.452)	−0.155 (−1.109)	−0.0959 (−0.682)	−0.130 (−0.982)	−0.150 (−0.987)	−0.260* (−1.778)
L.CapExp	0.325*** (4.632)	0.517*** (6.503)	0.553*** (5.972)	0.944*** (9.205)	0.904*** (7.285)	0.846*** (5.600)	0.791*** (5.122)	1.568*** (8.749)	1.018*** (5.283)	1.610*** (7.871)
L.IndLev	−0.0622 (−0.583)	−0.285** (−2.364)	−0.147 (−1.094)	0.0371 (0.248)	−0.0518 (−0.304)	−0.374* (−1.822)	−0.468** (−2.283)	−0.626*** (−2.842)	−0.345 (−1.368)	0.106 (0.386)

（续）

变　量	1年 (1)	2年 (2)	3年 (3)	4年 (4)	5年 (5)	6年 (6)	7年 (7)	8年 (8)	9年 (9)	10年 (10)
L.TobinQ	0.0148*** (3.623)	0.00717 (1.377)	0.00436 (0.865)	0.00293 (0.615)	0.00274 (0.452)	0.00673 (1.054)	-0.0113* (-1.731)	-0.00219 (-0.345)	-0.0106 (-1.293)	-0.0139* (-1.709)
L.Profitability	-0.360** (-2.326)	-0.209 (-1.639)	-0.0968 (-0.910)	-0.0540 (-0.476)	-0.183 (-1.600)	-0.109 (-0.907)	-0.00880 (-0.0687)	-0.0478 (-0.354)	0.00326 (0.0204)	0.0898 (0.558)
Constant	-1.077*** (-5.618)	-1.216*** (-4.694)	-1.288*** (-6.711)	-1.572*** (-8.042)	-1.313*** (-6.011)	-1.514*** (-6.379)	-1.491*** (-5.976)	-1.679*** (-6.497)	-1.486*** (-4.803)	-1.319*** (-4.237)
Year	控制	控制	控制	控制	控制	控制	控制	控制	控制	控制
Industry	控制	控制	控制	控制	控制	控制	控制	控制	控制	控制
Observations	1802	1675	1658	1489	1224	887	782	691	589	531
F-test	44.61***	22.89***	18.44***	16.90***	11.91***	9.82***	11.53***	11.92***	7.90***	9.56***
Adj.R-squared	0.4982	0.3434	0.2910	0.2887	0.2481	0.2639	0.3144	0.3431	0.2668	0.3190
InitialDG 变量的 SUEST 检验		(1)vs.(2)	(2)vs.(3)	(3)vs.(4)	(4)vs.(5)	(5)vs.(6)	(6)vs.(7)	(7)vs.(8)	(8)vs.(9)	(9)vs.(10)
Prob > chi2		0.0000***	0.0114**	0.0441**	0.0392**	0.3544	0.4149	0.5499	0.6516	0.8358

注：1. L.Logsize 表示 Logsize$_{t-1}$，其他变量的定义与此相同。

　　2. 括号内为 T 值。

　　3. *、**、***分别表示在 10%、5%、1%的水平下显著。

本结构政策的回归系数随着上市时间的增长而逐渐降低。为此，分别针对回归（1）和回归（2）、回归（2）和回归（3）、回归（3）和回归（4）、回归（4）和回归（5）、回归（5）和回归（6）、回归（6）和回归（7）、回归（7）和回归（8）、回归（8）和回归（9）以及回归（9）和回归（10）中 InitialLev 变量进行了 SUEST 检验，检验不同样本回归中同一变量的系数是否存在显著性差异。从 SUEST 检验的 P 值可知，上市前 5 年中 InitialLev 的系数呈显著的下降趋势，但上市 5 年后 InitialLev 的系数无显著差异，这意味着上市初期资本结构政策对未来期间资本结构政策的影响达到了一定的稳定状态，但仍会发挥持续的正向预测作用。也就是说，随着上市时间的增加，上市初期资本结构政策对未来期间资本结构政策的影响会逐渐降低，并在上市 5 年后最终达到一个稳定的持续性水平。

表 4-8 列示了上市初期债务类型结构政策对未来期间债务类型结构政策影响的分年度回归结果。由该表可知，在上市 1 ~ 10 年的公司样本中，上市初期债务类型结构政策（InitialDS）的回归系数均在 1% 的水平上显著为正，支持了假设 1。类似的，上市初期债务类型结构政策的回归系数也呈现出随着上市时间的增加而逐渐降低的趋势。针对回归（1）~ 回归（10）中 InitialDS 变量分别两两对比进行了 SUEST 检验，结果表明，上市前 4 年中 InitialDS 的系数呈显著的下降趋势，但自上市 4 年后 InitialDS 的系数并无显著差异，保持在一个稳定的水平。

类似的，表 4-9、表 4-10 和表 4-11 分别报告了上市初期零杠杆政策、上市初期债务期限结构政策和上市初期债务期限分散度政策对未来期间债务政策影响的分年度回归结果。回归结果表明，即使按照上市时间区分公司样本，上市初期零杠杆政策（InitialZL）、上市初期债务期限结构政策（InitialDM）和上市初期债务期限分散度政策（InitialDG）的回归系数基本上都显著为正，表现出了惊人的持续性，再次支持了假设 1。同时，由 SUEST 检验的 P 值可知，上市初期零杠杆政策、上市初期债务期限结构政策和上市初期债务期限分散度的回归系数随着上市时间的增加也呈现出先逐渐下降而后达到稳定的趋势。与表 4-6 和表 4-7 有所不同的是，在最终达到稳定影响之前所需的时间是有差异的：上市初期零杠杆政策对未来期间的债务政策达到稳定的持续性影响需要 3 年，上市初期债务期限结构政策需要 4 年，而上市初期债务期限分散度政策则需要 5 年。

综上所述，上市初期债务政策对未来期间债务政策的正向预测作用是毋庸置疑的。此外，上市初期债务政策对未来期间债务政策的影响随着上市时间的增加会逐渐降低并最终达到一个稳定的持续性水平，而不同债务政策在最终达到稳定影响之前所需的时间是有差异的，大约需要 3～5 年。这意味着本研究创新性地明确描述了上市公司债务政策持续性先下降而后再保持稳定的趋势，还揭示了不同维度下债务政策在最终达到稳定影响之前所需的时间是有差异的。

3. 不同行业分类下债务政策持续性的实证结果

理论界和实务界的研究一致认为，行业特征必然会影响公司的债务政策选择。姜付秀、刘志彪和李焰（2008）研究指出，行业间的产品竞争程度、发展机会差异、代理问题差异以及资产流动性差异等行业特征是不同行业间资本结构政策存在显著差异的主要原因之一。梅波和吴昊旻（2013）从行业周期的视角分析，行业异质性对上市公司债务结构的选择具有重要的影响，与成熟期和衰退期行业相比，成长期行业的商业信用比率较低。

鉴于不同行业的债务融资特点存在巨大的差异，本研究拟选取制造业、批发零售业和房地产业为例进行分行业回归。其中，以制造业为例，一方面是考虑到制造业作为国家的支柱产业，占据了我国上市公司的半壁江山，具有一定的代表性；另一方面，制造业公司通常拥有大量的固定资产，易于通过固定资产抵押获取银行贷款，具有一定的代表性，该行业 2015 年的资产负债率中值为 38.07%，其中带息债务占全部投入资本比例的中值达到了 21.34%。批发零售业与制造业存在显著差异，2015 年资产负债率中值达到了 54.53%，其中带息债务占全部投入资本比例的中值达到了 32.80%，该行业处于产业价值链的中下游，一方面，可以利用上游供货商和下游消费者的商业信用为经营活动提供必要的短期资金；另一方面，固定资产较少，但流动资产占比较高，具有高负债率和高资产流动性的典型特点。另外一个比较有代表性的行业是房地产行业，该行业易于受到资金约束，且其项目开发资金主要来源于银行贷款，对于银行的依赖程度较高。从数据结果来看，该行业 2015 年的资产负债率中值达到了 68.13%，其中带息债务占全部投入资本比例的中值达到了 54.07%。因此，无论是从资产负债率还是从带息债务占全部投入资本的比例来看，房地产行业在这三个行业中都居于首位，其对债务资金特别是银行债务的依赖程度最高。综上可知，这三个行业对于债务融资方式的选择各有特点，且其行业资产负债率存在明显的差异，具有一定的代表性。

鉴于此，为了避免不同行业特征对债务政策持续性的可能影响，本研究基于《上市公司行业分类指引（2012 年修订）》选取了制造业、批发零售业和房地产三个代表性的行业，分别检验在不同行业分类下债务政策的持续性是否仍然存在。相关的实证结果如表 4-12 所

表 4-12 不同行业分类下债务政策持续性的实证结果

变量	制造业					批发和零售业					房地产				
	Lev	DS	ZL	DM	DG	Lev	DS	ZL	DM	DG	Lev	DS	ZL	DM	DG
	(1)	(2)	(3)	(4)	(5)	(6)	(7)	(8)	(9)	(10)	(11)	(12)	(13)	(14)	(15)
InitialLev	0.642*** (48.50)					0.524*** (6.295)					0.137*** (2.770)				
InitialDS		0.302*** (31.97)					0.294*** (6.664)					0.00217 (0.0476)			
InitialZL			1.724*** (21.93)					1.939*** (5.219)					1.804* (1.704)		
InitialDM				0.181*** (17.92)					0.194** (2.040)					0.151** (2.145)	
InitialDG					0.234*** (22.71)					0.186** (2.409)					0.164*** (3.301)
L.Logsize	0.0523*** (24.74)	-0.0220*** (-11.53)	-0.780*** (-13.83)	0.0412*** (24.93)	0.0657*** (22.38)	0.0483** (3.637)	-0.0250** (-2.418)	-0.381* (-1.774)	0.00755 (1.212)	0.0200 (1.526)	0.0558*** (6.462)	-0.0377*** (-5.967)	-2.109*** (-3.228)	0.0380*** (4.013)	0.0583*** (4.556)
L.Tangibility	-0.245*** (-6.532)	0.336*** (9.342)	5.912*** (6.645)	-0.0551* (-1.809)	-0.255*** (-4.698)	0.416** (2.064)	0.777*** (4.569)	2.329 (0.695)	-0.117 (-1.137)	-0.738*** (-3.400)	0.364** (2.342)	0.00532 (0.0418)	5.135 (1.069)	-0.258 (-1.441)	-0.0824 (-0.338)
L.AssetGrowth	0.0318*** (6.088)	0.0117** (2.347)	-0.333*** (-2.591)	0.0130*** (3.068)	0.0251*** (3.317)	0.0491 (1.556)	0.0262 (0.985)	-0.716 (-1.164)	0.00881 (0.539)	-0.0456 (-1.328)	0.0595*** (4.228)	0.0212* (1.895)	-1.969 (-1.608)	0.00688 (0.429)	-0.00678 (-0.312)
L.CapExp	0.0413 (1.320)	-0.0183 (-0.612)	-5.922*** (-7.412)	0.511*** (20.05)	0.855*** (18.77)	0.0162 (0.0907)	0.116 (0.763)	-12.19*** (-3.149)	0.485*** (5.312)	0.408** (2.123)	-0.0365 (-0.224)	0.0464 (0.354)	-1.343 (-0.202)	0.395** (2.078)	0.122 (0.475)

（续）

变量	制造业					批发和零售业					房地产				
	Lev	DS	ZL	DM	DG	Lev	DS	ZL	DM	DG	Lev	DS	ZL	DM	DG
	(1)	(2)	(3)	(4)	(5)	(6)	(7)	(8)	(9)	(10)	(11)	(12)	(13)	(14)	(15)
L.IndLev	0.214**	0.128	-3.975*	-0.0602	-0.184	0.272	0.298	1.742	-0.176	-0.298	-0.306**	0.0325	4.850	-0.0113	0.0638
	(2.209)	(1.388)	(-1.949)	(-0.765)	(-1.309)	(1.229)	(1.616)	(0.582)	(-1.558)	(-1.253)	(-2.061)	(0.273)	(0.875)	(-0.0659)	(0.275)
L.TobinQ	0.00734***	-0.00402***	0.157***	-0.00496***	-0.00280	0.0320***	0.000270	0.183	-0.00996**	0.00586	-0.00717	-0.0132**	-0.167	-0.0173*	-0.0345***
	(5.016)	(-2.881)	(5.899)	(-4.173)	(-1.321)	(3.650)	(0.0366)	(1.555)	(-2.219)	(0.621)	(-0.875)	(-2.005)	(-0.614)	(-1.844)	(-2.706)
L.Profitability	-1.077***	-0.0688***	5.705***	-0.104***	-0.140***	-2.016***	0.294**	7.312***	-0.0898	-0.414**	0.0792	0.0140	-3.778	0.305*	0.530**
	(-34.81)	(-2.352)	(7.829)	(-4.186)	(-3.156)	(-12.74)	(2.203)	(2.848)	(-1.105)	(-2.433)	(0.495)	(0.108)	(-0.782)	(1.655)	(2.110)
Constant	-0.731***	0.315***	9.348***	-0.721***	-1.715***	-1.158***	-0.161	2.849	0.104	-0.175	-0.990***	1.073***	35.97***	-0.437	-1.746***
	(-10.57)	(4.813)	(5.982)	(-12.91)	(-17.05)	(-2.994)	(-0.504)	(0.520)	(0.540)	(-0.429)	(-4.180)	(5.656)	(2.591)	(-1.619)	(-4.680)
Year	控制	控制	控制	控制	控制	控制	控制	控制	控制	控制	控制	控制	控制	控制	控制
Industry	控制	控制	控制	控制	控制	控制	控制	控制	控制	控制	控制	控制	控制	控制	控制
Observations	8018	8018	8018	8018	8018	434	434	433	434	434	360	360	357	360	360
F-test/LR chi2	288.59***	63.86***	1540.4***	90.79***	89.79***	12.8***	5.97***	62.39***	2.88***	1.76***	14.8***	3.68***	71.74***	6.77***	9.91***
Adj.R-squared/Pseudo R2	0.4728	0.1639	0.2479	0.2188	0.2168	0.3748	0.2016	0.1643	0.0872	0.0372	0.4582	0.1409	0.4205	0.2614	0.3532

注：1. L.Logsize 表示 $Logsize_{t-1}$，其他变量的定义与此相同。

2. 括号内为 T 值。

3. *、**、***分别表示在 10%、5%、1%的水平下显著。

示。该实证结果表明，当采用制造业的公司样本时，在债务政策的五个维度下，上市初期资本结构政策、上市初期债务类型结构政策、上市初期零杠杆政策、上市初期债务期限结构政策和上市初期债务期限分散度政策五个变量的系数均在 1%的显著性水平上显著为正，由此验证了制造业公司的债务政策存在持续性。当分别采用批发零售业和房地产行业的公司样本时，除了房地产行业中上市初期债务类型结构政策的系数不显著外，其他实证结果与制造业基本保持一致。也就是说，虽然批发零售业、房地产行业和制造业公司之间的债务政策选择存在显著的差异，但是不管在哪个行业中债务政策都表现出了强烈的持续性倾向。该研究表明，上市公司的债务政策持续性存在于具有显著差异的不同行业中是一种普遍现象。

4.3.3　不同债务政策偏好下，上市初期债务政策对未来期间债务政策的影响

进一步地，将样本分为两部分：激进型债务政策和保守型债务政策。表 4-13 列示了不同债务政策偏好下，上市初期债务政策对未来期间债务政策影响的回归结果。其中，InitialDebtPolicy 具体包括了上市初期资本结构政策、上市初期债务类型结构政策、上市初期零杠杆政策、上市初期债务期限结构政策和上市初期债务期限分散度政策五个维度。实证结果显示，无论公司采用激进型债务政策还是保守型债务政策，InitialDebtPolicy 的系数均在1%的置信水平上显著为正，表明上市初期债务政策对未来期间债务政策的正向预测作用不受债务政策偏好的影响，验证了假设 2。综上所述，上市初期债务政策是债务政策相关研究中一个必不可少的决定因素，且其对未来债务政策的正向影响不会受到激进型债务政策或保守型债务政策偏好的影响。

4.3.4　不同债务政策偏好下，上市初期债务政策对最优债务政策动态调整速度的影响

1. 两阶段调整模型下，上市初期债务政策对最优债务政策动态调整速度的影响

表 4-14 报告了两阶段调整模型下，上市初期债务政策对最优债务政策动态调整速度的影响，包括全样本、激进型债务政策和保守型债务政策三组样本的回归结果。鉴于零杠杆现象违背了权衡理论中的最优杠杆比率（黄珍、李婉丽和高伟伟，2016），因此，本研究在探讨上市初期债务政策对未来期间债务政策调整速度的影响时不再考虑零杠杆政

表 4-13 不同债务政策偏好下，上市初期债务政策对未来期间债务政策影响的回归结果

变量	激进型债务政策					保守型债务政策				
	Lev	DS	ZL	DM	DG	Lev	DS	ZL	DM	DG
	(1)	(2)	(3)	(4)	(5)	(6)	(7)	(8)	(9)	(10)
InitialDebtPolicy	0.201***	0.208***	1.773***	0.0672***	0.0349***	0.313***	0.0527***	1.358***	0.0491***	0.0795***
	(16.43)	(21.60)	(8.963)	(5.885)	(4.690)	(30.01)	(10.49)	(18.61)	(13.58)	(14.59)
L.Logsize	0.0364***	−0.0230***	−0.543***	0.0423***	0.0497***	0.0477***	−0.0160***	−0.607***	0.0281***	0.0588***
	(19.80)	(−10.72)	(−4.877)	(19.16)	(24.20)	(33.46)	(−20.07)	(−12.23)	(53.54)	(42.84)
L.Tangibility	−0.0900***	0.404***	7.674***	−0.128***	−0.118***	−0.114***	0.152***	4.750***	−0.0617***	−0.175***
	(−2.964)	(12.53)	(3.700)	(−4.078)	(−3.899)	(−5.869)	(11.39)	(7.088)	(−7.001)	(−7.528)
L.AssetGrowth	0.0215***	0.0156***	−0.0751	0.00879	−0.00422	0.0107***	0.0102***	−0.217**	0.00306**	0.00220
	(4.727)	(3.013)	(−0.286)	(1.487)	(−0.822)	(3.302)	(4.910)	(−2.227)	(2.454)	(0.647)
L.CapExp	−0.158***	−0.0815**	−6.117***	0.530***	0.539***	0.202***	0.0376***	−6.146***	0.163***	0.379***
	(−5.660)	(−2.462)	(−3.190)	(15.89)	(16.86)	(9.277)	(2.764)	(−8.555)	(18.34)	(16.37)
L.IndLev	0.138***	−0.134***	−1.233	0.0486	−0.0858**	0.144***	−0.0185	−1.475*	0.0661***	−0.00601
	(3.978)	(−3.069)	(−0.823)	(1.156)	(−2.096)	(4.788)	(−1.070)	(−1.647)	(5.634)	(−0.200)

L.TobinQ	0.0260***	0.00344**	0.271***	−0.00966***	−0.00266	−0.00333***	−0.00223***	0.128***	−0.00165***	−0.00114
	(17.19)	(2.216)	(5.392)	(−5.816)	(−1.623)	(−3.670)	(−3.575)	(5.207)	(−4.231)	(−1.184)
L.Profitability	−1.334***	−0.144***	1.119	0.0565	0.0166	−0.400***	−0.0745***	3.968***	−0.0436***	−0.0492**
	(−47.38)	(−4.219)	(0.934)	(1.586)	(0.480)	(−18.11)	(−5.691)	(5.880)	(−5.228)	(−2.365)
Constant	−0.245***	0.500***	−13.53	−0.537***	−1.450***	−0.682***	0.417***	6.042***	−0.529***	−1.951***
	(−4.770)	(8.164)	(−0.0121)	(−8.820)	(−24.19)	(−16.04)	(17.81)	(4.535)	(−33.78)	(−48.80)
Year	控制	控制	控制	控制	控制	控制	控制	控制	控制	控制
Industry	控制	控制	控制	控制	控制	控制	控制	控制	控制	控制
Observations	5909	4689	5777	4051	5303	5838	7058	5838	7696	6444
F-test/LR chi2	116.67***	40.94***	328.94***	73.08***	63.65***	128.60***	48.37***	1292.98***	165.56***	111.31***
Adj.R-squared/ Pseudo R2	0.4392	0.2589	0.2226	0.4219	0.3264	0.4727	0.2117	0.1997	0.4610	0.4124

注：1. L.Logsize 表示 Logsize$_{t-1}$，其他变量的定义与此相同。

2. 括号内为 T 值。

3. *、**、***分别表示在 10%、5%、1%的水平下显著。

策，仅从资本结构政策、债务类型结构政策、债务期限结构政策和债务期限分散度政策这四个维度进行考虑。在表 4-14 中，因变量 DifDebtPolicy 为当期债务水平与上一期债务水平的差额，而自变量 TargetDifDebtPolicy 表示当期目标债务水平与上一期债务水平的差额。在全样本回归中，实证结果表明，上市初期债务政策（InitialDebtPolicy）与 TargetDifDebtPolicy 交互项系数的符号并不一致，无法得出一致的结论。那么，是否是由于激进型债务政策和保守型债务政策间的差异所导致的？进一步研究结果表明，在激进型债务政策下，回归（5）~回归（8）中上市初期债务政策的交互项系数均显著为负，表明上市初期债务政策会降低最优债务政策的动态调整速度，验证了假设 3。而在保守型债务政策下，回归（9）~回归（12）中交互项的系数则都显著为正，说明上市初期债务政策会加快最优债务政策的动态调整速度，假设 4 得以验证。

2. 简化模型下，上市初期债务政策对最优债务政策动态调整速度的影响

表 4-15 列示了简化模型下，上市初期债务政策对最优债务政策动态调整速度的影响。由该表可以看出，在简化模型下，全样本的回归结果与表 4-14 类似，依然无法得出统一的结论。在激进型债务政策下，InitialDebtPolicy× L.DebtPolicy 系数均在 1%的置信水平上显著为正，鉴于该系数与调整速度负相关，因此实证结果表明上市初期债务政策会降低最优债务政策的调整速度。类似的，由回归（9）~回归（12）可知，在保守型债务政策下，则正好相反，交互项的系数显著为负或不显著。总体上，简化模型下上市初期债务政策对最优债务政策调整速度的影响与两阶段动态调整模型的回归结果相一致，均验证了假设 3 和假设 4。

总之，无论是两阶段调整模型还是简化模型的实证结果都表明，上市初期债务政策对债务政策调整速度的影响因债务政策偏好的不同而表现出截然不同的结果。这种差异主要源于不同的债务政策偏好会面临截然不同的调整成本和财务风险影响。这一研究结果有助于更好地理解上市公司的债务决策，特别是对于债务政策的调整方向和调整速度。因此，上市初期债务政策是影响上市公司最优债务政策动态调整速度的内在影响因素之一，其操作空间较小，但债务政策偏好则有所不同，其操作空间较大，且可以通过调整债务政策偏好来控制上市初期债务政策对最优债务政策动态调整速度的影响。

表 4-14　两阶段调整模型下，上市初期债务政策对最优债务政策动态调整速度的影响

变　量	全　样　本				激进型债务政策				保守型债务政策			
	DifLev (1)	DifDS (2)	DifDM (3)	DifDG (4)	DifLev (5)	DifDS (6)	DifDM (7)	DifDG (8)	DifLev (9)	DifDS (10)	DifDM (11)	DifDG (12)
TargetDif DebtPolicy	0.129***	0.357***	0.307***	0.310***	0.581***	0.667***	0.631***	0.565***	0.176***	0.629***	0.675***	0.798***
	(12.21)	(27.33)	(35.78)	(15.87)	(25.67)	(33.33)	(44.37)	(24.13)	(11.87)	(49.15)	(96.20)	(39.96)
Initial DebtPolicy	0.0358***	0.0427***	0.0372***	0.0377***	-0.132***	0.00780	-0.0542***	-0.0581***	-0.113***	-0.0140**	-0.0273***	-0.0125**
	(5.378)	(6.201)	(5.660)	(5.839)	(-12.73)	(0.686)	(-4.104)	(-6.891)	(-10.75)	(-2.854)	(-7.147)	(-2.207)
Initial DebtPolicy× TargetDif DebtPolicy	0.0565*	-0.0928***	-0.108***	0.00265	-0.788***	-0.295***	-0.411***	-0.223***	1.134***	0.354***	0.267***	0.150***
	(1.933)	(-3.386)	(-3.800)	(0.106)	(-13.95)	(-7.536)	(-8.906)	(-7.275)	(23.78)	(10.91)	(8.807)	(5.940)
Constant	-0.0128***	-0.0249***	-0.00692***	0.0336***	0.104***	0.0837***	0.113***	0.133***	-0.0406***	-0.0712***	-0.0687***	-0.160***
	(-4.084)	(-6.754)	(-2.610)	(5.209)	(21.01)	(14.11)	(20.67)	(16.63)	(-10.23)	(-26.92)	(-50.38)	(-31.28)
Year	控制	控制	控制	控制	控制	控制	控制	控制	控制	控制	控制	控制
Industry	控制	控制	控制	控制	控制	控制	控制	控制	控制	控制	控制	控制
Observations	11747	11747	11747	11747	5 909	4689	4051	5303	5838	7058	7696	6444
F-test	58.24***	149.35***	113.05***	123.15***	109.45***	201.83***	166.98***	466.70***	261.24***	838.49***	952.01***	661.86***
Adj.R-squared	0.0765	0.1768	0.1395	0.1502	0.2378	0.4214	0.4106	0.5989	0.4311	0.6686	0.6775	0.6355

注：1．括号内为 T 值。

　　2．*、**、***分别表示在 10%、5%、1%的水平上显著。

表 4-15　简化模型下、上市初期债务政策对最优债务政策动态调整速度的影响

变量	全样本				激进型债务政策				保守型债务政策			
	Lev	DS	DM	DG	Lev	DS	DM	DG	Lev	DS	DM	DG
	(1)	(2)	(3)	(4)	(5)	(6)	(7)	(8)	(9)	(10)	(11)	(12)
L.DebtPolicy	0.865***	0.620***	0.659***	0.651***	0.498***	0.323***	0.347***	0.327***	0.720***	0.320***	0.215***	0.307***
	(94.71)	(47.41)	(78.01)	(35.25)	(27.78)	(16.49)	(25.46)	(14.88)	(54.80)	(25.63)	(32.97)	(16.96)
InitialDebtPolicy	0.0479***	0.00492	0.00970	0.0137	-0.302***	-0.0933***	-0.109***	0.0381**	0.282***	0.0856***	0.0199***	0.0426***
	(3.402)	(0.385)	(1.106)	(0.858)	(-10.35)	(-4.410)	(-6.012)	(2.532)	(18.53)	(8.417)	(4.963)	(2.269)
InitialLevx L. DebtPolicy	-0.0449*	0.117***	0.0696***	-0.0247	0.476***	0.290***	0.273***	0.102***	-0.769***	-0.269***	0.0140	0.0228
	(-1.808)	(4.364)	(2.668)	(-1.071)	(10.56)	(7.705)	(6.495)	(3.687)	(-19.15)	(-8.806)	(0.553)	(1.002)
L.Logsize	0.00564***	-0.00628***	0.0129***	0.0196***	0.00803***	-0.0160***	0.0228***	0.0344***	0.0256***	-0.0112***	0.0220***	0.0426***
	(5.481)	(-5.473)	(11.88)	(10.92)	(6.029)	(-8.911)	(11.35)	(17.43)	(22.29)	(-14.95)	(43.87)	(33.67)
L.Tangibility	0.00129	0.0789***	-0.0489***	-0.0832***	0.0101	0.215***	-0.0864***	-0.0864***	-0.0260	0.115***	-0.0539***	-0.150***
	(0.0855)	(4.294)	(-2.959)	(-3.027)	(0.477)	(7.920)	(-3.145)	(-3.093)	(-1.760)	(9.310)	(-6.715)	(-7.287)
L.AssetGrowth	0.00438*	0.00174	0.00132	0.00133	0.00209	0.00596	0.000221	-0.00593	0.00395	0.00844***	0.00205*	-0.000344
	(1.832)	(0.600)	(0.503)	(0.306)	(0.659)	(1.380)	(0.0426)	(-1.250)	(1.614)	(4.386)	(1.806)	(-0.115)
L.CapExp	0.128***	-0.0568***	0.215***	0.307***	0.0566***	-0.0705***	0.364***	0.413***	0.168***	0.0110	0.113***	0.225***
	(8.300)	(-3.045)	(12.50)	(10.73)	(2.872)	(-2.560)	(12.28)	(13.81)	(10.16)	(0.878)	(13.88)	(10.85)

	(1)	(2)	(3)	(4)	(5)	(6)	(7)	(8)	(9)	(10)	(11)	(12)
L.IndLev	0.000163 (0.00818)	-0.0260 (-1.078)	-0.0113 (-0.522)	-0.0881** (-2.441)	-0.0110 (-0.455)	-0.123*** (-3.361)	-0.0127 (-0.344)	-0.0837** (-2.208)	0.0280 (1.229)	-0.0116 (-0.728)	0.0510*** (4.779)	-0.00488 (-0.184)
L.TobinQ	-0.00284*** (-3.926)	-0.000328 (-0.380)	-0.00180** (-2.310)	0.000653 (0.503)	0.00674*** (6.170)	0.00416*** (3.222)	-0.00637*** (-4.378)	-0.000546 (-0.359)	-0.00407*** (-5.875)	-0.00207*** (-3.603)	-0.00110*** (-3.086)	-0.000403 (-0.474)
L.Profitability	-0.171*** (-10.26)	-0.0205 (-1.108)	0.0280* (1.672)	0.0509* (1.832)	-0.497*** (-22.27)	-0.0855*** (-3.010)	0.136*** (4.354)	0.0645** (2.008)	-0.139*** (-7.915)	-0.0466*** (-3.855)	-0.0207*** (-2.725)	0.00444 (0.242)
Constant	-0.0533* (-1.922)	0.166*** (5.112)	-0.207*** (-7.020)	-0.529*** (-10.14)	0.185*** (4.883)	0.474*** (9.574)	-0.230*** (-4.272)	-0.929*** (-16.54)	-0.435*** (-14.51)	0.257*** (11.88)	-0.429*** (-31.14)	-1.361*** (-34.04)
Year	控制	控制	控制	控制	控制	控制	控制	控制	控制	控制	控制	控制
Industry	控制	控制	控制	控制	控制	控制	控制	控制	控制	控制	控制	控制
Observations	11747	11747	11747	11747	5909	4689	4051	5303	5838	7058	7696	6444
F-test	1268.84***	332.89***	500.47***	405.58***	377.71***	104.40***	120.18***	91.49***	315.12***	84.18***	228.76***	180.04***
Adj.R-squared	0.8227	0.5485	0.6465	0.5970	0.7281	0.4868	0.5586	0.4233	0.6983	0.3311	0.5542	0.5444

注：1. L.Logsize 表示 Logsize$_{t-1}$，其他变量的定义与此相同。

2. 括号内为 T 值。

3. *、**、***分别表示在 10%、5%、1%的水平下显著。

4.3.5 稳健性检验

1. 上市时间超过 5 年

由前文可知,在上市 1~5 年中,上市初期债务政策对未来期间债务政策的影响会逐渐降低并在上市 3~5 年后保持稳定。考虑到如果上市时间太短,上市初期债务政策对未来期间债务政策的影响可能会被放大,进而可能影响回归结果的稳健性。因此,出于稳健性的考虑,将样本锁定于上市时间超过 5 年的公司观测值,以此为样本,重新进行相关回归,再次验证相关假设。

表 4-16 列示了上市时间超过 5 年的回归结果,用以检验假设 1。该表显示,即使采用上市时间超过 5 年的样本观测值,上市初期资本结构政策、上市初期债务类型结构政策、上市初期零杠杆政策、上市初期债务期限结构政策和上市初期债务期限分散度政策的回归系数依然都在 1%的统计水平上显著为正,再次验证了上市初期债务政策具有正向持续性的研究假设。

表 4-16 上市时间超过 5 年的回归结果(假设 1)

变 量	Lev	DS	ZL	DM	DG
	(1)	(2)	(3)	(4)	(5)
InitialLev	0.443***				
	(26.64)				
InitialDS		0.202***			
		(17.82)			
InitialZL			1.302***		
			(12.28)		
InitialDM				0.107***	
				(9.741)	
InitialDG					0.109***
					(9.586)
L.Logsize	0.0469***	−0.0191***	−0.691***	0.0375***	0.0557***
	(18.88)	(−9.538)	(−11.27)	(19.14)	(17.82)
L.Tangibility	−0.0855**	0.281***	4.313***	−0.102***	−0.186***
	(−2.451)	(9.635)	(5.194)	(−3.655)	(−4.148)
L.AssetGrowth	0.0437***	0.0218***	−0.302*	0.0157***	0.0193**
	(6.792)	(4.067)	(−1.850)	(3.034)	(2.344)

（续）

变　　量	Lev	DS	ZL	DM	DG
	(1)	(2)	(3)	(4)	(5)
L.CapExp	−0.0401	−0.0188	−6.952***	0.736***	1.066***
	(−0.904)	(−0.508)	(−5.918)	(20.62)	(18.73)
L.IndLev	0.216***	0.00272	0.0147	0.0132	−0.165**
	(4.185)	(0.0631)	(0.0137)	(0.318)	(−2.498)
L.TobinQ	0.00841***	0.00204	0.199***	−0.00708***	−0.00802***
	(4.863)	(1.411)	(7.339)	(−5.089)	(−3.617)
L.Profitability	−1.227***	−0.138***	4.622***	−0.115***	−0.0986**
	(−34.98)	(−4.735)	(6.765)	(−4.111)	(−2.205)
Constant	−0.576***	0.433***	7.572***	−0.675***	−1.666***
	(−8.866)	(8.089)	(4.884)	(−13.03)	(−19.84)
Year	控制	控制	控制	控制	控制
Industry	控制	控制	控制	控制	控制
Observations	6574	6574	6574	6574	6574
F-test/LR chi2	103.27***	27.17***	858.31***	109.06***	76.51***
Adj.R-squared/Pseudo R2	0.3716	0.1314	0.2067	0.3845	0.3039

注：1. L.Logsize 表示 $Logsize_{t-1}$，其他变量的定义与此相同。

　　2. 括号内为 T 值。

　　3. *、**、***分别表示在 10%、5%、1%的水平下显著。

表 4-17 报告了在激进型债务政策和保守型债务政策下，上市时间超过 5 年的回归结果。由该表可知，在激进型债务政策下，上市初期债务期限结构政策的系数为正但不显著，而上市初期债务期限分散度的系数为负且不显著。除此之外，其他三个维度下的债务政策系数均显著为正，与前文假设相一致。在保守型债务政策下，债务政策五个维度的回归结果均在 1%的显著性水平上显著为正。综上可知，虽然采用上市时间超过 5 年的样本有两个维度的债务政策回归结果不显著，但总体上该研究结果支持了上市初期债务政策对未来期间债务政策的正向预测作用在激进型或保守型债务政策下都成立的观点，再次验证了本研究的假设 2。

表 4-18 列示了两阶段调整模型下，上市时间超过 5 年的回归结果。由该表可以看出，在全样本回归下，上市初期债务政策交互项的系数方向不一致，与前文结论类似。在激进型债务政策下，上市初期债务政策交互项的系数全部显著为负，而在保守型债务政策

表 4-17　上市时间超过 5 年的回归结果（假设 2）

变量	激进型债务政策					保守型债务政策				
	Lev (1)	DS (2)	ZL (3)	DM (4)	DG (5)	Lev (6)	DS (7)	ZL (8)	DM (9)	DG (10)
InitialLev	0.194*** (11.58)					0.146*** (10.00)				
InitialDS		0.134*** (9.213)					0.0287*** (4.321)			
InitialZL			1.713*** (6.316)					1.077*** (8.835)		
InitialDM				0.0108 (0.754)					0.0332*** (6.899)	
InitialDG					−0.00150 (−0.162)					0.0489*** (6.618)
Year	控制	控制	控制	控制	控制	控制	控制	控制	控制	控制
Industry	控制	控制	控制	控制	控制	控制	控制	控制	控制	控制
Observations	3743	2420	3542	2566	3185	2831	4154	2831	4008	3389
F-test/LR chi2	65.85***	19.40***	261.65***	53.80***	41.69***	57.23***	30.93***	497.46***	105.65***	74.25***
Adj.R-squared/ Pseudo R2	0.3907	0.2242	0.2746	0.4389	0.3269	0.4302	0.2105	0.1834	0.4914	0.451

注：1. 括号内为 T 值。

2. *、**、***分别表示在 10%、5%、1%的水平下显著。

表 4-18 上市时间超过 5 年的回归结果（假设 3、假设 4）

变 量	全 样 本				激进型债务政策				保守型债务政策			
	DifLev	DifDS	DifDM	DifDG	DifLev	DifDS	DifDM	DifDG	DifLev	DifDS	DifDM	DifDG
	(1)	(2)	(3)	(4)	(5)	(6)	(7)	(8)	(9)	(10)	(11)	(12)
TargetDifDebtPolicy	0.128***	0.325***	0.286***	0.263***	0.514***	0.636***	0.563***	0.616***	0.220***	0.595***	0.732***	0.720***
	(7.577)	(18.84)	(26.19)	(10.12)	(17.14)	(23.16)	(32.49)	(19.19)	(9.080)	(33.16)	(76.93)	(25.64)
InitialDebtPolicy	0.0403***	0.0317***	0.0269***	0.0269***	-0.117***	0.00388	-0.0432***	-0.0577***	-0.0943***	-0.0205***	-0.00311	0.0127
	(4.298)	(3.735)	(3.228)	(3.277)	(-7.914)	(0.249)	(-2.664)	(-5.337)	(-6.758)	(-3.196)	(-0.609)	(1.618)
InitialDebtPolicy× TargetDifDebtPolicy	0.0758*	-0.101***	-0.143***	-0.0446	-0.678***	-0.315***	-0.309***	-0.144***	1.072***	0.364***	0.0480	0.0178
	(1.675)	(-2.379)	(-3.705)	(-1.333)	(-9.047)	(-5.011)	(-5.119)	(-3.457)	(15.19)	(7.176)	(1.134)	(0.506)
Constant	-0.0173***	-0.0185***	-0.00579*	0.0238***	0.0935***	0.0850***	0.109***	0.133***	-0.0536***	-0.0649***	-0.0773***	-0.148***
	(-4.196)	(-4.346)	(-1.781)	(3.005)	(14.09)	(11.49)	(17.28)	(13.54)	(-9.835)	(-20.46)	(-44.07)	(-21.17)
Year	控制	控制	控制	控制	控制	控制	控制	控制	控制	控制	控制	控制
Industry	控制	控制	控制	控制	控制	控制	控制	控制	控制	控制	控制	控制
Observations	6574	6574	6574	6574	3743	2420	2566	3185	2831	4154	4008	3389
F-test	40.45***	84.24***	69.89***	79.96***	67.26***	114.69***	107.65***	316.54***	197.00***	497.45***	654.12***	429.71***
Adj.R-squared	0.0775	0.1506	0.128	0.144	0.1987	0.3969	0.3679	0.5811	0.4923	0.626	0.6953	0.6392

注：1. 括号内为 T 值。

2. *、**、***分别表示在 10%、5%、1%的水平下显著。

下，上市初期债务政策交互项的系数则正好相反，全部为正，实证结果基本与前文相一致。因此，该实证结果表明，当公司采用激进型债务政策时，上市初期债务政策会降低最优债务政策的动态调整速度；而当公司采用保守型债务政策时，上市初期债务政策会加快最优债务政策的动态调整速度，再次验证了本研究的假设3和假设4。

2. 缩小样本区间

由于我国自2007年起开始采用新的会计准则，为了避免新旧会计准则更替对研究结果可能产生的影响，将样本区间限定在2007年及以后。因此，样本区间由正文中的1999—2015年调整为2007—2015年，在此基础上，重复假设1~假设4的检验过程（为了避免表格过多，相关的实证表格不再详细列示）。研究发现，实证结果与前文基本一致，没有显著差异，前文的研究结论是稳健的。

3. 对因变量采用分位数回归

为了检验研究结论的可靠性，借鉴刘银国、焦健和张琛（2015）以及夏庆杰、李实和宋丽娜等（2012）等的研究，分别对0.2、0.5和0.8三个分位点进行回归分析。表4-19列示了上市公司债务政策持续性的分位数回归结果。由该表可以看出，无论采用哪种债务政策，无论在哪个分位点处，上市初期债务政策对未来期间债务政策的影响均在1%的置信水平上显著为正，各分位数条件下的回归结果与前文相一致，支持了上市初期债务政策对未来期间债务政策具有正向预测作用的研究结论。

表4-20报告了两阶段调整模型下，上市初期债务政策对最优债务政策动态调整速度的分位数回归结果。在该表中，由于因变量DifDebtPolicy表示了当期债务水平与上一期债务水平的差额，因此，如果把上一期债务水平作为目标债务水平，那么，DifDebtPolicy也可以理解为当期债务水平与目标债务水平的差额。而前文中激进型债务政策和保守型债务政策的划分依据主要是基于当期的实际债务水平与目标债务水平的差额，如果该差额大于零，则为激进型债务政策，如果该差额小于零，则为保守型债务政策。鉴于此，结合本研究中0.2、0.5和0.8三个分位点，那么0.2分位点上大部分的样本可能处于保守型债务政策下，而0.8分位点处的样本大部分可能处于激进型债务政策下。由于前文研究表明，不同债务政策偏好下，上市初期债务政策对最优债务政策动态调整速度的影响是相反的。因此，结合前文的研究结果可以推测出，处于不同分位数点的实证结果会存在显著差异。由表4-20可以看出，在0.2分位点处，上市初期债务政策的交互项系数均显著为负，与前文保守型债务政策下上市初期债务政策会降低最优债务政策调整速度的

表 4-19　分位数回归的实证结果（假设 1）

变量	Lev			DS			DM			DG		
	0.2	0.5	0.8	0.2	0.5	0.8	0.2	0.5	0.8	0.2	0.5	0.8
	(1)	(2)	(3)	(4)	(5)	(6)	(7)	(8)	(9)	(10)	(11)	(12)
InitialDebtPolicy	0.653***	0.613***	0.496***	0.165***	0.295***	0.500***	0.0616***	0.231***	0.277***	0.187***	0.305***	0.195***
	(49.39)	(52.61)	(34.75)	(26.73)	(36.18)	(35.16)	(32.84)	(48.64)	(19.48)	(27.73)	(27.15)	(12.14)
L.Logsize	0.0367***	0.0445***	0.0498***	-0.0162***	-0.0188***	-0.0251***	0.0109***	0.0340***	0.0483***	0.0500***	0.0658***	0.0484***
	(18.21)	(24.97)	(23.80)	(-13.62)	(-12.01)	(-9.866)	(38.20)	(42.47)	(21.68)	(27.50)	(21.80)	(11.96)
L.Tangibility	-0.135***	-0.148***	-0.128***	0.155***	0.202***	0.344***	-0.0155***	-0.0374***	-0.180***	-0.110***	-0.227***	-0.229***
	(-4.621)	(-5.488)	(-4.048)	(8.363)	(8.050)	(7.798)	(-3.572)	(-2.974)	(-4.585)	(-4.016)	(-4.766)	(-3.484)
L.AssetGrowth	0.0251***	0.0438***	0.0602***	0.00744**	0.00901**	0.00540	0.00210**	0.00552***	0.00603	0.00596	0.0194**	0.000663
	(4.399)	(10.23)	(13.85)	(2.505)	(2.264)	(0.775)	(2.686)	(2.771)	(1.124)	(1.273)	(2.578)	(0.0661)
L.CapExp	0.231***	0.143***	0.251***	0.0174	0.00108	-0.0164	0.0757***	0.386***	0.829***	0.458***	0.952***	0.957***
	(7.814)	(5.184)	(5.737)	(0.901)	(0.0420)	(-0.370)	(15.65)	(29.90)	(21.42)	(15.50)	(19.48)	(14.37)
L.IndLev	0.270***	0.271***	-0.0496	0.0179	0.0230	-0.0522	0.0272***	0.0407***	0.0939*	-0.0183	-0.0684	-0.137
	(7.111)	(7.632)	(-1.440)	(0.710)	(0.696)	(-0.925)	(4.389)	(2.457)	(1.873)	(-0.491)	(-1.092)	(-1.589)
L.TobinQ	-0.00513***	-0.00344***	0.00490***	-0.00456***	-0.00341***	-0.00225	-0.000929***	-0.000945	-0.00488***	-0.00289**	-0.00544**	-0.00535*
	(-3.792)	(-2.693)	(2.942)	(-5.376)	(-2.868)	(-1.062)	(-4.370)	(-1.588)	(-2.620)	(-2.125)	(-2.412)	(-1.725)
L.Profitability	-0.540***	-0.965***	-1.400***	-0.0518***	-0.0264	-0.0878**	-0.0260***	-0.107***	-0.109***	-0.0662**	-0.104**	-0.0380
	(-17.60)	(-35.13)	(-37.87)	(-2.629)	(-1.042)	(-2.056)	(-5.110)	(-8.435)	(-3.008)	(-2.166)	(-2.158)	(-0.559)
Constant	-0.583***	-0.607***	-0.597***	0.360***	0.437***	0.501***	-0.223***	-0.666***	-0.742***	-1.753***	-1.754***	-1.205***
	(-10.38)	(-11.98)	(-9.973)	(10.60)	(9.395)	(6.382)	(-26.70)	(-28.49)	(-10.83)	(-32.50)	(-19.54)	(-9.902)
Year/Industry	控制	控制	控制	控制	控制	控制	控制	控制	控制	控制	控制	控制
Observations	11747	11747	11747	11747	11747	11747	11747	11747	11747	11747	11747	11747
Pseudo R2	0.3389	0.3476	0.3043	0.0756	0.0958	0.1532	0.0365	0.2342	0.2963	0.1360	0.2241	0.1600

注：1. L.Logsize 表示 Logsize$_{t-1}$，其他变量的定义与此相同。

2. 括号内为 T 值。

3. *、**、***分别表示 10%、5%、1%的水平下显著。

表 4-20　分位数回归的实证结果（假设 3、假设 4）

变　量	DifLev			DifDS			DifDM			DifDG		
	0.2	0.5	0.8	0.2	0.5	0.8	0.2	0.5	0.8	0.2	0.5	0.8
	(1)	(2)	(3)	(4)	(5)	(6)	(7)	(8)	(9)	(10)	(11)	(12)
TargetDifDebtPolicy	0.157***	0.0392***	0.0642***	0.488***	0.310***	0.151***	0.401***	0.122***	0.0615***	0.232***	0.0849***	0.383***
	(13.53)	(4.977)	(5.116)	(31.03)	(26.36)	(9.088)	(77.21)	(85.72)	(3.589)	(16.94)	(9.272)	(12.59)
InitialDebtPolicy	0.0542***	0.00644	-0.0352***	0.0192**	0.0319***	0.0542***	-0.0118***	0.00420***	0.116***	0.0206***	0.0212***	0.0618***
	(7.620)	(1.297)	(-4.387)	(2.460)	(5.140)	(6.000)	(-3.573)	(3.829)	(9.520)	(4.643)	(6.994)	(6.396)
InitialDebtPolicy_Target	-0.111***	0.0231	-0.0109	-0.0542*	-0.190***	0.00604	-0.173***	-0.0315***	0.187***	-0.107***	-0.00559	0.195***
	(-3.309)	(1.062)	(-0.298)	(-1.729)	(-7.687)	(0.178)	(-11.41)	(-6.659)	(3.344)	(-5.954)	(-0.475)	(5.038)
Constant	-0.0438***	0.0319***	0.101***	-0.0793***	0.0204**	0.104***	-0.0560***	-0.0141***	0.0213	-0.0874***	0.00127	0.166***
	(-4.382)	(4.434)	(8.632)	(-6.180)	(1.962)	(7.200)	(-9.976)	(-8.100)	(1.089)	(-10.05)	(0.220)	(9.004)
Year	控制	控制	控制	控制	控制	控制	控制	控制	控制	控制	控制	控制
Industry	控制	控制	控制	控制	控制	控制	控制	控制	控制	控制	控制	控制
Observations	11747	11747	11747	11747	11747	11747	11747	11747	11747	11747	11747	11747
Pseudo R2	0.0443	0.0145	0.0241	0.1901	0.0636	0.0386	0.2201	0.0256	0.0206	0.1338	0.0165	0.0532

注：1. 括号内为 T 值。

2. *、**、***分别表示在 10%、5%、1%的水平下显著。

结论相一致；在 0.8 分位点处，上市初期债务政策的交互项系数在回归（3）中为负但不显著，在回归（6）中为正但不显著，在回归（9）和回归（12）中均在 1% 的置信水平上显著为正，基本上支持了激进型债务政策下的研究结论。总体上来说，随着分位数的增大，上市初期债务政策对债务政策调整速度的影响逐渐由负显著变为正显著，说明随着分位数的增大，保守型债务政策占主导逐渐转为激进型债务政策占主导，验证了不同债务政策偏好下上市初期债务政策对最优债务政策动态调整速度的影响存在差异的研究结论。因此，假设 3 和假设 4 的研究结论是稳健的。

4．考虑其他债务政策影响因素

为了避免遗漏变量可能造成的回归结果偏差，借鉴其他学者的研究，进一步考虑了现金流的波动性（Norden，Roosenboom 和 Wang,2016）、是否支付股利（Byoun，2008）和上市时间（Choi，Hackbarth 和 Zechner，2021）等变量对未来期间债务政策的影响，加入这些控制变量，重复检验过程，回归结果与前文基本一致（未列示），支持了前文的研究结论。

5．债务类型结构政策和债务期限结构政策的替代变量

正文中对债务类型结构政策的衡量采用了标准化债务类型的赫芬达尔指数，为了进一步揭示上市公司运用债务的专一性特点，本部分扩展了 Colla，Ippolito 和 Li（2013）的做法，采用上市公司对某一种债务类型的依赖程度来定义债务类型结构政策。具体定义如下：首先，继续沿用前文对债务的分类，将债务具体分为商业信用、银行借款、债券、非银行借款和其他债务五种；其次，如果任意一种债务类型占总债务的比重大于或等于 80%，则将债务类型结构政策变量（DS_80）定义为 1，否则定义为 0。上市初期债务类型结构政策（InitialDS_80）依然采用上市当年的债务类型结构政策来定义。

表 4-21 列示了债务类型结构政策替代变量的稳健性回归结果。其中，回归（1）是以债务类型结构政策为替代变量的全样本回归，InitialDS_80 回归系数为 1.953，且在 1% 的统计水平上显著为正，与前文研究结果相一致。进一步地，回归（2）～回归（7）是以债务类型结构政策为替代变量的分年度回归，实证结果表明，即使区分上市时间，上市初期债务类型结构政策的系数仍全部显著为正，再次验证了债务类型结构政策具有持续性的结论。然而，由于变量度量存在较大的差异，债务类型结构政策随着上市时间的增加而达到稳定状态所需的时间与前文有所不同，在上市 2 年后即达到稳定的趋势。但这并不影响本研究的结论，上市初期债务类型结构政策对未来期间债务类型结构政策的

影响会呈现出先下降而后逐渐稳定的趋势。

表 4-21 债务类型结构政策替代变量的稳健性回归结果

变　　量	全样本	上 市 年 限					
		1 年	2 年	3 年	4 年	5 年	6 年
	(1)	(2)	(3)	(4)	(5)	(6)	(7)
InitialDS_80	1.953***	2.714***	2.213***	2.046***	1.720***	1.726***	1.750***
	(27.26)	(15.45)	(12.52)	(10.71)	(7.793)	(6.282)	(4.570)
L.Logsize	−0.248***	−0.177	−0.343***	−0.185	−0.255**	−0.183	−0.0861
	(−6.515)	(−1.583)	(−2.992)	(−1.619)	(−2.062)	(−1.258)	(−0.513)
L.Tangibility	7.515***	3.883	6.824**	7.954**	4.674**	5.025**	9.377**
	(8.650)	(1.228)	(2.560)	(3.198)	(2.148)	(2.028)	(2.193)
L.CapExp	−2.051***	−3.717**	−2.421*	−2.397	−0.841	−0.205	−5.954*
	(−3.458)	(−2.378)	(−1.823)	(−1.532)	(−0.458)	(−0.0900)	(−1.743)
L.IndLev	−2.747***	−0.951	0.309	−1.626	−4.950**	−3.078	−1.609
	(−3.922)	(−0.469)	(0.172)	(−0.775)	(−2.081)	(−1.201)	(−0.428)
L.TobinQ	−0.0137	−0.197**	−0.196**	−0.000720	−0.106	0.0106	0.00684
	(−0.518)	(−2.177)	(−1.961)	(−0.00856)	(−1.207)	(0.0995)	(0.0562)
L.Profitability	−0.297	1.084	2.239	0.257	2.665	−0.505	1.469
	(−0.511)	(0.329)	(0.942)	(0.137)	(1.228)	(−0.259)	(0.669)
Constant	−3.551***	−1.382	−1.667	−5.507	−0.175	−2.461	−10.14*
	(−2.931)	(−0.333)	(−0.457)	(−1.546)	(−0.0494)	(−0.638)	(−1.949)
Year	控制	控制	控制	控制	控制	控制	控制
Industry	控制	控制	控制	控制	控制	控制	控制
Observations	13187	1784	1621	1620	1474	1179	842
LR chi2	1257.85***	398.64***	277.64***	187.87***	130.74***	92.00***	61.86***
Pseudo R2	0.1513	0.2764	0.2103	0.1632	0.142	0.1392	0.143
InitialDS_80 变量的 SUEST 检验			(2)vs.(3)	(3)vs.(4)	(4)vs.(5)	(5)vs.(6)	(6)vs.(7)
Prob > chi2			0.0474**	0.5274	0.2615	0.9875	0.9585

注：1. L.Logsize 表示 $Logsize_{t-1}$，其他变量的定义与此相同。

2. 括号内为 T 值。

3. *、**、***分别表示在 10%、5%、1%的水平下显著。

文中以超过 5 年的长期债务占总负债的比率来衡量债务期限结构政策。考虑到现有研究对于长期债务和短期债务的期限划分存在一定的分歧，借鉴尚作平和廖理（2008）等的研究，采用超过 1 年的债务占总债务的比率来定义债务期限结构政策（DM_1），作为债务期限结构政策的替代变量。表 4-22 列示了债务期限结构政策替代变量的稳健性回归结果。由该表可知，无论是全样本回归，还是按照上市年限的分年度回归，上市初期债务期限结构政策替代变量 InitialDM_1 的回归系数都在 1%的统计水平上显著为正，支持了前文上市初期债务期限结构政策具有持续性的研究结论。由 InitialDM_1 变量的 SUEST 检验可知，上市初期债务期限结构政策在上市 5 年后达到稳定状态，与前文所说的上市 4 年后达到稳定有所差异，这主要是由债务期限结构政策度量方法不一致所造成的。最终，该实证结果也再次验证了上市初期债务期限结构政策对未来期间债务期限结构政策的影响趋势：先下降而后逐渐稳定。

表 4-22　债务期限结构政策替代变量的稳健性回归结果

变　　量	全样本	上　市　年　限					
		1 年	2 年	3 年	4 年	5 年	6 年
	(1)	(2)	(3)	(4)	(5)	(6)	(7)
InitialDM_1	0.280***	0.619***	0.491***	0.380***	0.300***	0.211***	0.189***
	(35.11)	(35.41)	(23.46)	(17.23)	(13.14)	(7.725)	(5.798)
L.Logsize	−0.0342***	−0.0206***	−0.0260***	−0.0308***	−0.0310***	−0.0303***	−0.0312***
	(−24.76)	(−6.383)	(−6.842)	(−7.668)	(−7.501)	(−6.069)	(−5.372)
L.Tangibility	0.124***	−0.123	0.131*	0.118*	0.0551	0.208***	0.0485
	(5.522)	(−1.542)	(1.647)	(1.743)	(0.924)	(2.893)	(0.544)
L.CapExp	−0.501***	−0.185***	−0.313***	−0.376***	−0.598***	−0.648***	−0.490***
	(−22.91)	(−4.344)	(−6.482)	(−6.511)	(−9.590)	(−8.295)	(−5.072)
L.IndLev	−0.00912	0.0231	0.125*	0.0995	0.0498	−0.0188	0.168
	(−0.319)	(0.357)	(1.701)	(1.181)	(0.546)	(−0.176)	(1.278)
L.TobinQ	0.000638	−0.00740***	−0.00229	−0.00217	−0.000609	−0.00347	−0.00503
	(0.619)	(−2.990)	(−0.722)	(−0.690)	(−0.210)	(−0.910)	(−1.230)
L.Profitability	0.121***	0.166*	0.129*	0.0743	0.0631	0.252***	0.104
	(5.373)	(1.767)	(1.662)	(1.119)	(0.915)	(3.507)	(1.349)
Constant	1.258***	0.928***	0.867***	1.062***	1.209***	1.183***	1.308***
	(30.41)	(7.882)	(5.452)	(8.674)	(9.923)	(8.406)	(8.382)
Year	控制	控制	控制	控制	控制	控制	控制
Industry	控制	控制	控制	控制	控制	控制	控制
Observations	13198	1802	1675	1658	1489	1224	887

（续）

变　量	全样本	上　市　年　限					
		1 年	2 年	3 年	4 年	5 年	6 年
	(1)	(2)	(3)	(4)	(5)	(6)	(7)
F-test	181.91***	51.48***	30.72***	22.54***	21.22***	15.43***	12.94***
Adj.R-squared	0.3598	0.5347	0.4153	0.3364	0.3406	0.3039	0.3267
InitialDM_1 变量的 SUEST 检验			(2)vs.(3)	(3)vs.(4)	(4)vs.(5)	(5)vs.(6)	(6)vs.(7)
Prob > chi2			0.0006***	0.0071***	0.0553*	0.0411**	0.6595

注：1. L.Logsize 表示 $Logsize_{t-1}$，其他变量的定义与此相同。

2. 括号内为 T 值。

3. *、**、***分别表示在 10%、5%、1%的水平下显著。

4.4　本章小结

我国上市公司的初期债务政策是否具有持续性是本章所重点关注的问题之一。为此，本章以 1999—2015 年间沪深两市 A 股上市公司为样本，依次采用全样本回归、按照上市年限分年度回归、不同行业分类以及不同债务政策偏好分组回归等方式检验了上市公司债务政策持续性以及上市初期债务政策对最优债务政策动态调整速度的影响，相关研究假设的具体验证结果如表 4-23 所示。

表 4-23　本章研究假设、验证结果汇总表

研究假设	假　设　内　容	验证结果
债务政策持续性的存在性研究		
假设 1	公司的上市初期债务政策对未来期间债务政策具有正向的预测作用	得到验证
假设 2	无论公司采用激进型债务政策或保守型债务政策，上市初期债务政策对未来期间债务政策都具有正向的预测作用	得到验证
假设 3	当公司采用激进型债务政策时，上市初期债务政策会降低最优债务政策的动态调整速度	得到验证
假设 4	当公司采用保守型债务政策时，上市初期债务政策会加快最优债务政策的动态调整速度	得到验证

本章的实证结果显示，对于资本结构政策、债务类型结构政策、零杠杆政策、债务

期限结构政策和债务期限分散度政策这五个维度来说，无论采用何种债务政策，无论是全样本回归还是按照上市年限的分年度回归，无论是不同行业分类下的回归，还是激进型债务政策和保守型债务政策，实证结果都是一致的，上市初期债务政策对未来期间的债务政策具有正向的预测作用，验证了上市公司债务政策持续性的存在性。此外，实证结果也表明，上市初期债务政策对最优债务政策动态调整速度的影响会受到债务政策偏好的干扰：当公司采用激进型债务政策时，上市初期债务政策会降低最优债务政策的动态调整速度，而当公司采用保守型债务政策时，上市初期债务政策会加快最优债务政策的动态调整速度，这种差异主要源于不同的债务政策偏好会面临截然不同的调整成本和财务风险影响。

本章最后分别采用上市时间超过 5 年的公司样本、将样本区间缩小至 2007 年及以后、对因变量采用分位数回归、考虑其他债务政策的影响因素以及采用债务类型结构政策和债务期限结构政策的替代变量这五种方式进行稳健性检验，研究结果都支持了本研究的研究假设，验证了研究结论的稳健性。

第 5 章

债务政策持续性的主动选择因素研究

5.1　债务政策持续性的主动选择因素

主动选择是管理层"有意为之"的积极行为。从公司战略、管理层和 CEO 个人三个层面上，本项目分别考虑了公司战略惯性、管理层盈余压力和创始 CEO 管理风格三个主动选择因素对债务决策的影响。

5.1.1　战略惯性与债务政策持续性

战略惯性是指组织战略在时间区间上的稳定性和持久性程度，即组织倾向于维持战略现状而不愿改变的程度（连燕玲和贺小刚，2015）。围绕战略惯性这一问题，现有研究主要集中于战略惯性的影响因素研究及其对组织绩效和公司风险的经济后果研究，尚无学者关注战略惯性是否会导致债务政策的持续性。企业战略作为企业应对外部环境变化的总体性反应，反映了企业在竞争过程和价值创造过程中的整体布局（潘晓波，2015）。而债务政策属于组织战略的一部分，是基于组织战略而做出的，因此，战略惯性对债务政策的持续性必然具有关键性的影响，具体表现在以下几个方面：

第一，战略惯性可以降低组织的搜寻成本（连燕玲和贺小刚，2015），从而有助于保持债务政策的持续性。已有研究表明，当战略惯性程度较高时，组织逐渐形成了一定的风俗、习惯与技术诀窍（刘海建，周小虎和龙静，2009）。战略惯性的存在可以为企业政策的选择和实施提供"过去经验"，减少企业对新政策进行重新搜寻的次数，降低改变现有政策的搜寻成本，进而有助于债务政策持续性的保持。

第二，战略惯性会增加组织战略的调整难度，进而增强债务政策持续性。Sonenshein（2010）以《财富》500 强零售企业为样本，研究指出，在战略惯性改变的实施过程中，管理层首先建立战略变革的意念，才能使雇员接受战略惯性的改变。也就是说，战略惯性的改变并非易事，需要建立在战略变革的意念之上，组织战略的调整难度会随着战略惯性的增大而增大。而且，战略惯性越大，企业内部的操作指南、规则和习俗的一致性就越强（Bourdieu，1990），打破组织惯性遇到的阻力越大，组织战略的调整难度越大，因而维持原有政策的可能性越大，债务政策的持续性就越强。

第三，战略惯性可以降低企业风险和不确定性而有助于债务政策的持续性。一方面，组织战略的变化作为一种创新性行为，具有一定的不确定性，进而会增加企业风险（赵文红和李垣，2004）。与战略惯性相反，Grossman 和 Cannella（2006）研究表明，当以前年度业绩较好时，高管人员为了获得持续性的奖励会尽可能地保持战略惯性，进而降低无法获得 CEO 薪酬奖励的风险。另一方面，内生于组织中的特定制度、惯例或技术诀窍作为组织的稀缺性资本，有助于提高外部竞争者的进入壁垒，降低企业风险。这些稀缺性资本属于组织的无形资产，不仅可以通过增加企业的竞争优势而提高企业价值，而且具有难以模仿的特征，对于企业的长期发展具有重要作用。因此，战略惯性可以通过降低决策的风险性和不确定性而规避企业风险，进而保证企业战略的稳定性。战略惯性越大，债务决策的风险和不确定性越低，维持原有债务政策的可能性越大，债务政策持续性越强。

基于上述分析，本研究提出如下研究假设：

假设 5：战略惯性会增加债务政策的持续性，即战略惯性是债务政策持续性的主动选择因素之一。

5.1.2　盈利压力与债务政策持续性

根据前文的定义，盈利压力来源于公司的实际经营绩效与经营期望之间的差距。盈利压力作为一种信息差异和信号传递，可以直接影响公司管理层的投融资决策行为（林钟高、徐虹和芮晨，2016）。上市公司的债务决策也不例外，同样会受到管理层盈利压力的影响，具体分析如下：

第一，当公司业绩低于经营期望时，虽然公司存在盈利压力，但是在威胁-刚性假说下，出于降低风险的考虑，公司对感知到的盈利压力存在一定的刚性，缺乏多变性和灵活性，进而导致了债务政策选择的惯性较大，管理层保持债务政策持续性的可能性较大。威胁-刚性假说是由 Staw，Sandelands 和 Dutton（1981）提出的，该理论认为，当环境发生剧烈变化而产生威胁时，由于信息处理存在限制，控制权逐渐收缩，进而导致个人、群体或组织应对威胁时缺乏多变性和灵活性，即存在一定的刚性。在压力的情境下，公司的决策制定可能会通过封锁新信息并控制非正常的反应来降低灵活性。也就是说，即使面临盈利压力（威胁），公司也不会追求风险以应对环境变化，而是采取保守型和忽视的态度应对盈利压力（Chattopadhyay，Glick 和 Huber，2001；Staw，Sandelands 和 Dutton,1981；Shimizu，2007）。林钟高、徐虹和芮晨（2016）研究了外部盈利压力对公司并购行为的影响，研究发现，由于公司并购具有产出不确定性和收益跨期性的特征，并且公司并购行为无法提高短期绩效，为了降低风险并迎合市场预期，当外部盈利压力较大时，公司进行并购的可能性较小，并购频率较低。总体上，这些相关研究均表明，盈利压力使得管理层会通过降低公司的风险承担水平进而影响其投资和融资决策，包括债务政策持续性。

第二，基于目标设定理论，经营期望越高，管理层受到的外部盈利压力越大，作为风险厌恶和自利的管理层，有动机通过提高短期绩效而实现外部盈利预期，具体包括通过削减研发投资（He 和 Tian，2013；谢震和艾春荣，2014）、减少并购等投融资计划（王菁和程博，2014；Arrfelt，Wiseman 和 Hult，2013；林钟高、徐虹和芮晨，2016）、盈余管理等投机经营行为（Mishina，Dykes 和 Block 等，2010；贺小刚等，2015）。随着投资行为的减少，公司无须进行额外的融资活动，债务政策持续性较高。目标设定理论是在1967 年由美国心理学家洛克提出的，该理论认为，外来的刺激（如奖励、工作反馈和监督压力）都是通过目标来影响动机的（Locke 和 Latham，1990）。目标的明确度和难度可以直接对绩效产生影响，并影响个体的满意度。与此观点相一致，业绩反馈理论也认为盈利压力会对后续的债务政策选择产生影响。该理论认为，组织的历史绩效可以反馈组织战略的有效性，实际绩效与目标绩效水平的差距会影响管理者对后续战略行为的选择（Cyert 和 March，1963）。

因此，基于以上分析，提出以下假设：

假设 6：盈利压力会增加债务政策持续性，即盈利压力是债务政策持续性的主动选择因素之一。

5.1.3 创始 CEO 管理风格与债务政策持续性

如前文所述，创始 CEO 与一般的职业经理人存在显著的差异。正是这些差异，创始CEO 才能维持债务政策持续性。创始 CEO 的管理风格对于债务政策持续性也具有一定的解释能力。创始 CEO 对债务政策持续性的影响主要表现在以下几方面：

第一，创始 CEO 的经营理念已固化在公司的组织结构、公司战略以及企业文化等方面，进而持续性地影响未来的债务政策。Baron，Hannan 和 Burton（1999）指出，公司成立之初的性别构成和创始人的用人政策会持续地影响以后期间的公司决策，即组织结构的发展具有路径依赖特征。该观点支持了路径依赖理论，同时可以发现，创始人 CEO 对于组织结构的路径依赖特征具有至关重要的作用。与此同时，Nelson（2003）也实证检验了创始 CEO 对公司上市以后的持续性影响，研究表明创始 CEO 会持续性地影响公司的治理结构和所有权安排。而公司的治理水平和所有权结构对于其外部债务资金的筹集具有重要的影响（肖作平和廖理，2008；肖作平，2012），因此，间接地说明了创始 CEO 可以持续性地影响上市公司未来期间的债务政策选择。

第二，创始 CEO 的管理层风格会正向影响债务政策持续性。已有研究表明，特定的管理层特征和偏好可能对包括投资和融资决策在内的公司决策具有至关重要的作用（Fee，Hadlock 和 Pierce，2013）。进一步，Bamber，Jiang 和 Wang（2010）研究发现，高管人员的管理风格会显著影响公司的自愿性信息披露，并且管理层的管理风格会受到管理层是否出生于第二次世界大战以后、是否参过军、是否具有 MBA 学位等的影响。Bertrand 和 Schoar（2003）研究表明，管理层风格对于许多公司决策都是至关重要的，包括投资决策、融资决策、组织战略决策以及公司业绩。葛永波、陈磊和刘立安（2016）检验了管理者风格效应，研究发现管理者风格对公司的投资和融资决策都具有重要影响。而创始 CEO 除了是职业经理人之外，还是公司的创始人，其号召力和组织权力更大，对公司的影响更为深远。在此基础上，Hanssens，Deloof 和 Vanacker（2016）以创始 CEO 离职或去世为研究切入点，研究发现，当创始 CEO 离职或去世时，上市初期债务政策对未来债务政策的影响会显著降低，从侧面反映了公司成立初期创始 CEO 的管理风格对债务政策持续性的重要影响。

因此，提出以下研究假设：

假设 7：创始 CEO 管理风格会增加债务政策持续性，即创始 CEO 管理风格是债务政策持续性的主动选择因素之一。

5.2　研究设计

5.2.1　变量定义

本章的样本选择以及数据来源都与第 4 章相同，故在此不再赘述。为了避免异常值对研究结果的影响，对下文定义的相关连续变量在 1%和 99%分位上进行缩尾处理。

1．战略惯性的测度

战略惯性概念的提出主要是为了解释组织战略的持续性现象，即组织维持战略现状的程度。虽然组织战略无法具体观测和量化，但组织战略的改变会通过高管决策而渗透到公司的方方面面，因此 Finkelstein 和 Hambrick（1990）首次提出采用广告强度、研发强度、固定资产成新率、非生产性支出、存货水平以及财务杠杆六个战略指标作为战略惯性的代理变量。虽然公司的财务政策也属于公司组织战略的一个重要方面，但考虑到本研究的落脚点是公司的债务政策，将公司的财务政策包含在内可能会放大战略惯性对债务政策的影响。因此，借鉴这些研究，本研究采用衡量企业战略的五个维度指标（不包含财务战略维度）来计算战略惯性，包括广告支出与销售收入的比率、研发支出与销售收入的比率、非生产性支出与销售收入的比率、固定资产净值与固定资产总值的比率、存货与销售收入的比率。

在这五个指标的基础上，本研究采用以下两种计算过程来具体测度战略惯性变量：第一，借鉴 Datta，Rajagopalan 和 Zhang（2003）以及连燕玲和贺小刚（2015）等人的研究，首先计算五个指标，其次分别计算各指标 5 年内的方差，最后将各指标的方差进行标准化后乘以−1 然后相加，即得到了战略惯性指数 Strategy_1，该指标的数值与战略惯性正相关。第二，借鉴潘晓波（2015）对企业战略变化幅度的度量方法，首先计算五个维度指标，其次分别计算五个指标当期值与上期值的差值，然后取五个维度指标差值平方和的平方根，可以得到战略变化幅度，最后将战略变化幅度乘以−1，即得到了战略惯性指数 Strategy_2，该指标的数值越大，组织战略的惯性越大。

2．盈余压力的测度

基于前文对盈利压力的具体定义，根据期望的参照对象选择，盈利压力可以具体分为内部盈利压力和外部盈利压力。其中，内部盈利压力的参照对象是公司的历史经营绩效。借鉴 Chen（2008）以及连燕玲、贺小刚和高皓（2014）对公司历史业绩期望的衡量方法，具体计算公式为

$$A_{i,t} = (1-\alpha)P_{i,t-1} + \alpha A_{i,t-1} \tag{5-1}$$

式中，$A_{i,t}$ 表示公司 i 第 t 期的业绩期望值；$P_{i,t-1}$ 表示公司 i 第 $t-1$ 期的实际期望值；$A_{i,t-1}$ 表示公司 i 第 $t-1$ 期的业绩期望值；α 表示常数项，本研究借鉴连燕玲、贺小刚和高皓（2014）的研究，选择 $\alpha=0.4$，因此如果公司上一期的实际业绩低于上一期的历史业绩期

望值，则定义内部盈利压力 InsideGap_dum 为 1，反之，为 0。

外部盈利压力的参照对象通常是分析师盈余预测，分析师的盈余预测值（$FEPS_{i,t+1}$）以当年关注该公司的所有分析师发布的每股收益预测值的平均值为准。潜在每股收益的测量方法主要借鉴 Zhang 和 Gimeno（2010）以及王菁和程博（2014）等的研究，具体为：①首先以第 $t+1$ 期公司每股收益的实际变化率（$\Delta EPS_{i,t+1}/P_{i,t}$）为因变量，以第 t 期每股收益的实际变化率（$\Delta EPS_{i,t}/P_{i,t-1}$）和第 $t+1$ 期该公司的超额收益率（$CRET_{i,t+1}$）为自变量，进行回归，预测第 $t+1$ 期公司每股收益的预期变化率，具体如式（5-2）所示。②根据第 t 期的每股收益和第 $t+1$ 期的每股收益预期变化率与第 t 期年末股票收盘价乘积之和，计算潜在的每股收益（$PotentialEPS_{i,t+1}$），具体计算过程如式（5-3）所示。③借鉴林钟高、徐虹和芮晨（2016）对外部盈利压力的定义，如果分析师的盈余预测值（$FEPS_{i,t+1}$）与潜在每股收益值（$PotentialEPS_{i,t+1}$）之间的差额大于年度行业均值，则将外部盈利压力 OutsideGap_dum 定义为 1，反之为 0。

$$\Delta EPS_{i,t+1}/P_{i,t} = \alpha_{0,t} + \alpha_{1,t}(\Delta EPS_{i,t}/P_{i,t-1}) + \alpha_{2,t}CRET_{i,t+1} + \delta_t \qquad (5\text{-}2)$$

式中，ΔEPS 为每股收益的变动额；P 为年末股票的收盘价；$CRET$ 为累计超额收益率；δ 为模型的残差；i、t、α 注释见式（5-1）。

$$PotentialEPS_{i,t+1} = EPS_{i,t} + (\hat{\Delta EPS}_{i,t+1}/P_{i,t}) \times P_{i,t} \qquad (5\text{-}3)$$

式中，i 表示公司；t 表示年份；EPS 为公司的每股收益；P 为年末股票的收盘价；$\hat{\Delta EPS}/P$ 为模型（5-2）回归后每股收益变动额与年末股票收盘价的拟合值；PotentialEPS 表示潜在的每股收益。

3．CEO 管理风格的测度

为了更深入地探讨 CEO 管理风格对公司债务政策持续性的影响作用，本研究主要采用创始 CEO 管理风格（FounderCEOStyle）、上市 CEO 管理风格（ListingCEOStyle）和任期最长 CEO 管理风格（LongestCEOStyle）三个变量进行研究。

参考 Hanssens，Deloof 和 Vanacker（2016），本研究界定：创始 CEO 管理风格变量为虚拟变量，公司上市后创始人担任公司 CEO 的任职期间赋值为 1，否则为 0。

进一步地，为了探究是否只有创始 CEO 的管理风格才会对公司债务政策持续性具有影响，本研究拟设置非创始 CEO 管理风格变量，主要为上市时 CEO 的管理风格和在 1999—2015 年样本区间内任期最长 CEO 的管理风格。其中，上市 CEO 管理风格变量的具体界定是：公司上市时非创始 CEO 的任职期间定义为 1，否则为 0。为了明确与创始 CEO 之间的差异，该变量更强调上市初期非创始 CEO 管理风格的影响效应。

选择任期最长 CEO 的管理风格主要是出于以下几方面的考虑：①在样本区间内上市公司都曾多次更换 CEO，不同 CEO 之间的管理风格都存在或多或少的差异；②对于样本区间内所有 CEO 的管理风格都进行讨论不现实，不具备可操作性，因此为了操作的方便，只能以某一个 CEO 的管理风格为代表；③Hambrick，Geletkanycz 和 Fredrickson（1993）指出较长任期的高级管理人员和高管团队会展现出更大的战略惯性，即维持现有战略的可能性更大，因此以任期最长的非创始 CEO 作为一般职业经理人的代表。鉴于此，在 1999—2015 年样本区间内，将上市公司任期最长的非创始 CEO 的任职期间定义为 1，其他期间定义为 0，以此来界定任期最长 CEO 管理风格（LongestCEOStyle）变量。

4．控制变量

相关控制变量的选择以及具体界定与第 4 章中控制变量的描述相一致，具体如表 4-2 所示。

5.2.2　模型设定

1．战略惯性对债务政策持续性的影响模型

为了检验战略惯性对债务政策持续性的影响作用，即研究假设 5，本研究主要采用式（5-4）为模型来进行验证。

$$DebtPolicy_{it} = \beta_0 + \beta_1 InitialDebtPolicy_{it} + \beta_2 Strategy_{it} +$$
$$\beta_3 InitialDebtPolicy_{it} \times Strategy_{it} +$$
$$\beta_c ControlVariables_{it} + \varepsilon_{it} \qquad （5-4）$$

式中，i 表示公司；t 表示年份；Strategy 表示组织的战略惯性指数，具体包括 Strategy$_1$ 和 Strategy$_2$ 两种；DebtPolicy、InitialDebtPolicy 和 ControlVariables 的定义与式（4-8）保持一致，相关变量的具体衡量如表 4-2 所示；ε 为模型的残差；β_0 表示常数项；β_1、β_2、β_3 和 β_c 均表示变量的回归系数。

在该模型中，重点关注 InitialDebtPolicy 与 Strategy 交互项系数的显著性。

在该模型中，本研究重点关注 β_3 的系数，如果 β_3 显著为正，则表明组织的战略惯性有助于增加债务政策的持续性，进而可以验证假设 5；反之，则无法验证假设 5。

2．盈利压力对债务政策持续性的影响模型

根据前文的理论分析，盈利压力可以在一定程度上解释上市公司债务政策具有持续性的现象。为了验证该猜测，本研究建立了如式（5-5）所示的模型：

$$DebtPolicy_{it} = \beta_0 + \beta_1 InitialDebtPolicy_{it} + \beta_2 Gap\_dum_{it} +$$
$$\beta_3 InitialDebtPolicy_{it} \times Gap\_dum_{it} +$$
$$\beta_c ControlVariables_{it} + \varepsilon_{it} \qquad （5-5）$$

式中，i 表示公司；t 表示年份；Gap_dum 表示盈利压力变量，主要包括内部盈利压力（InsideGap_dum）和外部盈利压力（OutsideGap_dum）两种；DebtPolicy、InitialDebtPolicy和 ControlVariables 的定义与式（4-8）保持一致，相关变量的具体衡量如表 4-2 所示；ε 为模型的残差；β_0、β_1、β_2、β_3 和 β_c 的注释与式（5-4）相同。

在该模型中，重点关注 InitialDebtPolicy 与 Gap_dum 交互项系数的显著性。

3．CEO 管理风格对债务政策持续性的影响模型

为了检验创始 CEO 管理风格、上市 CEO 管理风格以及任期最长 CEO 管理风格对债务政策持续性的影响作用，本研究建立了如式（5-6）所示的模型：

$$DebtPolicy_{it} = \beta_0 + \beta_1 InitialDebtPolicy_{it} + \beta_2 CEOStyle_{it} +$$
$$\beta_3 InitialDebtPolicy_{it} \times CEOStyle_{it} +$$
$$\beta_c ControlVariables_{it} + \varepsilon_{it} \qquad （5-6）$$

式中，i 表示公司；t 表示年份；CEOStyle 分别包括创始 CEO 管理风格（FounderCEOStyle）、上市 CEO 管理风格（ListingCEOStyle）和任期最长 CEO 管理风格（LongestCEOStyle）三个变量；DebtPolicy、InitialDebtPolicy 和 ControlVariables 的定义与式（4-8）保持一致，相关变量的具体衡量如表 4-2 所示；ε 为模型的残差；β_0、β_1、β_2、β_3 和 β_c 的注释与式（5-4）相同。

在该模型中，重点关注 InitialDebtPolicy 与 CEOStyle 交互项系数的显著性。

5.3　实证结果分析

5.3.1　描述性统计与相关性分析

1．描述性统计分析

表 5-1 列示了主要变量的描述性统计分析结果。由表 5-1 可知，对于战略惯性而言，当采用 $Strategy_1$ 作为战略惯性的代理变量时，我国上市公司战略惯性指数（$Strategy_1$）的平均值为 0.0889，中位数为 0.9928，最小值为 -16.609，最大值为 1.1855；当采用 $Strategy_2$

作为战略惯性的代理变量时，我国 A 股上市公司战略惯性指数（Strategy$_2$）的平均值为 −0.2207，中位数为−0.1139，最小值为−5.2093，最大值为−0.0016。综上可知，我国上市公司的战略惯性指数分布不太均衡，两种战略惯性指数的平均值都小于中位数。

表 5-1 主要变量描述性统计

变 量	样本量	平均值	标准差	中位数	最小值	最大值
Lev	15450	0.4160	0.2238	0.4035	0.0490	1.6126
DS	15450	0.3307	0.1743	0.2911	0.0751	0.8783
ZL	15450	0.1645	0.3708	0.0000	0.0000	1.0000
DM	15450	0.1197	0.1676	0.0351	0.0000	0.7152
DG	15450	−0.6927	0.2662	−0.7558	−1.0000	−0.1420
Strategy$_1$	12166	0.0889	2.7723	0.9928	−16.609	1.1855
Strategy$_2$	11501	−0.2207	0.3467	−0.1139	−5.2093	−0.0016
InsideGap_dum	15450	0.6709	0.4699	1.0000	0.0000	1.0000
OutsideGap_dum	15450	0.5818	0.4933	1.0000	0.0000	1.0000
FounderCEOStyle	15450	0.1542	0.3611	0.0000	0.0000	1.0000
ListingCEOStyle	15450	0.2917	0.4545	0.0000	0.0000	1.0000
LongestCEOStyle	15450	0.6038	0.4891	1.0000	0.0000	1.0000
Logsize	15450	21.579	1.1754	21.378	18.836	25.345
Tangibility	15450	0.9460	0.0661	0.9656	0.6148	1.0000
AssetGrowth	13817	0.2126	0.4008	0.1149	−0.4404	2.8126
CapExp	15450	0.0668	0.0591	0.0503	0.0000	0.2730
IndLev	15450	0.4405	0.0938	0.4136	0.2235	0.7081
TobinQ	15101	2.7178	1.9063	2.1072	0.9053	12.261
Profitability	15450	0.0588	0.0614	0.0573	−0.2969	0.2546

对于上市公司的盈利压力来说，内部盈利压力和外部盈利压力都是虚拟变量，因而最大值都为 1，最小值都为 0。而内部盈利压力（InsideGap_dum）的均值为 0.6709，表明有 67.09%的样本观测值存在内部盈利压力；外部盈利压力（OutsideGap_dum）的均值为 0.5818，表明有 58.18%的样本观测值存在外部盈利压力。总体上来说，不管是与公司的历史业绩期望相比，还是与分析师的盈余预测值相比，我国上市公司普遍存在一定的盈利压力，58.18%以上的样本观测值存在内部或外部的盈利压力。

对于管理层风格来说，创始 CEO 管理风格（FounderCEOStyle）、上市 CEO 管理风格（ListingCEOStyle）和任期最长 CEO 管理风格（LongestCEOStyle）三个变量都是虚拟变量，因而最大值都为 1，最小值都为 0。创始 CEO 管理风格的均值为 0.1542，说明约有 15.42%的样本观测值受到创始 CEO 管理风格的影响；上市时 CEO 管理风格的均值为 0.2917，说明约有 29.17%的样本观测值受到了上市时非创始 CEO 管理风格的影响；任期最长 CEO 管理风格的均值为 0.6038,说明约有 60.38%的样本观测值受到了任期最长 CEO 的管理风格影响。综上可知，创始 CEO 管理风格、上市 CEO 管理风格和任期最长 CEO 管理风格的变量特征存在显著差异。

债务政策变量和控制变量的描述性统计分析详见表 4-4，不再赘述。

2．相关性分析

表 5-2 列示了债务政策与公司主动选择因素各变量之间的 Pearson 相关系数矩阵。由该表可以看出，战略惯性指数的两个代理变量（$Strategy_1$ 和 $Strategy_2$）之间的相关系数为 0.565，这两个变量的高相关性主要源于都是基于相同的五个战略维度指标来计算战略惯性指数，只是计算过程有所不同。由于债务政策的五个维度之间存在显著的差异，因而战略惯性指数、盈利压力和管理层风格各指标与债务政策五个维度之间的相关关系并不完全统一。然而，可以发现，除了任期最长 CEO 管理风格变量外，分别针对某一种债务政策来说，战略惯性指数、盈利压力和管理风格各变量均与资本结构政策、债务期限结构政策以及债务期限分散度政策变量显著负相关，与零杠杆政策显著正相关（除 $Strategy_1$ 外），与债务类型结构政策显著正相关（除 $Strategy_1$ 和 $Strategy_2$ 外）。而任期最长 CEO 管理风格变量与债务政策五个维度的相关性符号均与其他变量相反。

5.3.2　战略惯性与债务政策持续性的实证结果

表 5-3 列示了当 $Strategy_1$ 作为战略惯性的代理变量时，战略惯性与债务政策持续性的回归结果。以零杠杆政策为例，回归（3）中上市初期零杠杆政策的系数为 1.613，且在 1%的统计水平上显著为正，表明即使加入了战略惯性指数，上市初期零杠杆政策对未来期间零杠杆政策的影响仍然具有持续性。而上市初期零杠杆政策与战略惯性指数的交互项（$InitialZL \times Strategy_1$）的回归系数为 0.130，且在 1%的显著性水平上统计显著，该实证结果表明，上市公司的战略惯性会增加上市初期零杠杆政策的持续性。类似地，分别采用资本结构政策、债务类型结构政策、债务期限结构政策和债务期限分散度政策四个维度下的债务政策作为因变量时，实证结果表明，上市初期资本结构政策（InitialLev）、上市初期债务类型结构政策（InitialDS）、上市初期债务期限结构政策（InitialDM）以及

表 5-2　Pearson 相关系数矩阵

变　量	Lev	DS	ZL	DM	DG	Strategy₁	Strategy₂	Inside-Gap_dum	Outside-Gap_dum	Founder-CEOStyle	Listing-CEOStyle	Longest-CEOStyle
Lev	1											
DS	-0.088***	1										
ZL	-0.427***	0.371***	1									
DM	0.277***	-0.159***	-0.247***	1								
DG	0.194***	-0.292***	-0.195***	0.805***	1							
Strategy₁	-0.181***	0.00900	-0.00900	-0.072***	-0.051***	1						
Strategy₂	-0.127***	0.0120	0.034**	-0.127***	-0.119***	0.565***	1					
InsideGap_dum	-0.151***	0.070***	0.060***	-0.025***	-0.017*	0.072***	0.019**	1				
OutsideGap_dum	-0.053***	0.102***	0.087***	-0.080***	-0.088***	-0.081***	-0.111***	0.111***	1			
FounderCEOStyle	-0.222***	0.122***	0.149***	-0.155***	-0.121***	0.078***	0.057***	0.088***	0.102***	1		
ListingCEOStyle	-0.177***	0.037***	0.056***	-0.063***	-0.065***	0.122***	0.071***	0.137***	0.081***	-0.274***	1	
LongestCEOStyle	0.033***	-0.032***	-0.027*	0.047***	0.057***	0.060***	0.044***	-0.059***	-0.066***	-0.527***	0.255***	1

注：*、**、***分别表示在 10%、5%、1%的水平下显著。

上市初期债务期限分散度政策（InitialDG）四个变量的系数都在 1%的置信水平上显著为正，验证了上市初期债务政策对未来期间债务政策的正向预测作用。而 Strategy$_1$×InitialLev、Strategy$_1$×InitialDS、Strategy$_1$×InitialDM 和 Strategy$_1$×InitialDG 四个交互项的系数也全部显著为正，表明当 Strategy$_1$ 作为战略惯性的代理变量时，上市公司的战略惯性会增加债务政策的持续性，验证了假设 5。

表 5-3　战略惯性（Strategy$_1$）与债务政策持续性的回归结果

变　　量	Lev	DS	ZL	DM	DG
	(1)	(2)	(3)	(4)	(5)
InitialLev	0.593***				
	(51.44)				
Strategy$_1$×InitialLev	0.00683*				
	(1.911)				
InitialDS		0.309***			
		(37.60)			
Strategy$_1$×InitialDS		0.0224***			
		(6.816)			
InitialZL			1.613***		
			(23.38)		
InitialZL×Strategy$_1$			0.130***		
			(3.780)		
InitialDM				0.182***	
				(21.23)	
Strategy$_1$×InitialDM				0.0140***	
				(4.968)	
InitialDG					0.210***
					(23.65)
Strategy$_1$×InitialDG					0.0206***
					(6.712)
Strategy$_1$	−0.00968***	−0.00776***	−0.0582***	−0.00554***	0.00993***
	(−7.395)	(−6.334)	(−4.180)	(−8.595)	(4.203)
L.Logsize	0.0458***	−0.0205***	−0.690***	0.0397***	0.0591***
	(25.97)	(−13.04)	(−15.62)	(27.77)	(24.94)

（续）

变 量	Lev	DS	ZL	DM	DG
	(1)	(2)	(3)	(4)	(5)
L.Tangibility	−0.0839***	0.285***	5.095***	−0.0876***	−0.185***
	(−3.122)	(11.17)	(8.089)	(−3.853)	(−4.912)
L.AssetGrowth	0.0311***	0.00929**	−0.256***	0.00678*	0.00807
	(7.253)	(2.285)	(−2.790)	(1.874)	(1.343)
L.CapExp	0.0571**	−0.0476*	−5.164***	0.567***	0.848***
	(2.038)	(−1.796)	(−7.761)	(23.89)	(21.48)
L.IndLev	0.265***	−0.0380	−1.741**	0.0560*	−0.130**
	(7.240)	(−1.098)	(−2.230)	(1.817)	(−2.536)
L.TobinQ	0.00574***	−0.00189	0.137***	−0.00710***	−0.00497***
	(4.460)	(−1.549)	(6.235)	(−6.550)	(−2.762)
L.Profitability	−1.019***	−0.0840***	4.570***	−0.0533**	−0.0473
	(−36.15)	(−3.171)	(7.792)	(−2.255)	(−1.206)
Constant	−0.724***	0.392***	7.144***	−0.738***	−1.597***
	(−14.98)	(8.738)	(6.015)	(−18.37)	(−23.53)
Year	控制	控制	控制	控制	控制
Industry	控制	控制	控制	控制	控制
Observations	10844	10844	10844	10844	10844
F-test/LR chi2	257.68***	66.77***	2154.91***	162.21***	114.67***
Adj.R-squared/ Pseudo R2	0.4925	0.1992	0.2473	0.3787	0.3006

注：1. 回归（3）采用 Logit 回归，其他回归均采用 OLS 回归。

2. L.Logsize 表示 $Logsize_{t-1}$，其他变量的定义与此相同。

3. 括号内为 T 值，*、**、***分别表示在 10%、5%、1%的水平下显著。

表 5-4 列示了当 Strategy₂ 作为战略惯性的代理变量时，战略惯性与债务政策持续性的回归结果。由该表可知，分别采用资本结构政策、债务类型结构政策、零杠杆政策、债务期限结构政策和债务期限分散度政策五个维度的债务政策进行回归，无论采用何种债务政策，无论是上市初期债务政策的回归系数，还是上市初期债务政策与战略惯性（Strategy₂）的交互项系数，都在 1%的统计水平上显著为正，与表 5-3 的回归结果相一致，再次验证了假设 5。

表 5-4　战略惯性（Strategy$_2$）与债务政策持续性的回归结果

变　量	Lev	DS	ZL	DM	DG
	(1)	(2)	(3)	(4)	(5)
InitialLev	0.606***				
	(45.17)				
Strategy$_2$×InitialLev	0.0705***				
	(2.589)				
InitialDS		0.351***			
		(36.33)			
Strategy$_2$×InitialDS		0.185***			
		(7.282)			
InitialZL			1.794***		
			(21.67)		
InitialZL×Strategy$_2$			0.881***		
			(3.375)		
InitialDM				0.189***	
				(17.79)	
Strategy$_2$×InitialDM				0.0650***	
				(2.799)	
InitialDG					0.226***
					(20.70)
Strategy$_2$×InitialDG					0.0891***
					(3.510)
Strategy$_2$	−0.0613***	−0.0537***	−0.0355	−0.0488***	−0.00704
	(−5.959)	(−5.500)	(−0.306)	(−9.770)	(−0.356)
L.Logsize	0.0458***	−0.0219***	−0.708***	0.0405***	0.0600***
	(25.45)	(−13.68)	(−15.77)	(28.08)	(24.97)
L.Tangibility	−0.140***	0.295***	4.763***	−0.112***	−0.210***
	(−5.160)	(11.55)	(7.533)	(−4.972)	(−5.563)
L.AssetGrowth	0.0320***	0.00961**	−0.248***	0.00785**	0.00965
	(7.318)	(2.339)	(−2.630)	(2.163)	(1.591)
L.CapExp	0.00642	−0.0533*	−5.024***	0.553***	0.825***
	(0.221)	(−1.950)	(−7.393)	(22.82)	(20.33)
L.IndLev	0.247***	−0.0320	−1.701**	0.0454	−0.128**
	(6.370)	(−0.880)	(−2.076)	(1.414)	(−2.382)

（续）

变　量	Lev	DS	ZL	DM	DG
	(1)	(2)	(3)	(4)	(5)
L.TobinQ	0.00646***	−0.00211*	0.155***	−0.00686***	−0.00532***
	(4.931)	(−1.717)	(6.987)	(−6.312)	(−2.929)
L.Profitability	−1.012***	−0.0900***	3.912***	−0.0569**	−0.0126
	(−34.69)	(−3.304)	(6.444)	(−2.361)	(−0.313)
Constant	−0.680***	0.401***	7.883***	−0.742***	−1.609***
	(−13.76)	(8.811)	(6.527)	(−18.43)	(−23.35)
Year	控制	控制	控制	控制	控制
Industry	控制	控制	控制	控制	控制
Observations	10314	10314	10314	10314	10314
F-test/LR chi2	248.66***	67.81***	2074.65***	163.95***	114.10***
Adj.R-squared/ Pseudo R2	0.4900	0.2058	0.2471	0.3873	0.3049

注：1. 回归（3）采用 Logit 回归，其他回归均采用 OLS 回归。

2. L.Logsize 表示 Logsize$_{t-1}$，其他变量的定义与此相同。

3. 括号内为 T 值，*、**、***分别表示在 10%、5%、1%的水平下显著。

综上可知，无论采用 Strategy$_1$ 还是 Strategy$_2$ 作为战略惯性的代理变量，上市公司的战略惯性都会增强债务政策持续性。也就是说，战略惯性与上市公司债务政策持续性为显著的正相关关系，战略惯性越大，债务政策持续性越强。战略惯性是影响上市公司债务政策持续性的一个重要影响因素，有助于各利益相关者更深层地理解债务政策持续性的存在，对于管理层改变和调整现有债务政策具有重要的启示意义。

5.3.3　盈利压力与债务政策持续性的实证结果

表 5-5 报告了内部盈利压力与债务政策持续性的回归结果。在回归（1）～回归（5）中，上市初期资本结构政策（InitialLev）、上市初期债务类型结构政策（InitialDS）、上市初期零杠杆政策（InitialZL）、上市初期债务期限结构政策（InitialDM）以及上市初期债务期限分散度政策（InitialDG）五个变量的回归系数都在 1%的置信水平上显著为正，表明上市初期债务政策对未来期间债务政策具有持续性的影响。进一步考虑五种上市初期债务政策与内部盈利压力（InsideGap_dum）的交互项后发现，除了回归（4）中交互项的系数为正但不显著外，其他交互项的回归系数均在 5%的置信水平上显著为正，表明上市公司内部盈利压力的存在有助于增加债务政策持续性的影响，验证了假设 6。

表 5-5　内部盈利压力与债务政策持续性的回归结果

变　量	Lev	DS	ZL	DM	DG
	(1)	(2)	(3)	(4)	(5)
InitialLev	0.543***				
	(34.45)				
InsideGap_dum×InitialLev	0.0844***				
	(4.489)				
InitialDS		0.280***			
		(23.06)			
InsideGap_dum×InitialDS		0.0670***			
		(4.346)			
InitialZL			1.263***		
			(12.41)		
InsideGap_dum×InitialZL			0.647***		
			(4.987)		
InitialDM				0.193***	
				(16.00)	
InsideGap_dum×InitialDM				0.0122	
				(0.815)	
InitialDG					0.200***
					(15.60)
InsideGap_dum×InitialDG					0.0372**
					(2.327)
InsideGap_dum	−0.0364***	−0.0104*	−0.246***	−0.000315	0.0328***
	(−5.494)	(−1.761)	(−2.977)	(−0.0997)	(2.616)
L.Logsize	0.0442***	−0.0192***	−0.695***	0.0393***	0.0594***
	(26.15)	(−12.65)	(−16.17)	(28.25)	(25.90)
L.Tangibility	−0.139***	0.277***	4.955***	−0.108***	−0.193***
	(−5.443)	(11.35)	(7.977)	(−4.947)	(−5.331)
L.AssetGrowth	0.0358***	0.0105***	−0.297***	0.00984***	0.0108*
	(8.833)	(2.724)	(−3.249)	(2.838)	(1.893)
L.CapExp	0.0401	−0.0423*	−5.316***	0.525***	0.778***
	(1.530)	(−1.697)	(−8.340)	(23.37)	(20.96)
L.IndLev	0.270***	−0.0519	−2.164***	0.0665**	−0.106**
	(7.981)	(−1.614)	(−2.965)	(2.304)	(−2.234)

（续）

变　量	Lev	DS	ZL	DM	DG
	(1)	(2)	(3)	(4)	(5)
L.TobinQ	0.00646***	−0.00133	0.156***	−0.00586***	−0.00372**
	(5.314)	(−1.150)	(7.443)	(−5.653)	(−2.172)
L.Profitability	−1.081***	−0.0940***	4.571***	−0.0992***	−0.111***
	(−41.24)	(−3.804)	(8.221)	(−4.464)	(−3.015)
Constant	−0.615***	0.376***	7.655***	−0.712***	−1.610***
	(−13.34)	(8.789)	(6.616)	(−18.50)	(−24.78)
Year	控制	控制	控制	控制	控制
Industry	控制	控制	控制	控制	控制
Observations	11747	11747	11747	11747	11747
F-test/LR chi2	259.90***	67.79***	2302.68***	166.17***	118.24***
Adj.R-squared/Pseudo R2	0.4866	0.1965	0.2481	0.3768	0.3003

注：1. 回归（3）采用 Logit 回归，其他回归均采用 OLS 回归。

2. L.Logsize 表示 $Logsize_{t-1}$，其他变量的定义与此相同。

3. 括号内为 T 值，*、**、***分别表示在 10%、5%、1%的水平下显著。

表 5-6 列示了外部盈利压力与债务政策持续性的回归结果。由该表可以看出，采用债务政策五个维度中的任意一种，上市初期债务政策的回归系数都显著为正，与内部盈利压力的回归结果相一致，支持了债务政策具有持续性的研究结论。此外，上市初期债务政策与外部盈利压力的交互项 OutsideGap_dum×InitialLev、OutsideGap_dum×InitialD、OutsideGap_dum×InitialZL、OutsideGap_dum×InitialDM 和 OutsideGap_dum×InitialDG 的回归系数也全部显著为正，表明随着上市公司外部盈利压力的增加，债务政策的持续性会逐渐增强。

表 5-6　外部盈利压力与债务政策持续性的回归结果

变　量	Lev	DS	ZL	DM	DG
	(1)	(2)	(3)	(4)	(5)
InitialLev	0.530***				
	(36.21)				
OutsideGap_dum×InitialLev	0.123***				
	(6.653)				

（续）

变　量	Lev	DS	ZL	DM	DG
	(1)	(2)	(3)	(4)	(5)
InitialDS		0.305***			
		(27.66)			
OutsideGap_dum×InitialDS		0.0291*			
		(1.917)			
InitialZL			1.546***		
			(16.91)		
OutsideGap_dum×InitialZL			0.212*		
			(1.657)		
InitialDM				0.167***	
				(15.06)	
OutsideGap_dum×InitialDM				0.0676***	
				(4.562)	
InitialDG					0.198***
					(17.18)
OutsideGap_dum×InitialDG					0.0490***
					(3.115)
OutsideGap_dum	−0.0329***	−0.00640	0.0730	−0.0116***	0.0272**
	(−5.059)	(−1.081)	(0.870)	(−3.705)	(2.201)
L.Logsize	0.0453***	−0.0193***	−0.699***	0.0395***	0.0595***
	(26.75)	(−12.72)	(−16.28)	(28.41)	(25.93)
L.Tangibility	−0.140***	0.279***	4.797***	−0.108***	−0.190***
	(−5.483)	(11.44)	(7.735)	(−4.957)	(−5.262)
L.AssetGrowth	0.0356***	0.0106***	−0.314***	0.0103***	0.0118**
	(8.758)	(2.733)	(−3.417)	(2.973)	(2.054)
L.CapExp	0.0326	−0.0372	−5.307***	0.525***	0.783***
	(1.245)	(−1.492)	(−8.360)	(23.43)	(21.13)
L.IndLev	0.272***	−0.0480	−2.267***	0.0713**	−0.0992**
	(8.040)	(−1.491)	(−3.100)	(2.472)	(−2.085)
L.TobinQ	0.00663***	−0.00189	0.149***	−0.00563***	−0.00336*
	(5.435)	(−1.623)	(7.067)	(−5.406)	(−1.950)
L.Profitability	−1.076***	−0.0809***	4.641***	−0.104***	−0.121***
	(−40.49)	(−3.221)	(8.260)	(−4.632)	(−3.245)

（续）

变　　量	Lev	DS	ZL	DM	DG
	(1)	(2)	(3)	(4)	(5)
Constant	−0.644***	0.373***	7.774***	−0.715***	−1.612***
	(−14.03)	(8.701)	(6.715)	(−18.58)	(−24.73)
Year	控制	控制	控制	控制	控制
Industry	控制	控制	控制	控制	控制
Observations	11747	11747	11747	11747	11747
F-test/LR chi2	260.64***	66.90***	2286.59***	166.99***	118.47***
Adj.R-squared/Pseudo R2	0.4873	0.1944	0.2464	0.3780	0.3007

注：1. 回归（3）采用 Logit 回归，其他回归均采用 OLS 回归。

2. L.Logsize 表示 $Logsize_{t-1}$，其他变量的定义与此相同。

3. 括号内为 T 值，*、**、***分别表示在 10%、5%、1%的水平下显著。

总之，无论是内部盈利压力还是外部盈利压力，实证结果都支持了上市公司的盈利压力会增加债务政策的持续性这一观点。因此，盈利压力越大，上市公司债务政策的持续性越强。该研究结论不仅有助于解释债务政策的持续性现象，而且挖掘出了盈利压力因素在解释上市公司债务政策持续性方面所具有的重要学术价值。

5.3.4　CEO 管理风格与债务政策持续性的实证结果

表 5-7 列示了创始 CEO 管理风格与债务政策持续性的回归结果。如表所示，上市初期债务政策变量回归系数的方向以及显著性并未因创始 CEO 管理风格变量的加入而变化，仍然全部显著为正。在回归（1）中，创始 CEO 管理风格与上市初期资本结构政策交互项的系数为 0.141，且在 1%的水平上显著为正，说明创始 CEO 的管理风格会增加上市初期资本结构政策的持续性；在回归（2）中，创始 CEO 管理风格与上市初期债务类型结构政策交互项的回归系数为 0.0611，且显著为正，表明随着创始 CEO 管理风格的影响，上市初期债务类型结构政策的持续性会逐渐增加；类似地，在回归（3）~回归（5）中，创始 CEO 管理风格与上市初期零杠杆政策、上市初期债务期限结构政策以及上市初期债务期限分散度政策的交互项均在 1%的统计水平上显著为正，表明上市公司创始 CEO 管理风格与债务政策持续性具有正相关关系，验证了假设 7。

虽然本研究已经验证了创始 CEO 管理风格对债务政策持续性的影响作用，然而，是否只有创始 CEO 的管理风格才会产生影响？非创始 CEO 的管理风格会影响债务政策的持续性吗? 为了解开以上种种疑团, 本研究基于上市时非创始 CEO 的管理风格和任期最长 CEO 的管理风格两种视角, 更深入地探讨了非创始 CEO 管理风格对债务政策持续性的影响, 相关回归结果如表 5-8 和表 5-9 所示。

表 5-7 创始 CEO 管理风格与债务政策持续性的回归结果

变 量	Lev	DS	ZL	DM	DG
	(1)	(2)	(3)	(4)	(5)
InitialLev	0.572*** (49.08)				
FounderCEOStyle×InitialLev	0.141*** (4.908)				
InitialDS		0.308*** (35.15)			
FounderCEOStyle×InitialDS		0.0611*** (2.941)			
InitialZL			1.557*** (21.27)		
FounderCEOStyle×InitialZL			0.487*** (2.864)		
InitialDM				0.191*** (22.46)	
FounderCEOStyle×InitialDM				0.120*** (3.619)	
InitialDG					0.201*** (22.50)
FounderCEOStyle×InitialDG					0.179*** (6.514)
FounderCEOStyle	−0.0597*** (−7.038)	−0.0171* (−1.749)	−0.227* (−1.746)	−0.0216*** (−4.883)	0.112*** (4.793)
L.Logsize	0.0438*** (25.75)	−0.0191*** (−12.46)	−0.696*** (−16.10)	0.0387*** (27.65)	0.0585*** (25.35)
L.Tangibility	−0.142*** (−5.557)	0.279*** (11.45)	4.922*** (7.919)	−0.109*** (−4.983)	−0.198*** (−5.494)
L.AssetGrowth	0.0357*** (8.801)	0.0110*** (2.831)	−0.278*** (−3.066)	0.0104*** (3.011)	0.0119** (2.089)

（续）

变　　量	Lev	DS	ZL	DM	DG
	(1)	(2)	(3)	(4)	(5)
L.CapExp	0.0435*	−0.0387	−5.265***	0.529***	0.793***
	(1.658)	(−1.548)	(−8.241)	(23.48)	(21.33)
L.IndLev	0.256***	−0.0471	−2.224***	0.0632**	−0.111**
	(7.576)	(−1.464)	(−3.054)	(2.191)	(−2.329)
L.TobinQ	0.00707***	−0.00171	0.153***	−0.00588***	−0.00384**
	(5.842)	(−1.484)	(7.297)	(−5.683)	(−2.253)
L.Profitability	−1.087***	−0.0864***	4.508***	−0.0979***	−0.106***
	(−41.65)	(−3.506)	(8.137)	(−4.422)	(−2.907)
Constant	−0.613***	0.368***	7.629***	−0.697***	−1.579***
	(−13.28)	(8.537)	(6.574)	(−18.03)	(−24.33)
Year	控制	控制	控制	控制	控制
Industry	控制	控制	控制	控制	控制
Observations	11747	11747	11747	11747	11747
F-test/LR chi2	260.88***	67.10***	2286.31***	167.15***	120.28***
Adj.R-squared/Pseudo R2	0.4875	0.1948	0.2464	0.3782	0.3039

注：1. 回归（3）采用 Logit 回归，其他回归均采用 OLS 回归。

2. L.Logsize 表示 $Logsize_{t-1}$，其他变量的定义与此相同。

3. 括号内为 T 值，*、**、***分别表示在 10%、5%、1%的水平下显著。

表 5-8 列示了上市 CEO 管理风格与债务政策持续性的回归结果。由该表可知，当采用上市 CEO 的管理风格时，回归（3）中零杠杆政策与上市初期债务政策的交互项系数为 0.0258 但不显著，回归（4）中债务期限结构政策与上市初期债务政策的交互项系数为 0.0285 但不显著。除此之外，对于资本结构政策、债务类型结构政策和债务期限分散度政策三个维度下的债务政策来说，无论采用何种债务政策，无论是上市初期债务政策的回归系数，还是上市初期债务政策与上市 CEO 管理风格（ListingCEOStyle）的交互项系数，都在 1%的统计水平上显著为正。总体上，该回归结果支持了上市 CEO 管理风格会增强债务政策的持续性这一观点，但主要体现在资本结构政策、债务期限结构政策和债务期限分散度政策三个维度上。虽然上市时非创始 CEO 管理风格对债务政策的持续性也具有影响，但影响程度明显低于创始 CEO 管理风格。

表 5-8　上市 CEO 管理风格与债务政策持续性的回归结果

变　　量	Lev	DS	ZL	DM	DG
	(1)	(2)	(3)	(4)	(5)
InitialLev	0.580***				
	(47.94)				
ListingCEOStyle×InitialLev	0.0585***				
	(2.711)				
InitialDS		0.300***			
		(33.64)			
ListingCEOStyle×InitialDS		0.0893***			
		(4.952)			
InitialZL			1.641***		
			(21.76)		
ListingCEOStyle×InitialZL			0.0258		
			(0.176)		
InitialDM				0.196***	
				(21.67)	
ListingCEOStyle×InitialDM				0.0285	
				(1.514)	
InitialDG					0.208***
					(22.11)
ListingCEOStyle×InitialDG					0.0759***
					(3.868)
ListingCEOStyle	−0.0493***	−0.0291***	0.190*	−0.0206***	0.0341**
	(−6.591)	(−4.009)	(1.933)	(−5.418)	(2.230)
L.Logsize	0.0439***	−0.0195***	−0.695***	0.0390***	0.0592***
	(25.97)	(−12.81)	(−16.18)	(27.98)	(25.79)
L.Tangibility	−0.140***	0.280***	4.905***	−0.106***	−0.193***
	(−5.483)	(11.50)	(7.896)	(−4.858)	(−5.343)
L.AssetGrowth	0.0359***	0.0109***	−0.291***	0.0103***	0.0116**
	(8.865)	(2.816)	(−3.200)	(2.979)	(2.026)
L.CapExp	0.0524**	−0.0311	−5.408***	0.535***	0.787***
	(2.000)	(−1.244)	(−8.476)	(23.78)	(21.18)
L.IndLev	0.260***	−0.0481	−2.246***	0.0627**	−0.105**
	(7.716)	(−1.495)	(−3.079)	(2.176)	(−2.205)

（续）

变　量	Lev	DS	ZL	DM	DG
	(1)	(2)	(3)	(4)	(5)
L.TobinQ	0.00691***	−0.00167	0.156***	−0.00588***	−0.00373**
	(5.715)	(−1.449)	(7.481)	(−5.690)	(−2.184)
L.Profitability	−1.061***	−0.0850***	4.316***	−0.0839***	−0.0893**
	(−40.43)	(−3.426)	(7.747)	(−3.766)	(−2.427)
Constant	−0.618***	0.378***	7.572***	−0.704***	−1.596***
	(−13.48)	(8.828)	(6.546)	(−18.29)	(−24.60)
Year	控制	控制	控制	控制	控制
Industry	控制	控制	控制	控制	控制
Observations	11747	11747	11747	11747	11747
F-test/LR chi2	262.17***	67.48***	2285.12***	167.35***	119.07***
Adj.R-squared/Pseudo R2	0.4888	0.1957	0.2462	0.3785	0.3018

注：1. 回归（1）采用 Logit 回归，其他回归均采用 OLS 回归。

2. L.Logsize 表示 Logsize_{t-1}，其他变量的定义与此相同。

3. 括号内为 T 值，*、**、***分别表示在 10%、5%、1%的水平下显著。

表 5-9 报告了任期最长 CEO 管理风格与债务政策持续性的回归结果。由该表可以看出，对于资本结构政策、债务类型结构政策、零杠杆政策、债务期限结构政策以及债务期限分散度政策五个维度来说，任期最长 CEO 管理风格与上市初期债务政策交互项的系数均不显著或显著为负，该实证结果与创始 CEO 管理风格的研究结果完全相反。这表明对于非创始人担任公司 CEO 来说，即使是任期最长 CEO 的管理风格也不会促进上市公司债务政策的持续性。结合表 5-8 来看，可以得出，与创始 CEO 管理风格相比，一般职业经理人 CEO 管理风格对债务政策持续性的影响途径主要是通过上市期间非创始人担任 CEO。

表 5-9　任期最长 CEO 管理风格与债务政策持续性的回归结果

变　量	Lev	DS	ZL	DM	DG
	(1)	(2)	(3)	(4)	(5)
InitialLev	0.608***				
	(36.88)				
LongestCEOStyle×InitialLev	−0.0228				
	(−1.183)				
InitialDS		0.316***			
		(25.20)			

（续）

变　量	Lev	DS	ZL	DM	DG
	(1)	(2)	(3)	(4)	(5)
LongestCEOStyle×InitialDS		0.00601			
		(0.384)			
InitialZL			1.845***		
			(17.17)		
LongestCEOStyle×InitialZL			−0.300**		
			(−2.269)		
InitialDM				0.209***	
				(15.66)	
LongestCEOStyle×InitialDM				−0.0130	
				(−0.823)	
InitialDG					0.229***
					(16.97)
LongestCEOStyle×InitialDG					−0.0119
					(−0.724)
LongestCEOStyle	−0.00784	−0.00524	0.127	0.00389	−0.00293
	(−1.171)	(−0.864)	(1.477)	(1.221)	(−0.227)
L.Logsize	0.0449***	−0.0193***	−0.699***	0.0392***	0.0593***
	(26.53)	(−12.71)	(−16.27)	(28.19)	(25.83)
L.Tangibility	−0.143***	0.280***	4.873***	−0.108***	−0.191***
	(−5.576)	(11.47)	(7.853)	(−4.932)	−5.301
L.AssetGrowth	0.0343***	0.0109***	−0.280***	0.00996***	0.0112**
	(8.442)	(2.827)	(−3.088)	(2.870)	(1.961)
L.CapExp	0.0343	−0.0359	−5.340***	0.526***	0.783***
	(1.311)	(−1.441)	(−8.396)	(23.47)	(21.11)
L.IndLev	0.270***	−0.0480	−2.234***	0.0673**	−0.103**
	(7.974)	(−1.490)	(−3.061)	(2.333)	(−2.173)
L.TobinQ	0.00672***	−0.00175	0.155***	−0.00588***	−0.00381**
	(5.547)	(−1.513)	(7.397)	(−5.680)	(−2.227)
L.Profitability	−1.078***	−0.0838***	4.435***	−0.0997***	−0.109***
	(−41.19)	(−3.390)	(7.991)	(−4.494)	(−2.982)
Constant	−0.645***	0.371***	7.611***	−0.714***	−1.587***
	(−13.99)	(8.650)	(6.584)	(−18.57)	(−24.36)

（续）

变　　量	Lev	DS	ZL	DM	DG
	(1)	(2)	(3)	(4)	(5)
Year	控制	控制	控制	控制	控制
Industry	控制	控制	控制	控制	控制
Observations	11747	11747	11747	11747	11747
F-test/LR chi2	259.61***	66.79***	2282.83***	166.19***	118.08***
Adj.R-squared/Pseudo R2	0.4863	0.1941	0.2460	0.3768	0.3000

注：1. 回归（3）采用 Logit 回归，其他回归均采用 OLS 回归。

2. L.Logsize 表示 $Logsize_{t-1}$，其他变量的定义与此相同。

3. 括号内为 T 值；*、**、***分别表示在 10%、5%、1%的水平下显著。

综上可知，创始 CEO 的管理风格可以显著地影响上市公司债务政策的持续性，因而验证了假设 7。此外，虽然上市时非创始 CEO 的管理风格也会影响债务政策持续性，但影响程度显著低于创始 CEO 的管理风格。除了上市时非创始人 CEO 外，即使是任期最长的非创始 CEO，其管理风格也不会对持续性产生显著影响。也就是说，上市公司债务政策持续性现象的产生主要是源于创始 CEO 管理风格的影响，也部分受到了上市 CEO 管理风格的影响，但不会受其他非创始人 CEO 管理风格的影响，即使是任期最长的非创始 CEO。

5.3.5　稳健性检验

1．缩小样本区间

为了避免新旧会计准则更替对研究结果可能产生的影响，将样本区间限定在 2007 年及以后。因此，样本区间由正文中的 1999—2015 年调整为 2007—2015 年，在此基础上，重复假设 5~假设 7 的检验过程（为了避免表格过多，相关的实证表格不再详细列示），研究发现，实证结果与前文保持一致，没有显著差异，前文的研究结论是稳健的。

2．对因变量采用分位数回归

为了检验研究结论的稳健性，借鉴刘银国、焦健和张琛（2015）以及夏庆杰、李实和宋丽娜等（2012）等研究，分别在 0.2、0.5 和 0.8 三个分位点处进行回归分析。表 5-10 列示了战略惯性（$Strategy_1$）与上市公司债务政策持续性的分位数回归结果。从该表可以看出，在回归（3）中，上市初期资本结构政策与战略惯性指数的交互项

表 5-10　分位数回归的实证结果（假设 5）

变　量	Lev			DS			DM			DG		
	0.2	0.5	0.8	0.2	0.5	0.8	0.2	0.5	0.8	0.2	0.5	0.8
	(1)	(2)	(3)	(4)	(5)	(6)	(7)	(8)	(9)	(10)	(11)	(12)
InitialDebtPolicy	0.628***	0.605***	0.528***	0.160***	0.286***	0.477***	0.0588***	0.211***	0.237***	0.187***	0.274***	0.184***
	(44.91)	(48.91)	(36.66)	(20.19)	(31.76)	(32.50)	(29.48)	(37.64)	(14.18)	(26.03)	(24.72)	(11.40)
InitialDebtPolicy×Strategy$_i$	0.0263***	0.00782**	-0.0172***	0.00474	0.0222***	0.0374***	0.00446***	0.0180***	0.0317***	0.00997***	0.0303***	0.0266***
	(6.295)	(2.044)	(-4.584)	(1.570)	(6.237)	(6.145)	(7.177)	(9.817)	(5.691)	(3.938)	(7.944)	(5.555)
Strategy$_i$	-0.00481***	-0.00829***	-0.0110***	0.000480	-0.00529***	-0.0151***	-2.10e-05	-0.00326***	-0.0121***	0.00804***	0.0145***	0.00946**
	(-3.236)	(-5.929)	(-7.625)	(0.432)	(-3.966)	(-6.803)	(-0.140)	(-7.774)	(-10.39)	(4.255)	(4.928)	(2.487)
Constant	-0.584***	-0.648***	-0.672***	0.370***	0.506***	0.479***	-0.208***	-0.681***	-0.865***	-1.695***	-1.786***	-1.272***
	(-9.976)	(-12.42)	(-11.42)	(8.730)	(10.22)	(6.117)	(-24.33)	(-26.02)	(-11.40)	(-30.28)	(-20.93)	(-10.95)
Control variables	控制	控制	控制	控制	控制	控制	控制	控制	控制	控制	控制	控制
Year	控制	控制	控制	控制	控制	控制	控制	控制	控制	控制	控制	控制
Industry	控制	控制	控制	控制	控制	控制	控制	控制	控制	控制	控制	控制
Observations	10844	10844	10844	10844	10844	10844	10844	10844	10844	10844	10844	10844
Pseudo R2	0.3396	0.35	0.3144	0.0763	0.0981	0.1581	0.0412	0.2368	0.2986	0.1423	0.2264	0.1602

注：1. 括号内为 T 值。

2. *、**、***分别表示在 10%、5%、1%的水平下显著。

（InitialLev×Strategy₁）在0.8分位点处的回归系数显著为负，与前文假设不一致；回归（4）中上市初期债务类型结构政策与战略惯性指数的交互项（InitialDS×Strategy₁）在0.2分位点处的回归系数虽然为正但是不显著。除此之外，在其他10个回归模型中，无论采用哪种债务政策，无论在哪个分位点处，战略惯性指数与上市初期债务政策的交互项系数均在5%的置信水平上显著为正，与前文的研究结果相一致。总体上来说，分位数回归的实证结果支持了上市公司的战略惯性会增加债务政策持续性的研究结论。

表5-11报告了外部盈利压力与债务政策持续性的分位数回归结果。由该表可知，在回归（7）中，上市初期债务期限结构政策与外部盈利压力的交互项（InitialDM×OutsideGap_dum）在0.2分位点处的回归系数显著为负，与前文假设不一致；而回归（5）、回归（6）和回归（10）中各上市初期债务政策与外部盈利压力的交互项系数都不显著。除此之外，在其他8个回归模型中，各上市初期债务政策与外部盈利压力的交互项系数都显著为正，与前文假设6的研究结果相一致。因此，表5-11中分位数回归的实证结果基本上支持了盈利压力越大，债务政策持续性越高的观点。

表5-12列示了创始CEO管理风格与债务政策持续性的分位数回归结果。从该表可以看出，只有回归（7）中上市初期债务期限结构政策与创始CEO管理风格的交互项（InitialDM×FounderCEOStyle的回归系数显著为负，未支持前文假设7，但该回归的拟合优度在所有回归中最低，只有3.67%。在回归（8）中InitialDM×FounderCEOStyle在0.5分位点处的回归系数为正但不显著。除此之外，在其他10个回归模型中，无论采用何种债务政策，无论在哪个分位点处，创始CEO管理风格与上市初期债务政策的交互项系数均显著为正，与前文的研究结果相一致。总之，该表的实证结果再次支持了假设7。

综上可知，假设5、假设6和假设7的研究结论是稳健的。

3．考虑其他债务政务影响因素，增加控制变量

为了避免遗漏变量可能造成的回归结果偏差，借鉴其他学者的研究，进一步考虑了现金流的波动性（Norden，Roosenboom和Wang，2016）、是否支付股利（Byoun，2008）和上市时间（Choi，Hackbarth和Zechner，2021）等变量对未来期间债务政策的影响。加入这些控制变量，重复检验过程，回归结果与前文基本一致（未列示），支持了前文的研究结论。

4．公司主动选择因素的综合效应分析

前文已述，公司的战略惯性、盈利压力和创始CEO管理风格都会显著地影响上市公

表 5-11　分位数回归的实证结果（假设 6）

变量	Lev			DS			DM			DG		
	0.2	0.5	0.8	0.2	0.5	0.8	0.2	0.5	0.8	0.2	0.5	0.8
	(1)	(2)	(3)	(4)	(5)	(6)	(7)	(8)	(9)	(10)	(11)	(12)
InitialDebtPolicy	0.600***	0.554***	0.443***	0.158***	0.283***	0.480***	0.0679***	0.216***	0.233***	0.192***	0.282***	0.162***
	(34.12)	(39.45)	(23.45)	(17.83)	(23.01)	(26.25)	(26.96)	(32.40)	(12.27)	(23.93)	(17.55)	(7.716)
InitialDebtPolicyx OutsideGap_dum	0.0905***	0.114***	0.119***	0.0213*	0.0171	0.0315	-0.0117***	0.0302***	0.0961***	-0.00396	0.0397*	0.0730***
	(3.971)	(6.431)	(5.384)	(1.749)	(1.008)	(1.223)	(-3.701)	(3.380)	(3.776)	(-0.369)	(1.811)	(2.606)
OutsideGap_dum	-0.0300***	-0.0379***	-0.0289***	-0.00616	0.000109	-0.00581	-0.000703	-0.00482**	-0.0166***	-0.0112	0.0195	0.0468**
	(-3.852)	(-6.072)	(-3.613)	(-1.304)	(0.0165)	(-0.584)	(-1.037)	(-2.544)	(-3.071)	(-1.330)	(1.132)	(2.127)
Constant	-0.605***	-0.609***	-0.566***	0.369***	0.443***	0.490***	-0.220***	-0.654***	-0.738***	-1.737***	-1.769***	-1.191***
	(-10.67)	(-13.17)	(-8.975)	(10.58)	(8.792)	(6.637)	(-25.03)	(-26.70)	(-10.55)	(-35.40)	(-18.51)	(-9.789)
Control variables	控制	控制	控制	控制	控制	控制	控制	控制	控制	控制	控制	控制
Year	控制	控制	控制	控制	控制	控制	控制	控制	控制	控制	控制	控制
Industry	控制	控制	控制	控制	控制	控制	控制	控制	控制	控制	控制	控制
Observations	11747	11747	11747	11747	11747	11747	11747	11747	11747	11747	11747	11747
Pseudo R2	0.3401	0.3491	0.3058	0.0757	0.0959	0.1533	0.0367	0.2345	0.2973	0.1363	0.2244	0.1607

注：1. 括号内为 T 值。

2. *、**、***分别表示在 10%、5%、1%的水平下显著。

表 5-12　分位数回归的实证结果（假设 7）

变　量	Lev			DS			DM			DG		
	0.2	0.5	0.8	0.2	0.5	0.8	0.2	0.5	0.8	0.2	0.5	0.8
	(1)	(2)	(3)	(4)	(5)	(6)	(7)	(8)	(9)	(10)	(11)	(12)
InitialDebtPolicy	0.637***	0.589***	0.469***	0.154***	0.269***	0.491***	0.0652***	0.228***	0.251***	0.185***	0.277***	0.161***
	(44.60)	(53.62)	(27.81)	(19.80)	(30.41)	(32.24)	(31.92)	(48.18)	(17.97)	(30.40)	(24.75)	(10.06)
InitialDebtPolicy× FounderCEOStyle	0.108***	0.147***	0.204***	0.0759***	0.140***	0.0632*	-0.0200***	0.0109	0.263***	0.0395**	0.191***	0.313***
	(3.073)	(5.422)	(5.466)	(4.099)	(6.666)	(1.829)	(-3.049)	(0.604)	(4.913)	(2.245)	(5.553)	(6.878)
FounderCEOStyle	-0.0265***	-0.0490***	-0.0926***	-0.0124	-0.0354***	-0.0276*	0.00142	-0.00697***	-0.0397***	0.0302**	0.128***	0.169***
	(-2.596)	(-6.129)	(-8.280)	(-1.425)	(-3.582)	(-1.711)	(1.497)	(-2.840)	(-5.601)	(2.005)	(4.366)	(4.362)
Constant	-0.598***	-0.604***	-0.510***	0.360***	0.457***	0.511***	-0.223***	-0.657***	-0.711***	-1.762***	-1.752***	-1.167***
	(-10.33)	(-13.27)	(-7.550)	(9.199)	(9.962)	(6.764)	(-25.23)	(-29.00)	(-10.85)	(-38.02)	(-20.57)	(-10.13)
Control variables	控制	控制	控制	控制	控制	控制	控制	控制	控制	控制	控制	控制
Year	控制	控制	控制	控制	控制	控制	控制	控制	控制	控制	控制	控制
Industry	控制	控制	控制	控制	控制	控制	控制	控制	控制	控制	控制	控制
Observations	11747	11747	11747	11747	11747	11747	11747	11747	11747	11747	11747	11747
Pseudo R2	0.3397	0.3490	0.3078	0.0769	0.0974	0.1535	0.0367	0.2346	0.2988	0.1362	0.2266	0.1669

注：1. 括号内为 T 值。

2. *、**、***分别表示在 10%、5%、1%的水平下显著。

司的债务政策持续性。然而，不同因素之间的综合效应如何体现？不同因素之间是否存在替代效应？为了解决这些问题，本研究同时考虑了战略惯性、盈利压力和创始 CEO 管理风格三个公司主动选择因素对上市公司债务政策持续性的综合影响。同时考虑三种公司主动选择因素不仅可以避免不同因素之间可能存在的替代效应，而且可以分析公司主动选择因素的综合效应。

表 5-13 列示了公司主动选择因素综合效应的实证结果。由该表可知，在回归（1）中，当采用资本结构政策进行回归时，战略惯性与上市初期资本结构政策的交互项系数（Strategy$_1$×InitialDebtPolicy）、盈利压力与上市初期资本结构政策的交互项系数（OutsideGap_dum×InitialDebtPolicy）、创始 CEO 管理风格与上市初期资本结构政策的交互项系数（FounderCEOStyle×InitialDebtPolicy）都在 5%或 1%的统计水平上显著为正。总体上，公司主动选择因素综合效应的实证结果与前文各因素的实证结果相一致。在回归（2）～回归（5）中，除了回归（3）中盈利压力和创始 CEO 管理风格与上市初期零杠杆政策的交互项系数与前文不一致外，其他各公司主动选择因素与上市初期债务政策的交互项系数均显著为正。因此，公司主动选择因素综合效应的实证结果基本与前文保持一致，再次支持了前文的研究结论，公司的战略惯性、盈利压力和创始 CEO 管理风格都是影响上市公司债务政策具有持续性的主动选择因素。

表 5-13　公司主动选择因素综合效应的实证结果

变　量	Lev	DS	ZL	DM	DG
	(1)	(2)	(3)	(4)	(5)
InitialDebtPolicy	0.504***	0.278***	2.052***	0.145***	0.163***
	(32.39)	(23.33)	(12.26)	(12.50)	(13.39)
Strategy$_1$× InitialDebtPolicy	0.00742**	0.0218***	0.134***	0.0141***	0.0203***
	(2.074)	(6.586)	(3.865)	(5.001)	(6.629)
OutsideGap_dum× InitialDebtPolicy	0.132***	0.0396**	−0.216	0.0583***	0.0520***
	(6.835)	(2.515)	(−1.628)	(3.760)	(3.168)
FounderCEOStyle× InitialDebtPolicy	0.140***	0.0529**	−0.418**	0.104***	0.171***
	(4.776)	(2.503)	(−2.428)	(3.087)	(6.143)
Strategy$_1$	−0.00977***	−0.00762***	−0.0563***	−0.00552***	0.00997***
	(−7.460)	(−6.189)	(−4.023)	(−8.542)	(4.220)
OutsideGap_dum	−0.0363***	−0.0101*	0.0895	−0.0117***	0.0275**
	(−5.383)	(−1.646)	(1.028)	(−3.608)	(2.140)

（续）

变　量	Lev	DS	ZL	DM	DG
	(1)	(2)	(3)	(4)	(5)
FounderCEOStyle	−0.0556***	−0.0150	−0.187	−0.0199***	0.106***
	(−6.454)	(−1.513)	(−1.428)	(−4.466)	(4.489)
L.Logsize	0.0459***	−0.0203***	−0.688***	0.0393***	0.0583***
	(25.87)	(−12.75)	(−15.43)	(27.26)	(24.41)
L.Tangibility	−0.0795***	0.283***	5.004***	−0.0885***	−0.192***
	(−2.968)	(11.13)	(7.926)	(−3.901)	(−5.088)
L.AssetGrowth	0.0323***	0.00852**	−0.291***	0.00795**	0.0102*
	(7.517)	(2.090)	(−3.113)	(2.194)	(1.690)
L.CapExp	0.0639**	−0.0515*	−5.154***	0.571***	0.862***
	(2.280)	(−1.932)	(−7.683)	(23.93)	(21.77)
L.IndLev	0.256***	−0.0368	−1.695**	0.0555*	−0.134***
	(7.022)	(−1.063)	(−2.164)	(1.802)	(−2.618)
L.TobinQ	0.00586***	−0.00207*	0.129***	−0.00676***	−0.00431**
	(4.536)	(−1.687)	(5.814)	(−6.207)	(−2.385)
L.Profitability	−1.011***	−0.0794***	4.756***	−0.0608**	−0.0670*
	(−35.44)	(−2.952)	(8.023)	(−2.535)	(−1.686)
Constant	−0.701***	0.395***	7.190***	−0.722***	−1.603***
	(−14.47)	(8.739)	(6.005)	(−17.86)	(−23.35)
Year	控制	控制	控制	控制	控制
Industry	控制	控制	控制	控制	控制
Observations	10844	10844	10844	10844	10844
F-test/LR chi2	238.79***	61.28***	2171.79***	149.24***	106.98***
Adj.R-squared/ Pseudo R2	0.4967	0.2001	0.2493	0.3809	0.3055

注：1. 回归（3）采用 Logit 回归，其他回归均采用 OLS 回归。

2. L.Logsize 表示 $Logsize_{t-1}$，其他变量的定义与此相同。

3. 括号内为 T 值，*、**、***分别表示在 10%、5%、1%的水平下显著。

5.4　本章小结

本章将着眼点放在上市公司主动选择动机上，以此为基础来深入探究上市公司债务政策持续性的可能影响因素。经过大量的文献阅读和分析，着重分析上市公司的战略惯性、盈利压力和创始 CEO 管理风格三个公司主动选择因素对五个维度下债务政策持续性的具体影响。本章涉及的三个研究假设均得到了验证，相关研究假设的具体验证结果如表 5-14 所示。

表 5-14　本章研究假设、验证结果汇总表

研究假设	假 设 内 容	验证结果
债务政策持续性的公司主动选择因素		
假设 5	战略惯性会增加债务政策持续性，即战略惯性是债务政策持续性的主动选择因素之一	得到验证
假设 6	盈利压力会增加债务政策持续性，即盈利压力是债务政策持续性的主动选择因素之一	得到验证
假设 7	创始 CEO 管理风格会增加债务政策持续性，即创始 CEO 管理风格是债务政策持续性的主动选择因素之一	得到验证

　　本章的研究结果表明，上市公司债务政策持续性，与上市公司主动选择因素的影响密切相关，具体包括公司面临的战略惯性、内部或外部盈利压力以及创始 CEO（或上市 CEO）管理风格这三个方面。本章最后分别采用将样本区间缩小至 2007 年及以后、对因变量采用分位数回归、考虑其他债务政策的影响因素以及公司主动选择因素的综合效应分析四种方式进行了稳健性检验，研究结果都支持了本文的研究假设，验证了研究结论的稳健性。

第 6 章

债务政策持续性的被动接受因素研究

6.1 债务政策持续性的被动接受因素

被动接受所导致的债务政策持续性实属公司的无奈之举，更多受制于企业自身的融资约束和客观的外部融资环境情况。已有研究表明，公司的融资活动不仅会受其融资约束的影响（Paravisini，2008），而且会受内外部环境的影响（段云和国瑶，2012）。那么，债务政策持续性是否是源于公司的融资约束或外部环境的稳定性？本研究分别从融资约束和宏微观环境来探究导致上市初期债务政策具有持续性的原因。

6.1.1 融资约束与债务政策持续性

被动接受所导致的债务政策持续性实属无奈之举，更多受制于客观的融资环境和企业自身的融资约束情况。已有文献表明，上市公司的债务政策选择并非全部出于主动选择，由于筹资能力受限，可能会被迫接受某一债务政策，如零杠杆政策（Devos et al.，2012；黄珍、李婉丽和高伟伟，2016）。而融资约束假设认为，由于市场摩擦导致外部债务融资和内部融资成本差异较大，公司可能会被迫选择低债务融资。Devos 等（2012）直接研究了融资约束是否是公司选择零杠杆政策的动机之一，研究发现上市公司选择零杠杆政策并不是由于公司不需要债务融资，而是公司出于融资约束的被迫选择。不仅如此，融资约束也会直接影响公司的研发投资、对外投资以及债务决策等方面（Paravisini，2008；喻坤等，2014；刘胜强等，2015；Devos et al.，2012）。Korajczyk 和 Levy (2003)研究指出，公司的融资约束会直接影响公司的目标资本结构及其对宏观经济环境的反应。进一步，相关研究也指出，无融资约束公司面临更低的债务调整成本，会更频繁地调整他们的债务政策，而融资约束公司面临的债务调整成本更高（Hanousek 和 Shamshur，2011）。因此，当公司受到融资约束限制时，其获取外部融资的能力和规模会受到限制，不得不被动接受现有的债务政策，更少对现有债务政策进行调整，从而更可能导致债务政策的持续性。

因此，提出如下研究假设：

假设 8：融资约束会增加债务政策持续性，即融资约束是债务政策持续性的被动接受因素之一。

6.1.2　微观层面的环境不确定性与债务政策持续性

如上文所述，环境不确定性是从微观层面上衡量公司面临的外部环境的状态或变化趋势情况。环境不确定性程度越低，外部环境稳定性越高。当环境不确定性程度较低，即公司面临较为稳定的外部环境时，此时遇到的多为结构化问题，运用原有的知识和经验可以解决问题，对公司原有政策的影响较小，上市初期债务政策持续性较高。然而，随着环境不确定性程度的增加，公司资本成本以及经营风险和财务风险增加，进而增加公司保持债务政策持续性的成本，降低上市初期债务政策持续性。

一方面，较高的环境不确定性会增加资本成本，从而降低债务政策持续性。随着环境不确定性程度的增加，公司的信息不对称程度也会增加（Ghosh 和 Olsen，2009），加剧了企业和债权人之间的信息不对称程度（林钟高，郑军和卜继栓，2015），进而导致债权人对企业未来经营成果的评价不够稳定，必然要求更高水平的贷款利率回报作为风险补偿，增加企业的资本成本。林钟高、郑军和卜继栓（2015）以 2007—2013 年上市公司为样本，研究指出，微观环境的不确定性会加剧企业、投资者和债权人之间的信息不对称程度，进而增加公司的资本成本。资本成本是公司进行融资决策时的重要参考指标。根据优序融资理论，资本成本的增加必然带来上市公司在债务融资和权益融资间的重新选择。根据权衡理论，随着资本成本的增加，债务的税盾效应和财务困境成本之间也需要进一步权衡。进而影响上市公司债务政策的选择，增加维持上市初期债务政策持续性的成本，降低上市初期债务政策的持续性。

另一方面，较高的环境不确定性会增加公司经营风险和财务风险从而不利于上市初期债务政策持续性。首先，随着环境不确定性程度的增加，公司的经营风险随之增加。环境不确定性程度的增加会引起公司盈余的波动，增加公司的经营风险，进而增加保持上市初期债务政策持续性的成本，降低上市初期债务政策持续性。Ghosh 和 Olsen（2009）研究表明，为了应对较高环境不确定性下盈余的波动性，管理层通过使用操控性应计而降低盈余的波动性、降低公司的经营风险。其次，当环境不确定性程度较高时，公司面临的财务风险较大。出于财务灵活性的考虑，为了提高未来期间的债务能力，公司可能会降低当期的债务政策水平，降低上市初期债务政策持续性。

因此，提出如下研究假设：

假设9：环境不确定性会降低债务政策的持续性，即微观环境的稳定性是债务政策持续性的被动接受因素之一。

6.1.3 宏观层面的金融危机与债务政策持续性

宏观层面，以2007—2010年间的金融危机为切入点，金融危机对债务政策持续性的影响主要有以下几个方面。

第一，金融危机改变了公司生产和经营面临的外部环境，极大地增加了企业风险和不确定性，降低了组织结构的稳定性，进而降低上市初期债务政策持续性。在金融危机期间，市场动荡和不确定性增加，为了规避风险并减少损失，银行系统会缩减信贷资金供给（Love和Zaidi，2010）。祝继高和王春飞（2013）基于宏观经济环境与微观企业行为相结合的视角，研究了股利政策是否会随着宏观经济环境的变化而变化。研究表明，在金融危机期间，公司的盈利水平下降，未来的不确定性增加，因此上市公司会通过降低现金股利支付水平来规避金融危机所带来的企业风险和不确定性。类似地，为了规避金融危机所增加的企业风险和不确定性，上市公司在进行债务政策选择时会通过降低上市初期债务政策持续性来应对风险。

第二，金融危机的爆发对公司内外源融资均产生显著的冲击，降低了资本市场上的资金供给，进而降低了上市初期债务政策持续性。

一方面，由于金融危机的冲击，公司的业务量将大幅下降，营业收入急剧降低，资金回笼困难，经营活动产生的现金流显著减少，进而造成内源融资能力下降。已有研究表明，在金融危机期间，公司的盈利水平普遍下降（Campello，Giambona和Graham，等，2010；祝继高和王春飞，2013）。由于金融危机的影响，我国A股非金融类上市公司的平均总资产收益率（ROA）从2008年第3季度的0.84%下降到2008年第4季度的-0.45%（祝继高和王春飞，2013）。Claessens，Tong和Wei（2012）探讨了2008—2009年间的金融危机对公司层面业绩的影响，研究发现，金融危机可能会通过商业周期、交易和融资这三种渠道来降低公司业绩。

另一方面，随着金融危机的爆发，股票市场和信贷市场同时受到严重影响：股票市值大幅缩水，股票发行和配股困难或停止，权益资金获取的成本和难度显著增加；同时，金融机构资金紧张，银行贷款契约收紧，贷款数量下降，债务资金获取的成本和难度也急剧增加。Duchin，Ozbas 和 Sensoy（2010）以 2008 年金融危机为研究切入点，研究了金融危机对公司投资的影响，研究发现，金融危机对公司投资支出的负向冲击主要源于金融危机对外部融资供给的降低作用以及对融资摩擦的增加作用。对于外部融资成本较高或外部融资需求较大的公司来说，金融危机降低投资支出的效应尤其显著。Chor 和 Manova（2012）以美国月度进口详细数据为样本，研究了金融危机期间国际交易流的崩溃，研究表明金融危机对交易规模的重要影响途径是信贷政策。而信贷政策可以进一步影响微观层面的企业行为。已有研究表明，银行努力管理流动性风险会导致信贷供给的下降（Cornett，Mcnutt 和 Strahan 等，2011），进而影响债务政策的持续性。

据此，本研究提出如下研究假设：

假设 10：金融危机会降低债务政策的持续性，即宏观经济的稳定性是债务政策持续性的被动接受因素之一。

6.2 研究设计

6.2.1 变量定义

本章的样本选择以及数据来源都与第 4 章和第 5 章相一致，故在此不再赘述。为了避免异常值对研究结果的影响，对下文定义的相关连续变量在 1% 和 99% 分位上进行缩尾处理。

1. 融资约束的衡量

关于融资约束的衡量方法较多。一些学者仅采用股利支付率、公司规模等单一指标分组以考察公司的融资约束，可能存在一定的偏误，无法准确获取公司的融资约束状况。为了避免该不足，本文采用 Whited 和 Wu（2006）提出的 WW 指标作为融资约束的代理变量。其中，WW 指标是由 Whited 和 Wu（2006）根据公司的现金流、是否支付股利、长期债务比率、公司规模、收入增长率及其行业中值建立的。该指标的数值越大，表示公司的融资约束程度越高。具体来说，WW 指标的具体计算公式为：

$$FC\_WW = -0.091 \times CashFlow - 0.062 \times DivdendDum + 0.021 \times TLTD - 0.044 \times$$
$$Logsize + 0.102 \times IRevGrowth - 0.035 \times RevGrowth \qquad (6\text{-}1)$$

式中，FC_WW 表示公司的融资约束；CashFlow 表示公司经营活动产生的现金流量净额占总资产的比率；DivdendDum 表示公司是否支付股利的虚拟变量；TLTD 表示长期债务占总资产的比率；Logsize 表示公司总资产的自然对数，衡量公司规模； IRevGrowth 表示公司收入增长率的行业中值；RevGrowth 表示公司收入增长率。

2. 微观层面环境不确定性的衡量

目前，关于微观层面环境不确定性问题的研究主要集中于战略管理领域和创业领域，多采用量表或问卷的方式进行，由于数据收集难度较大，通常研究样本有限。借鉴相关学者的研究，本研究拟采用公司相关财务数据的波动性来衡量环境不确定性，以解决大样本问题，进而从环境不确定性的角度来解释上市初期债务政策持续性的现象。

本研究主要采用以下两种方法来衡量微观层面的环境不确定性：

（1）借鉴 Ghosh 和 Olsen（2009）对财务分析师盈余预测变异系数的衡量，以此作为环境不确定性的一种衡量方法。先前的研究表明，分析师盈余预测的变异系数是衡量不确定性的一个有效指标（Barron 和 Stuerke，1998）。因此，环境不确定性（EU1）采用分析师盈余预测的主营业务收入的标准差与均值之比来进行具体衡量。

（2）借鉴申慧慧、于鹏和吴联生（2012）等人的研究，采用公司业绩波动的变化值来衡量环境不确定性（EU2）。这是因为环境不确定的产生主要源于外部环境的变化，而外部环境的变化又引发了公司核心业务的变化，并最终导致公司销售收入的波动。环境不确定性（EU2）的具体衡量标准是经行业调整后的公司环境不确定性，即未经行业调整的公司环境不确定性与行业环境不确定性的比值。其中，未经行业调整的公司环境不确定性是指过去 5 年中公司非正常营业收入的标准差除以其平均值。过去 5 年中公司非正常营业收入是指以营业收入为因变量，以时间为自变量，采用过去 5 年的数据进行 OLS 回归的残差项；行业环境不确定性是指未经行业调整的公司环境不确定性的年度行业中值。

3. 宏观层面金融危机的衡量

本研究以 2008 年金融危机事件作为研究对象，借鉴 Love，Preve 和 Sarria-Allende（2007）以及梁琪和余峰燕（2014）等人的研究，将金融危机具体划分为两个阶段：危机爆发期（Crisis_incur）和后危机时期（Crisis_post）。鉴于金融危机的爆发开始于 2007 年下半年，故将 2007 年定义为危机爆发期（Crisis_incur）。然而，自 2008 年第 3 季度后，金融危机对公司盈利能力的影响已经凸显出来，我国 A 股非金融类上市公司的平均总资产收益率（ROA）由第 3 季度的 0.84% 下降到 2008 年第 4 季度的 −0.45%（祝继高和王春飞，2013）。因此，将 2008—2010 年间定义为金融危机的后危机时期。

危机爆发期（Crisis_incur）变量是虚拟变量，如果样本观测值属于 2007 年则定义为 1，否则为 0。后危机时期（Crisis_post）变量也是虚拟变量，如果样本观测值属于 2008—2010 年间则定义为 1，否则定义为 0。

6.2.2 模型设定

1．融资约束对债务政策持续性的影响模型

为了检验融资约束对债务政策持续性的影响作用，即研究假设 8，本研究主要采用模型（6-2）来进行验证。

$$
\begin{aligned}
\text{DebtPolicy}_{it} = {} & \beta_0 + \beta_1 \text{InitialDebtPolicy}_{it} + \beta_2 \text{FC\_WW}_{it} + \\
& \beta_3 \text{InitialDebtPolicy}_{it} \times \text{FC\_WW}_{it} + \\
& \beta_c \text{ControlVariables}_{it} + \varepsilon_{it}
\end{aligned}
\tag{6-2}
$$

式中，i 表示公司；t 表示年份；FC_WW 表示公司的融资约束，采用 Whited 和 Wu（2006）提出的 WW 指标来衡量；DebtPolicy、InitialDebtPolicy 和 ControlVariables 的定义与式（4-8）保持一致，相关变量的具体衡量如表 4-2 所示；ε 为模型的残差；β_0、β_1、β_2、β_3 和 β_c 的注释与式（5-4）相同。

在该模型中，重点关注 InitialDebtPolicy 与 FC_WW 交互项系数的显著性。

2．微观层面的环境不确定性对债务政策持续性的影响模型

为了检验环境不确定性对债务政策持续性的影响作用，即研究假设 9，本研究主要采用模型（6-3）来进行验证。

$$
\begin{aligned}
\text{DebtPolicy}_{it} = {} & \beta_0 + \beta_1 \text{InitialDebtPolicy}_{it} + \beta_2 \text{EU}_{it} + \\
& \beta_3 \text{InitialDebtPolicy}_{it} \times \text{EU}_{it} + \\
& \beta_c \text{ControlVariables}_{it} + \varepsilon_{it}
\end{aligned}
\tag{6-3}
$$

式中，i 表示公司；t 表示年份；EU 表示微观层面的环境不确定性，具体包括 EU1 和 EU2 两种；DebtPolicy、InitialDebtPolicy 和 ControlVariables 的定义与式（4-8）保持一致，相关变量的具体衡量如表 4-2 所示；ε 为模型的残差；β_0、β_1、β_2、β_3 和 β_c 的注释与式（5-4）相同。

在该模型中，重点关注 InitialDebtPolicy 与 EU 交互项系数的显著性。

3. 宏观层面的金融危机对债务政策持续性的影响模型

为了检验金融危机对债务政策持续性的影响作用，即研究假设 10，本研究建立了研究模型（6-4）。

$$
\begin{aligned}
DebtPolicy_{it} = {} & \beta_0 + \beta_1 InitialDebtPolicy_{it} + \beta_2 Crisis_{it} + \\
& \beta_3 InitialDebtPolicy_{it} \times Crisis_{it} + \\
& \beta_c ControlVariables_{it} + \varepsilon_{it}
\end{aligned}
\tag{6-4}
$$

式中，i 表示公司；t 表示年份；Crisis 表示宏观层面的金融危机变量，具体包括 Crisis_incur 和 Crisis_post 两种；DebtPolicy、InitialDebtPolicy 和 ControlVariables 的定义与式（4-8）保持一致，相关变量的具体衡量如表 4-2 所示；ε 为模型的残差；β_0、β_1、β_2、β_3 和 β_c 的注释与式（5-4）相同。

在该模型中，重点关注 InitialDebtPolicy 与 Crisis 交互项系数的显著性。

6.3 实证结果分析

6.3.1 描述性统计分析与相关性分析

1. 描述性统计分析

表 6-1 列示了主要变量描述性统计的分析结果。从该表可以看出，上市公司融资约束变量 FC_WW 的平均值为 -0.9729，中值为 -0.9594，整体上，公司的融资约束的中值和均值相差不大。对于微观层面的环境不确定性而言，当采用 EU1 作为环境不确定性的代理变量时，我国上市公司环境不确定性（EU1）的平均值为 0.2084，中位数为 0.1436，最小值为 0.0038，最大值为 2.2270；当采用 EU2 作为环境不确定性的代理变量时，我国 A 股上市公司环境不确定性（EU2）的平均值为 1.0024，中位数为 1.0000，最小值为 -35.1500，最大值为 38.7550。综上可知，我国上市公司的环境不确定性分布不太均衡，两种环境不确定性衡量指标的平均值都大于中位数。

表 6-1 主要变量描述性统计

变　　量	样本量	平均值	标准差	中位数	最小值	最大值
Lev	15450	0.4160	0.2238	0.4035	0.0491	1.6126
DS	15450	0.3307	0.1743	0.2911	0.0751	0.8783
ZL	15450	0.1645	0.3708	0.0000	0.0000	1.0000

（续）

变 量	样本量	平均值	标准差	中位数	最小值	最大值
DM	15450	0.1197	0.1676	0.0351	0.0000	0.7152
DG	15450	−0.6927	0.2662	−0.7558	−1.0000	−0.1420
FC_WW	13411	−0.9729	0.1997	−0.9594	−13.496	−0.7715
EU1	11597	0.2084	0.2782	0.1436	0.0038	2.2270
EU2	12801	1.0024	6.8479	1.0000	−35.1500	38.7550
Crisis_incur	15450	0.0469	0.2115	0.0000	0.0000	1.0000
Crisis_post	15450	0.1900	0.3923	0.0000	0.0000	1.0000
Logsize	15450	21.5800	1.1754	21.3780	18.8360	25.3450
Tangibility	15450	0.9460	0.0662	0.9656	0.6148	1.0000
AssetGrowth	13817	0.2126	0.4008	0.1149	−0.4404	2.8126
CapExp	15450	0.0668	0.0591	0.0503	0.0000	0.2730
IndLev	15450	0.4405	0.0938	0.4136	0.2235	0.7081
TobinQ	15101	2.7178	1.9063	2.1072	0.9053	12.2610
Profitability	15450	0.0588	0.0614	0.0573	−0.2969	0.2546

对于上市公司的金融危机冲击来说，危机爆发期（Crisis_incur）和后危机时期
（Crisis_post）都是虚拟变量，因而最大值都为 1，最小值都为 0。而危机爆发期
（Crisis_incur）的均值为 0.0469，表明有 4.69% 的样本观测值存在于危机爆发期；后危机
时期（Crisis_post）的均值为 0.1900，表明有 19.00% 的样本观测值存在于后危机时期。

债务政策变量和控制变量的描述性统计分析详见表 4-4，故不再赘述。

2. 相关性分析

表 6-2 列示了债务政策及其公司被动接受因素各变量之间的 Pearson 相关系数矩阵。
由该表可以看出，ZL（零杠杆政策）变量与 Lev（资本结构政策）变量的相关系数达到
了 −0.427，显著负相关；DG（债务期限分散度政策）变量与 DM（债务期限结构政策）
变量的相关系数为 0.805，这种高相关性主要是源于不同维度下债务政策的定义之间存在
一定的关联性。除此之外，其他变量间的 Pearson 相关系数均低于 40%，表明本研究不存
在多重共线性问题。

表 6-2　Pearson 相关系数矩阵

	Lev	DS	ZL	DM	DG	FC_WW	EU1	EU2	Crisis_incur	Crisis_post
Lev	1									
DS	-0.088***	1								
ZL	-0.427***	0.371***	1							
DM	0.277***	-0.159***	-0.247***	1						
DG	0.194***	-0.292***	-0.195***	0.805***	1					
FC_WW	-0.144***	0.079***	0.077***	-0.108***	-0.102***	1				
EU1	0.041***	-0.027***	-0.0130	0.034***	0.043***	-0.00200	1			
EU2	-0.0120	0.029***	-0.00300	-0.017*	-0.017*	0.029***	0.00600	1		
Crisis_incur	0.068***	-0.00600	-0.059***	0.00200	-0.017**	0.00900	-0.00300	-0.00200	1	
Crisis_post	0.051***	0.061***	-0.0130	0.0130	-0.018**	0.00300	0.042***	-0.00700	-0.107***	1

注：*、**、***分别表示在 10%、5%、1%的水平下显著。

6.3.2 融资约束与债务政策持续性的实证结果

表 6-3 报告了融资约束与债务政策持续性的回归结果。实证结果显示,上市初期债务政策的回归系数均显著为正,支持了债务政策具有持续性的观点。当关注于将融资约束与上市初期债务政策的交互项时,我们发现,除了 FC_WW×InitialDM 之外,FC_WW×InitialLev、FC_WW×InitialDS、FC_WW×InitialZL 和 FC_WW×InitialDG 的系数均在 1% 的统计水平上显著为正,表明公司自身的融资约束程度会增强上市公司的债务政策持续性,支持了假设 8。

表 6-3 融资约束与债务政策持续性的回归结果

变 量	Lev	DS	ZL	DM	DG
	(1)	(2)	(3)	(4)	(5)
InitialLev	1.241***				
	(25.34)				
FC_WW×InitialLev	0.661***				
	(13.59)				
InitialDS		0.572***			
		(8.624)			
FC_WW×InitialDS		0.260***			
		(3.811)			
InitialZL			9.130***		
			(8.135)		
InitialZL×FC_WW			7.916***		
			(6.675)		
InitialDM				0.143**	
				(2.085)	
FC_WW×InitialDM				−0.0583	
				(−0.846)	
InitialDG					0.428***
					(6.820)
FC_WW×InitialDG					0.211***
					(3.313)

（续）

变　　量	Lev	DS	ZL	DM	DG
	(1)	(2)	(3)	(4)	(5)
FC_WW	−0.370***	−0.0463**	1.640**	−0.00136	0.187***
	(−13.84)	(−2.289)	(2.524)	(−0.175)	(3.190)
L.Logsize	0.0386***	−0.0179***	−0.480***	0.0388***	0.0618***
	(22.03)	(−11.35)	(−9.159)	(25.87)	(24.92)
L.Tangibility	−0.122***	0.274***	4.474***	−0.109***	−0.188***
	(−4.797)	(11.24)	(7.167)	(−4.999)	(−5.192)
L.AssetGrowth	0.0338***	0.0104***	−0.291***	0.0100***	0.0115**
	(8.418)	(2.685)	(−3.147)	(2.881)	(2.010)
L.CapExp	0.0473*	−0.0364	−5.684***	0.525***	0.781***
	(1.826)	(−1.466)	(−8.781)	(23.42)	(21.06)
L.IndLev	0.298***	−0.0469	−2.377***	0.0667**	−0.104**
	(8.907)	(−1.457)	(−3.222)	(2.309)	(−2.174)
L.TobinQ	0.00587***	−0.00164	0.185***	−0.00594***	−0.00336*
	(4.847)	(−1.414)	(8.477)	(−5.666)	(−1.942)
L.Profitability	−1.065***	−0.0813***	4.602***	−0.0996***	−0.113***
	(−40.85)	(−3.269)	(8.006)	(−4.445)	(−3.051)
Constant	−0.907***	0.297***	5.092***	−0.701***	−1.467***
	(−18.41)	(6.192)	(4.170)	(−17.36)	(−19.30)
Year	控制	控制	控制	控制	控制
Industry	控制	控制	控制	控制	控制
Observations	11736	11736	11736	11736	11736
F-test/LR chi2	267.54	67.71	2351.11	166.01	118.25
Adj.R-squared/Pseudo R2	0.4941	0.1964	0.2538	0.3768	0.3005

注：1. 回归（3）采用 Logit 回归，其他回归均采用 OLS 回归。

2. L.Logsize 表示 $Logsize_{t-1}$，其他变量的定义与此相同。

3. 括号内为 T 值，*、**、***分别表示在 10%、5%、1%的水平下显著。

6.3.3　环境不确定性与债务政策持续性的实证结果

表 6-4 列示了当 EU1 作为环境不确定性的代理变量时，环境不确定性与债务政策持续性的回归结果。在表 6-4 中，上市初期资本结构政策（InitialLev）、上市初期债务类型结构政策（InitialDS）、上市初期零杠杆政策（InitialZL）、上市初期债务期限结构政策

（InitialDM）以及上市初期债务期限分散度政策（InitialDG）的回归系数都在 1%的统计水平上显著为正，支持了上市初期债务政策对未来期间债务政策具有正向预测作用的观点。然而，在该表中，环境不确定性（EU1）与上市初期债务政策交互项的回归系数都不显著，表明微观层面的环境不确定性不会影响上市公司债务政策的持续性，假设 9 未被验证。

表 6-4　环境不确定性（EU1）与债务政策持续性的回归结果

变　　量	Lev	DS	ZL	DM	DG
	(1)	(2)	(3)	(4)	(5)
InitialLev	0.519***				
	(39.78)				
EU1×InitialLev	−0.0167				
	(−0.525)				
InitialDS		0.334***			
		(30.13)			
EU1×InitialDS		−0.0282			
		(−0.933)			
InitialZL			1.610***		
			(17.43)		
EU1×InitialZL			0.00315		
			(0.0125)		
InitialDM				0.188***	
				(16.46)	
EU1×InitialDM				−0.00442	
				(−0.164)	
InitialDG					0.228***
					(19.18)
EU1×InitialDG					−0.0169
					(−0.578)
EU1	0.00826	0.00950	0.194	0.00571	0.00549
	(0.775)	(0.856)	(1.295)	(0.929)	(0.239)

（续）

变　量	Lev	DS	ZL	DM	DG
	(1)	(2)	(3)	(4)	(5)
L.Logsize	0.0474***	−0.0231***	−0.688***	0.0395***	0.0594***
	(29.85)	(−13.69)	(−14.48)	(25.69)	(23.75)
L.Tangibility	−0.102***	0.311***	5.567***	−0.139***	−0.251***
	(−4.121)	(11.07)	(7.615)	(−5.588)	(−6.160)
L.AssetGrowth	0.0337***	0.0114***	−0.235**	0.00429	0.00125
	(8.868)	(2.638)	(−2.436)	(1.117)	(0.200)
L.CapExp	0.159***	−0.0841***	−6.117***	0.570***	0.853***
	(6.198)	(−2.891)	(−8.514)	(21.89)	(20.04)
L.IndLev	0.205***	−0.0320	−2.141**	0.00251	−0.160***
	(5.933)	(−0.819)	(−2.412)	(0.0723)	(−2.818)
L.TobinQ	−0.00400***	−0.00481***	0.103***	−0.00550***	−0.00227
	(−3.183)	(−3.384)	(3.948)	(−4.354)	(−1.100)
L.Profitability	−0.884***	−0.0896***	6.742***	−0.191***	−0.203***
	(−29.34)	(−2.630)	(8.860)	(−6.298)	(−4.095)
Constant	−0.694***	0.424***	6.320***	−0.666***	−1.544***
	(−15.53)	(8.574)	(4.643)	(−15.07)	(−20.93)
Year	控制	控制	控制	控制	控制
Industry	控制	控制	控制	控制	控制
Observations	8865	8865	8854	8865	8865
F-test/LR chi2	284.63***	64.25***	1906.36***	150.38***	105.03***
Adj.R-squared /Pseudo R2	0.5734	0.2306	0.2567	0.4144	0.3302

注：1. 回归（3）采用 Logit 回归，其他回归均采用 OLS 回归。

2. L.Logsize 表示 $Logsize_{t-1}$，其他变量的定义与此相同。

3. 括号内为 T 值，*、**、***分别表示在 10%、5%、1%的水平下显著。

为了研究结果的稳健性，表 6-5 列示了当 EU2 作为环境不确定性的代理变量时，环境不确定性与债务政策持续性的回归结果。从该表可以看出，五种上市初期债务政策变量的系数仍全部显著为正，与表 6-4 的实证结果相一致。除了回归（1）中 EU2×InitialZL 的系数显著为负外，在回归（2）～回归（4）中环境不确定性与上市初期债务政策交互项的回归系数都不显著，基本上与表 6-4 的实证结果相一致，也未验证假设 8。

表 6-5　环境不确定性（EU2）与债务政策持续性的回归结果

变　量	Lev	DS	ZL	DM	DG
	(1)	(2)	(3)	(4)	(5)
InitialLev	0.589***				
	(51.98)				
EU2×InitialLev	0.000180				
	(0.131)				
InitialDS		0.314***			
		(38.49)			
EU2×InitialDS		0.00162			
		(1.368)			
InitialZL			1.680***		
			(24.95)		
EU2×InitialZL			−0.0355***		
			(−2.811)		
InitialDM				0.190***	
				(22.58)	
EU2×InitialDM				0.000605	
				(0.592)	
InitialDG					0.215***
					(24.73)
EU2×InitialDG					0.000488
					(0.443)
EU2	0.000467	−0.000345	0.00336	0.000395*	0.000913
	(0.787)	(−0.812)	(0.443)	(1.713)	(1.103)
L.Logsize	0.0454***	−0.0194***	−0.711***	0.0401***	0.0602***
	(26.33)	(−12.59)	(−16.41)	(28.58)	(26.00)
L.Tangibility	−0.147***	0.282***	4.792***	−0.105***	−0.204***
	(−5.668)	(11.41)	(7.718)	(−4.761)	(−5.612)
L.AssetGrowth	0.0338***	0.0106***	−0.261***	0.00845**	0.00924
	(8.149)	(2.678)	(−2.868)	(2.408)	(1.593)

（续）

变 量	Lev	DS	ZL	DM	DG
	(1)	(2)	(3)	(4)	(5)
L.CapExp	0.0337	−0.0453*	−5.395***	0.544***	0.814***
	(1.247)	(−1.770)	(−8.357)	(23.76)	(21.46)
L.IndLev	0.263***	−0.0472	−1.793**	0.0570*	−0.125**
	(7.560)	(−1.431)	(−2.414)	(1.939)	(−2.570)
L.TobinQ	0.00730***	−0.00128	0.155***	−0.00562***	−0.00341**
	(5.908)	(−1.095)	(7.366)	(−5.378)	(−1.975)
L.Profitability	−1.100***	−0.0841***	4.381***	−0.102***	−0.111***
	(−41.32)	(−3.362)	(7.886)	(−4.560)	(−3.005)
Constant	−0.657***	0.369***	7.878***	−0.730***	−1.598***
	(−13.99)	(8.488)	(6.762)	(−18.79)	(−24.42)
Year	控制	控制	控制	控制	控制
Industry	控制	控制	控制	控制	控制
Observations	11420	11420	11420	11420	11420
F-test/LR chi2	263.84***	68.15***	2246.86***	171.57***	122.35***
Adj.R-squared/ Pseudo R2	0.4855	0.1943	0.2465	0.3798	0.3035

注：1. 回归（3）采用 Logit 回归，其他回归均采用 OLS 回归。

2. L.Logsize 表示 $Logsize_{t-1}$，其他变量的定义与此相同。

3. 括号内为 T 值，*、**、***分别表示在 10%、5%、1%的水平下显著。

总之，无论采用 EU1 还是 EU2 作为环境不确定性的代理变量，微观层面的环境不确定性都不会影响债务政策持续性。从反面来看，微观环境的稳定性与上市公司债务政策持续性并没有显著的关系，微观环境的稳定性并不是上市公司债务政策持续性的一个重要影响因素。

6.3.4　金融危机与债务政策持续性的实证结果

表 6-6 报告了危机爆发期（Crisis_incur）与债务政策持续性的回归结果。由该表可知，在回归（1）～回归（5）中，五种上市初期债务政策的回归系数均在 1%的统计水平上显著为正，支持了债务政策具有持续性这一研究结论。当进一步分析危机爆发期与上市初期债务政策交互项的回归系数后发现，所有的交互项系数都为负，且在回归（1）、

回归（4）和回归（5）中该系数显著为负。总体上来说，该实证结果表明金融危机的爆发会降低上市公司债务政策的持续性。

表 6-6 危机爆发期（Crisis_incur）与债务政策持续性的回归结果

变 量	Lev	DS	ZL	DM	DG
	(1)	(2)	(3)	(4)	(5)
InitialLev	0.597***				
	(52.99)				
Crisis_incur×InitialLev	−0.0806*				
	(−1.679)				
InitialDS		0.322***			
		(40.03)			
Crisis_incur×InitialDS		−0.0602			
		(−1.455)			
InitialZL			1.657***		
			(24.98)		
Crisis_incur×InitialZL			−0.184		
			(−0.456)		
InitialDM				0.207***	
				(24.49)	
Crisis_incur×InitialDM				−0.112***	
				(−3.418)	
InitialDG					0.226***
					(25.97)
Crisis_incur×InitialDG					−0.0753**
					(−2.071)
Crisis_incur	0.0925***	0.0559***	−0.927***	0.00544	−0.102***
	(4.887)	(3.703)	(−3.556)	(0.608)	(−3.543)
L.Logsize	0.0445***	−0.0194***	−0.699***	0.0393***	0.0594***
	(26.33)	(−12.74)	(−16.28)	(28.24)	(25.90)
L.Tangibility	−0.144***	0.280***	4.892***	−0.107***	−0.191***
	(−5.615)	(11.48)	(7.885)	(−4.920)	(−5.281)
L.AssetGrowth	0.0353***	0.0111***	−0.280***	0.00987***	0.0109*
	(8.704)	(2.872)	(−3.093)	(2.847)	(1.909)

（续）

变　　量	Lev	DS	ZL	DM	DG
	(1)	(2)	(3)	(4)	(5)
L.CapExp	0.0342	−0.0360	−5.295***	0.527***	0.782***
	(1.308)	(−1.445)	(−8.347)	(23.51)	(21.11)
L.IndLev	0.266***	−0.0485	−2.249***	0.0643**	−0.104**
	(7.866)	(−1.508)	(−3.085)	(2.228)	(−2.188)
L.TobinQ	0.00691***	−0.00171	0.155***	−0.00588***	−0.00385**
	(5.697)	(−1.479)	(7.419)	(−5.684)	(−2.254)
L.Profitability	−1.087***	−0.0860***	4.476***	−0.0969***	−0.105***
	(−41.59)	(−3.488)	(8.079)	(−4.380)	(−2.871)
Constant	−0.641***	0.368***	7.674***	−0.712***	−1.589***
	(−13.94)	(8.613)	(6.640)	(−18.54)	(−24.59)
Year	控制	控制	控制	控制	控制
Industry	控制	控制	控制	控制	控制
Observations	11747	11747	11747	11747	11747
F-test/LR chi2	264.81***	68.41***	2277.87***	170.55***	120.97***
Adj.R-squared/Pseudo R2	0.4854	0.1942	0.2454	0.3774	0.3002

注：1. 回归（3）采用 Logit 回归，其他回归均采用 OLS 回归。

2. L.Logsize 表示 $Logsize_{t-1}$，其他变量的定义与此相同。

3. 括号内为 T 值，*、**、***分别表示在 10%、5%、1%的水平下显著。

表 6-7 列示了后危机时期（Crisis_post）与债务政策持续性的回归结果。从该表可以看出，在所有的回归模型中，上市初期资本结构政策（InitialLev）、上市初期债务类型结构政策（InitialDS）、上市初期零杠杆政策（InitialZL）、上市初期债务期限结构政策（InitialDM）以及上市初期债务期限分散度政策（InitialDG）五个变量的回归系数都在 1%的置信水平上显著为正，说明上市初期债务政策对未来期间的债务政策具有持续性的影响。进一步考虑五种上市初期债务政策与后危机时期（Crisis_post）的交互项后发现，除了回归（2）和回归（3）中交互项的系数为正但不显著外，其他交互项的回归系数均显著为正，表明宏观层面的金融危机冲击不利于上市公司债务政策的持续性。

表 6-7　后危机时期（Crisis_post）与债务政策持续性的回归结果

变　量	Lev	DS	ZL	DM	DG
	(1)	(2)	(3)	(4)	(5)
InitialLev	0.611*** (51.36)				
Crisis_post×InitialLev	−0.103*** (−4.068)				
InitialDS		0.318*** (37.24)			
Crisis_post×InitialDS		0.0158 (0.730)			
InitialZL			1.649*** (23.68)		
Crisis_post×InitialZL			0.0279 (0.142)		
InitialDM				0.209*** (23.15)	
Crisis_post×InitialDM				−0.0435** (−2.344)	
InitialDG					0.229*** (24.68)
Crisis_post×InitialDG					−0.0377* (−1.881)
Crisis_post	0.0735*** (6.469)	0.0456*** (4.648)	−0.638*** (−3.609)	0.0205*** (3.072)	−0.0476*** (−2.681)
L.Logsize	0.0443*** (26.21)	−0.0194*** (−12.76)	−0.699*** (−16.28)	0.0393*** (28.29)	0.0595*** (25.94)
L.Tangibility	−0.145*** (−5.677)	0.280*** (11.48)	4.884*** (7.871)	−0.108*** (−4.959)	−0.192*** (−5.318)
L.AssetGrowth	0.0355*** (8.753)	0.0112*** (2.885)	−0.279*** (−3.086)	0.00986*** (2.844)	0.0109* (1.902)
L.CapExp	0.0376 (1.439)	−0.0358 (−1.439)	−5.296*** (−8.347)	0.527*** (23.52)	0.783*** (21.12)

（续）

变　　量	Lev	DS	ZL	DM	DG
	(1)	(2)	(3)	(4)	(5)
L.IndLev	0.259***	−0.0489	−2.260***	0.0637**	−0.107**
	(7.651)	(−1.518)	(−3.099)	(2.205)	(−2.238)
L.TobinQ	0.00673***	−0.00173	0.155***	−0.00589***	−0.00384**
	(5.550)	(−1.497)	(7.412)	(−5.690)	(−2.245)
L.Profitability	−1.088***	−0.0856***	4.473***	−0.0991***	−0.107***
	(−41.64)	(−3.472)	(8.073)	(−4.476)	(−2.915)
Constant	−0.636***	0.371***	7.697***	−0.714***	−1.588***
	(−13.85)	(8.667)	(6.654)	(−18.56)	(−24.56)
Year	控制	控制	控制	控制	控制
Industry	控制	控制	控制	控制	控制
Observations	11747	11747	11747	11747	11747
F−test/LR chi2	265.45***	68.37***	2277.69***	170.31***	120.95***
Adj.R−squared/Pseudo R2	0.4860	0.1941	0.2454	0.3771	0.3002

注：1. 回归（3）采用 Logit 回归，其他回归均采用 OLS 回归。

2. L.Logsize 表示 $Logsize_{t-1}$，其他变量的定义与此相同。

3. 括号内为 T 值，*、**、***分别表示在 10%、5%、1%的水平下显著。

综上可知，无论是危机爆发期还是后危机时期，实证结果都表明金融危机的爆发和冲击会显著地降低上市公司债务政策的持续性。也就是说，宏观环境的波动性不利于债务政策的持续性。因此，宏观环境的稳定性对于上市公司债务政策的持续性具有一定的解释能力。基本可以验证假设 10。

6.3.5　稳健性检验

1. 对因变量采用分位数回归

为了检验研究结论的稳健性，借鉴刘银国、焦健和张琛（2015）以及夏庆杰、李实和宋丽娜等人（2012）的研究，分别在 0.2、0.5 和 0.8 三个分位点处进行回归分析。表 6-8 列示了融资约束与上市公司债务政策持续性的分位数回归结果。从该表可以看出，上市初期债务政策与融资约束的交互项在各分位点处的回归系数绝大部分都显著为正，与预期基本相符，与前文的研究结论基本一致。因此，从总体上来说，融资约束的分位数回归结果支持了融资约束会引起上市公司债务政策持续性的增加。

表 6-8 分位数回归的实证结果（假设 8）

变 量	Lev			DS			DM			DG		
	(1)	(2)	(3)	(4)	(5)	(6)	(7)	(8)	(9)	(10)	(11)	(12)
InitialLev	1.901***	2.739***	2.846***									
	(33.97)	(53.12)	(44.55)									
InitialLev×FC_WW	1.295***	2.184***	2.407***									
	(23.29)	(42.63)	(37.91)									
InitialDS				0.605***	0.808***	0.749***						
				(10.19)	(10.71)	(6.030)						
InitialDS×FC_WW				0.454***	0.531***	0.252**						
				(7.450)	(6.853)	(1.974)						
InitialDM							−0.961***	−0.564***	0.820***			
							(−24.97)	(−7.659)	(6.341)			
InitialDM×FC_WW							−1.079***	−0.816***	0.554***			
							(−27.84)	(−11.00)	(4.257)			
InitialDG										−0.403***	0.681***	1.200***
										(−6.286)	(7.545)	(9.999)

（续）

变　量	Lev			DS			DM			DG		
	(1)	(2)	(3)	(4)	(5)	(6)	(7)	(8)	(9)	(10)	(11)	(12)
InitialDG×FC_WW										-0.617***	0.385***	1.020***
										(-9.503)	(4.206)	(8.389)
FC_WW	-0.550***	-1.045***	-1.288***	-0.0621***	-0.123***	-0.0564	0.0346***	0.00260	-0.0534***	-0.473***	0.334***	0.788***
	(-17.99)	(-37.11)	(-36.91)	(-3.432)	(-5.331)	(-1.488)	(7.939)	(0.312)	(-3.651)	(-7.909)	(3.968)	(7.041)
Constant	-1.230***	-1.527***	-1.414***	0.209***	0.255***	0.412***	-0.116***	-0.573***	-0.899***	-2.138***	-1.504***	-0.530***
	(-21.85)	(-29.45)	(-22.00)	(4.875)	(4.677)	(4.592)	(-5.101)	(-13.17)	(-11.78)	(-27.59)	(-13.78)	(-3.652)
Control variables	控制	控制	控制	控制	控制	控制	控制	控制	控制	控制	控制	控制
Year	控制	控制	控制	控制	控制	控制	控制	控制	控制	控制	控制	控制
Industry	控制	控制	控制	控制	控制	控制	控制	控制	控制	控制	控制	控制
Observations	11736	11736	11736	11736	11736	11736	11736	11736	11736	11736	11736	11736
Pseudo R2	0.348	0.3645	0.3208	0.0779	0.0975	0.1543	0.0509	0.2368	0.2973	0.1381	0.2249	0.1644

注：1. 括号内为 T 值。

2. *、**、***分别表示在 10%、5%、1%的水平下显著。

表 6-9 和表 6-10 分别报告了危机爆发期（Crisis_incur）、后危机时期（Crisis_post）与上市公司债务政策持续性的分位数回归结果。由表 6-10 可知，对于债务类型结构政策来说，在回归（4）~回归（6）中，上市初期债务类型结构政策与后危机时期的交互项（InitialDS×Crisis_post）在 0.2、0.5 和 0.8 分位点处的回归系数均不是显著为负，因而未支持前文的研究结论。但对于资本结构政策、债务期限结构政策和债务期限分散度政策这三个维度下的债务政策来说，除回归（12）中交互项系数为负但不显著之外，其他所有交互项位于 0.2、0.5 和 0.8 分位点处的回归系数均在 5% 的显著性水平上显著为负，支持了前文的研究结论。因此，该实证结果基本上支持了前文的研究假设 10，该研究结论是稳健的。

2. 宏观冲击作为替代变量

为了研究宏观环境的稳定性对债务政策持续性的影响，正文中以金融危机的冲击作为宏观环境不稳定性的代理变量，在此基础上进行深入的研究。然而，借鉴于蔚、金祥荣和钱彦敏（2012）以及甄红线、梁超和史永东（2014）等研究中对于宏观冲击的衡量，本研究采用信贷规模（Credit）和股权扩容规模（Equi）两个宏观冲击代理变量作为宏观环境不稳定性的代理变量。其中，信贷规模（Credit）采用各项贷款余额与 GDP 的比率来表示；而股权扩容规模（Equi）以股市筹资额与 GDP 的比率来表示。

表 6-11 列示了信贷规模（Credit）与上市公司债务政策持续性的回归结果。从该表可以看出，对于债务类型结构政策来说，信贷规模与上市初期债务类型结构政策交互项（Credit×InitialDS）的回归系数为−0.254，但不显著；对于零杠杆政策来说，信贷规模与上市初期零杠杆政策交互项（Credit×InitialZL）的系数为−1.347，但并不显著，这可能是因为持续采用零杠杆政策的上市公司对银行债务融资的需求极低，因而受到宏观信贷政策的冲击较小。除此之外，其他三个维度下债务政策的交互项系数均在 5% 的统计水平上显著为负。总体上，该研究结果基本上支持了宏观冲击会降低上市公司的债务政策持续性这一研究结论。

表 6-12 列示了股权扩容规模（Equi）与上市公司债务政策持续性的回归结果。从该表可以看出，对于零杠杆政策而言，股权扩容规模与上市初期零杠杆政策的交互项（Equi×InitialZL）的回归系数为−2.515，但并不显著，与表 6-11 的回归结果基本一致。对于资本结构政策、债务类型结构政策、债务期限结构政策以及债务期限分散度政策四个维度下的债务政策来说，无论采用何种债务政策，其上市初期债务政策与股权扩容规模

表6-9 分位数回归的实证结果1（假设10）

变量	Lev			DS			DM			DG		
	0.2	0.5	0.8	0.2	0.5	0.8	0.2	0.5	0.8	0.2	0.5	0.8
	(1)	(2)	(3)	(4)	(5)	(6)	(7)	(8)	(9)	(10)	(11)	(12)
InitialLev	0.653***	0.617***	0.501***									
	(48.49)	(57.20)	(37.40)									
InitialLev×Crisis_incur	-0.00217	-0.101**	-0.176***									
	(-0.0394)	(-2.215)	(-3.313)									
InitialDS				0.165***	0.299***	0.501***						
				(26.09)	(34.53)	(34.39)						
InitialDS×Crisis_incur				0.00406	-0.0977**	-0.0306						
				(0.123)	(-2.204)	(-0.400)						
InitialDM							0.0638***	0.242***	0.278***			
							(31.70)	(45.35)	(21.26)			
InitialDM×Crisis_incur							-0.0199***	-0.113***	-0.150***			
							(-2.777)	(-5.482)	(-3.045)			
InitialDG										0.191***	0.311***	0.199***
										(27.72)	(27.07)	(12.46)
InitialDG×Crisis_incur										-0.0442	-0.0936*	-0.0827
										(-1.607)	(-1.950)	(-1.292)
Crisis_incur	-0.0276	0.0591**	0.139***	-0.00561	0.0213	0.0263	-0.00595*	-0.0171	-0.0671***	-0.0327	-0.0906*	-0.0342
	(-0.995)	(2.518)	(4.967)	(-0.343)	(0.945)	(0.709)	(-1.713)	(-1.689)	(-2.773)	(-1.203)	(-1.905)	(-0.538)

Constant	-0.583***	-0.602***	-0.598***	0.361***	0.433***	0.497***	-0.224***	-0.666***	-0.743***	-1.745***	-1.748***	-1.187***
	(-10.43)	(-13.08)	(-10.76)	(10.57)	(8.915)	(6.301)	(-25.52)	(-25.95)	(-12.01)	(-32.23)	(-19.43)	(-10.05)
Control variables	控制	控制	控制	控制	控制	控制	控制	控制	控制	控制	控制	控制
Year	控制	控制	控制	控制	控制	控制	控制	控制	控制	控制	控制	控制
Industry	控制	控制	控制	控制	控制	控制	控制	控制	控制	控制	控制	控制
Observations	11747	11747	11747	11747	11747	11747	11747	11747	11747	11747	11747	11747
Pseudo R2	0.3389	0.3477	0.3048	0.0756	0.0960	0.1532	0.0366	0.2349	0.2967	0.1362	0.2243	0.1602

注: 1. 括号内为 T 值。

　　2. *、**、***分别表示在 10%、5%、1%的水平下显著。

表 6-10　分位数回归的实证结果 2 (假设 10)

变量	Lev			DS			DM			DG		
	0.2	0.5	0.8	0.2	0.5	0.8	0.2	0.5	0.8	0.2	0.5	0.8
	(1)	(2)	(3)	(4)	(5)	(6)	(7)	(8)	(9)	(10)	(11)	(12)
InitialLev	0.660***	0.633***	0.521***									
	(44.96)	(50.43)	(31.91)									
InitialLev×Crisis_post	-0.0910***	-0.137***	-0.104***									
	(-2.967)	(-5.170)	(-3.114)									
InitialDS				0.163***	0.291***	0.507***						
				(23.69)	(31.63)	(33.35)						
InitialDS×Crisis_post				0.0391**	0.0234	-0.0373						
				(2.414)	(1.009)	(-0.953)						

（续）

变量	Lev			DS			DM			DG		
	0.2	0.5	0.8	0.2	0.5	0.8	0.2	0.5	0.8	0.2	0.5	0.8
	(1)	(2)	(3)	(4)	(5)	(6)	(7)	(8)	(9)	(10)	(11)	(12)
InitialDM							0.0646***	0.234***	0.291***			
							(34.92)	(46.46)	(19.50)			
InitialDM× Crisis_post							-0.0149***	-0.0229**	-0.0637**			
							(-4.373)	(-2.213)	(-2.134)			
InitialDG										0.198***	0.312***	0.204***
										(25.92)	(28.25)	(12.20)
InitialDG× Crisis_post										-0.0585***	-0.0491**	-0.0267
										(-3.707)	(-2.056)	(-0.771)
Crisis_post	0.00108	0.0724***	0.124***	-0.00940	0.000433	0.0510*	-0.00505*	-0.0257***	-0.0621**	-0.0493**	-0.0572*	-0.00125
	(0.0474)	(3.492)	(4.637)	(-0.673)	(0.0225)	(1.667)	(-1.783)	(-3.051)	(-2.527)	(-2.189)	(-1.695)	(-0.0249)
Constant	-0.583***	-0.604***	-0.597***	0.362***	0.442***	0.488***	-0.220***	-0.663***	-0.724***	-1.730***	-1.747***	-1.174***
	(-10.17)	(-11.90)	(-9.162)	(10.41)	(9.075)	(6.286)	(-29.02)	(-29.30)	(-10.88)	(-30.51)	(-21.54)	(-10.000)
Control variables	控制	控制	控制	控制	控制	控制	控制	控制	控制	控制	控制	控制
Year	控制	控制	控制	控制	控制	控制	控制	控制	控制	控制	控制	控制
Industry	控制	控制	控制	控制	控制	控制	控制	控制	控制	控制	控制	控制
Observations	11747	11747	11747	11747	11747	11747	11747	11747	11747	11747	11747	11747
Pseudo R2	0.3393	0.3485	0.3050	0.0758	0.0958	0.1533	0.0366	0.2343	0.2967	0.1365	0.2243	0.1601

注：1. 括号内为 T 值。

2. *、**、***分别表示在10%、5%、1%的水平下显著。

的交互项系数都在 5%的统计水平上显著为负，表明宏观层面的股权融资规模的冲击会显著降低上市公司债务政策的持续性。

表 6-11　信贷规模作为宏观冲击变量的回归结果

变　　量	Lev	DS	ZL	DM	DG
	(1)	(2)	(3)	(4)	(5)
InitialLev	0.856***				
	(16.69)				
Credit×InitialLev	−0.918***				
	(−4.797)				
InitialDS		0.407***			
		(9.500)			
Credit×InitialDS		−0.254			
		(−1.552)			
InitialZL			2.099***		
			(5.528)		
Credit×InitialZL			−1.347		
			(−0.913)		
InitialDM				0.311***	
				(8.096)	
Credit×InitialDM				−0.383***	
				(−2.716)	
InitialDG					0.320***
					(7.869)
Credit×InitialDG					−0.344**
					(−2.286)
Credit	0.461*	0.994***	14.40***	−0.192	−1.225***
	(1.748)	(3.921)	(2.842)	(−0.866)	(−3.227)
L.Logsize	0.0424***	−0.0197***	−0.728***	0.0391***	0.0597***
	(23.25)	(−12.08)	(−15.28)	(26.07)	(24.33)
L.Tangibility	−0.201***	0.274***	5.220***	−0.106***	−0.148***
	(−6.796)	(9.716)	(6.963)	(−4.183)	(−3.573)
L.AssetGrowth	0.0373***	0.00743*	−0.311***	0.00814**	0.0121*
	(8.462)	(1.770)	(−3.132)	(2.154)	(1.953)

（续）

变 量	Lev	DS	ZL	DM	DG
	(1)	(2)	(3)	(4)	(5)
L.CapExp	0.0354	−0.0103	−5.317***	0.517***	0.745***
	(1.283)	(−0.394)	(−7.771)	(21.84)	(19.19)
L.IndLev	0.270***	−0.0433	−2.153***	0.0521*	−0.122**
	(7.530)	(−1.275)	(−2.765)	(1.701)	(−2.445)
L.TobinQ	0.00877***	−0.00181	0.174***	−0.00670***	−0.00575***
	(6.535)	(−1.420)	(7.373)	(−5.845)	(−3.070)
L.Profitability	−1.114***	−0.0737***	5.001***	−0.0788***	−0.0758*
	(−39.65)	(−2.788)	(8.105)	(−3.306)	(−1.944)
Constant	−0.651***	0.144*	4.224**	−0.663***	−1.343***
	(−7.774)	(1.802)	(2.276)	(−9.415)	(−11.23)
Year	控制	控制	控制	控制	控制
Industry	控制	控制	控制	控制	控制
Observations	10124	10124	10124	10124	10124
F-test/LR chi2	236.05***	62.64***	2067.24***	151.62***	109.75***
Adj.R-squared/Pseudo R2	0.4877	0.1998	0.2644	0.3789	0.3058

注：1. 回归（3）采用 Logit 回归，其他回归均采用 OLS 回归。

2. L.Logsize 表示 $Logsize_{t-1}$，其他变量的定义与此相同。

3. 括号内为 T 值，*、**、***分别表示在 10%、5%、1%的水平下显著。

表 6-12　股权扩容规模作为宏观冲击变量的回归结果

变 量	Lev	DS	ZL	DM	DG
	(1)	(2)	(3)	(4)	(5)
InitialLev	0.701***				
	(32.36)				
Equi×InitialLev	−6.256***				
	(−4.682)				
InitialDS		0.379***			
		(22.48)			
Equi×InitialDS		−2.850**			
		(−2.545)			
InitialZL			1.789***		
			(12.62)		

（续）

变　量	Lev	DS	ZL	DM	DG
	(1)	(2)	(3)	(4)	(5)
Equi×InitialZL			−2.515		
			(−0.250)		
InitialDM				0.262***	
				(15.83)	
Equi×InitialDM				−3.705***	
				(−3.774)	
InitialDG					0.275***
					(15.98)
Equi×InitialDG					−3.293***
					(−3.131)
Equi	0.807	−3.323***	−65.40***	1.489	2.217
	(0.614)	(−2.638)	(−2.651)	(1.381)	(1.153)
L.Logsize	0.0422***	−0.0197***	−0.728***	0.0391***	0.0597***
	(23.13)	(−12.04)	(−15.29)	(26.04)	(24.32)
L.Tangibility	−0.202***	0.274***	5.212***	−0.106***	−0.148***
	(−6.835)	(9.722)	(6.953)	(−4.169)	(−3.574)
L.AssetGrowth	0.0373***	0.00742*	−0.307***	0.00806**	0.0121*
	(8.447)	(1.767)	(−3.094)	(2.133)	(1.957)
L.CapExp	0.0359	−0.0104	−5.329***	0.518***	0.745***
	(1.302)	(−0.396)	(−7.791)	(21.87)	(19.20)
L.IndLev	0.270***	−0.0433	−2.176***	0.0498	−0.122**
	(7.537)	(−1.275)	(−2.795)	(1.627)	(−2.440)
L.TobinQ	0.00840***	−0.00173	0.174***	−0.00678***	−0.00584***
	(6.269)	(−1.361)	(7.371)	(−5.921)	(−3.114)
L.Profitability	−1.111***	−0.0741***	4.990***	−0.0775***	−0.0750*
	(−39.56)	(−2.806)	(8.087)	(−3.253)	(−1.923)
Constant	−0.543***	0.412***	8.358***	−0.723***	−1.654***
	(−10.80)	(8.729)	(6.421)	(−17.11)	(−23.26)
Year	控制	控制	控制	控制	控制
Industry	控制	控制	控制	控制	控制
Observations	10124	10124	10124	10124	10124

（续）

变　量	Lev	DS	ZL	DM	DG
	(1)	(2)	(3)	(4)	(5)
F-test/LR chi2	236.00***	62.76***	2066.47***	151.90***	109.91***
Adj.R-squared/Pseudo R2	0.4877	0.2001	0.2643	0.3793	0.3061

注：1. 回归（3）采用 Logit 回归，其他回归均采用 OLS 回归。

2. L.Logsize 表示 Logsize$_{t-1}$，其他变量的定义与此相同。

3. 括号内为 T 值，*、**、***分别表示在 10%、5%、1%的水平下显著。

总体来说，无论采用信贷规模还是股权扩容规模作为宏观冲击的代理变量，其具体的实证结果都基本与金融危机下的实证结果相一致。因此，该稳健性检验的结果再次验证了假设 10。

3. 公司主动选择和被动接受因素的综合效应分析

为了深入地探究公司主动选择和被动接受因素同时作用时综合效应如何体现，本研究综合考虑了三个公司主动选择因素（战略惯性、盈利压力和创始 CEO 管理风格）以及三个被动接受因素（融资约束、环境不确定性和金融危机）对上市公司债务政策的持续性的综合效应。从理论上来看，不同上市公司面临截然不同的公司主动选择和被动接受因素并受到不同程度的宏观冲击，当主被动因素同时作用时，综合效应的体现以主动选择因素为主，被动接受因素为辅，进而影响债务政策持续性。

表 6-13 列示了公司主动选择因素和被动接受因素综合效应的实证结果。由该表可知，对于公司主动选择因素来说，在回归（1）~回归（5）中，除了回归（3）中外部盈利压力和创始 CEO 管理风格与上市初期零杠杆政策的交互项系数、回归（4）中内部盈利压力与上市初期债务期限政策的交互项与前文不一致外，其他公司主动选择因素（包括战略惯性、盈利压力和创始 CEO 管理风格）与上市初期债务政策的交互项系数都显著为正。然而，对于公司被动接受因素来说，一方面，在回归（1）~回归（5）中，融资约束与上市初期债务政策的交互项系数（FC_WW×InitialDebtPolicy）基本都显著为正，而环境不确定性与上市初期债务政策的交互项系数（EU1×InitialDebtPolicy）均不显著，均与前文研究结论相一致，表明融资约束会显著增加上市公司债务政策持续性，而微观层面的环境不确定性并不会；另一方面，虽然金融危机与上市初期债务政策的交互项系数大部分都为负，但仅回归（1）和回归（5）中显著，该结果表明当公司主动选择因素与被动接受因素同时发挥作用时，被动接受因素的影响并不处于主导地位，仅起到了辅助作用。

表 6-13　公司主动选择和被动接受因素综合效应的实证结果

变　量	Lev	DS	ZL	DM	DG
	(1)	(2)	(3)	(4)	(5)
InitialLev	2.138***	0.534***	7.032***	0.101	0.433***
	(22.59)	(6.603)	(5.072)	(1.207)	(5.235)
Strategy$_1$×InitialDebtPolicy	0.0211***	0.0268***	0.0980**	0.00961**	0.0227***
	(5.511)	(5.990)	(2.312)	(2.434)	(5.255)
OutsideGap_dum×InitialDebtPolicy	0.0724***	0.0501***	−0.0530	0.0663***	0.0772***
	(4.153)	(2.912)	(−0.355)	(3.717)	(4.181)
InsideGap_dum×InitialDebtPolicy	0.0560***	0.0304*	0.470***	−0.0228	0.0154
	(3.173)	(1.734)	(3.102)	(−1.278)	(0.831)
FounderCEOStyle×InitialDebtPolicy	0.0927***	0.0306	−0.373**	0.101***	0.140***
	(3.661)	(1.388)	(−2.023)	(2.875)	(4.795)
FC_WW×InitialDebtPolicy	1.699***	0.281***	5.545***	−0.0647	0.271***
	(18.44)	(3.532)	(3.837)	(−0.807)	(3.377)
EU1×InitialDebtPolicy	−0.00137	−0.0179	0.0593	−0.0213	−0.0310
	(−0.0432)	(−0.576)	(0.219)	(−0.684)	(−1.002)
Crisis_post×InitialDebtPolicy	−0.137***	0.0492*	−0.196	−0.00555	−0.00969
	(−5.598)	(1.941)	(−0.823)	(−0.254)	(−0.412)
Crisis_incur×InitialDebtPolicy	−0.0789	0.0116	0.0273	−0.0459	−0.0893*
	(−1.440)	(0.193)	(0.0472)	(−1.029)	(−1.721)
Strategy$_1$	−0.00936***	−0.0110***	−0.0880***	−0.00850***	0.0103***
	(−6.832)	(−6.238)	(−4.080)	(−8.995)	(3.298)
OutsideGap_dum	−0.0240***	−0.0128*	0.216**	−0.0127***	0.0472***
	(−3.990)	(−1.838)	(2.166)	(−3.491)	(3.265)
InsideGap_dum	−0.0346***	0.00169	−0.264***	0.00540	0.0200
	(−5.668)	(0.241)	(−2.636)	(1.471)	(1.374)
FounderCEOStyle	−0.0310***	−0.0114	−0.210	−0.0180***	0.0843***
	(−4.196)	(−1.102)	(−1.520)	(−3.887)	(3.420)
FC_WW	−0.730***	−0.0185	5.991***	0.00333	0.216***
	(−19.62)	(−0.816)	(4.988)	(0.251)	(3.153)
EU1	0.00484	0.00493	0.0595	0.00604	−0.00478
	(0.456)	(0.432)	(0.356)	(0.955)	(−0.195)
Crisis_post	0.0791***	0.0423***	−0.807***	0.0194***	−0.0255
	(7.426)	(3.766)	(−3.904)	(2.636)	(−1.265)

（续）

变　量	Lev	DS	ZL	DM	DG
	(1)	(2)	(3)	(4)	(5)
Crisis_incur	0.0679***	0.0368*	−1.018**	−0.00724	−0.117***
	(3.143)	(1.737)	(−2.553)	(−0.575)	(−2.955)
L.Logsize	0.0414***	−0.0212***	−0.300***	0.0389***	0.0599***
	(24.55)	(−11.25)	(−4.275)	(22.76)	(21.28)
L.Tangibility	−0.0326	0.309***	5.312***	−0.103***	−0.247***
	(−1.311)	(10.71)	(7.125)	(−4.013)	(−5.883)
L.AssetGrowth	0.0341***	0.00844*	−0.295***	0.00217	0.000705
	(8.893)	(1.891)	(−2.894)	(0.550)	(0.109)
L.CapExp	0.205***	−0.0995***	−6.818***	0.595***	0.893***
	(7.901)	(−3.296)	(−8.880)	(22.02)	(20.15)
L.IndLev	0.202***	−0.0415	−2.259**	−0.00718	−0.166***
	(5.641)	(−1.000)	(−2.339)	(−0.194)	(−2.747)
L.TobinQ	−0.00410***	−0.00431***	0.123***	−0.00617***	−0.00225
	(−3.207)	(−2.910)	(4.353)	(−4.699)	(−1.042)
L.Profitability	−0.883***	−0.0993***	7.234***	−0.147***	−0.185***
	(−28.65)	(−2.786)	(8.942)	(−4.624)	(−3.543)
Constant	−1.317***	0.390***	4.380***	−0.677***	−1.396***
	(−22.94)	(6.793)	(2.879)	(−14.21)	(−15.04)
Year	控制	控制	控制	控制	控制
Industry	控制	控制	控制	控制	控制
Observations	8476	8476	8476	8476	8476
F-test/LR chi2	244.66	52.3	1985.35	116.74	81.31
Adj.R-squared/Pseudo R2	0.6038	0.2429	0.2775	0.4199	0.3343

注：1. 回归（3）采用 Logit 回归，其他回归均采用 OLS 回归。

2. L.Logsize 表示 $Logsize_{t-1}$，其他变量的定义与此相同。

3. 括号内为 T 值，*、**、***分别表示在 10%、5%、1%的水平下显著。

综上可知，该实证结果验证了本研究的理论分析，公司主动选择因素对上市公司债务政策持续性的影响处于主导地位，而被动接受因素中融资约束的影响占主导，外部宏观环境的影响则处于辅助地位。当主被动选择因素同时作用时，对债务政策持续性的影响以主动选择因素为主，被动接受因素为辅的特点。

6.4 本章小结

本章探究了公司被动接受因素会如何影响上市公司债务政策的持续性。针对这一问题，基于公司被动接受的视角，本章主要研究了公司自身的融资约束、微观层面的环境不确定性和宏观层面的金融危机三个方面对债务政策持续性的具体影响。本章涉及三个研究假设，相关研究假设的具体验证结果如表 6-14 所示。其中，假设 9 未得到验证，假设 8 和假设 10 得到验证。该实证结果表明，上市公司债务政策持续性不仅受到公司自身融资约束的影响，也会受宏观环境的不确定性影响，但受微观环境的不确定性影响较小。也就是说，公司融资约束和宏观环境的稳定性是导致公司债务政策持续性的主要被动接受因素，而微观环境的稳定性不会显著影响上市公司债务政策持续性。本章最后分别采用对因变量进行分位数回归、采用宏观冲击作为替代变量以及公司主被动选择因素的综合效应分析这三种方式进行了稳健性检验，研究结果与前文基本一致，本章的研究结论是稳健的。

表 6-14 本章研究假设、验证结果汇总表

研究假设	假 设 内 容	验证结果
债务政策持续性的被动接受因素		
假设 8	融资约束会增加公司债务政策持续性，即融资约束是债务政策持续性的被动接受因素之一	得到验证
假设 9	环境不确定性会降低债务政策持续性，即微观环境稳定性是债务政策持续性的被动接受因素之一	未得到验证
假设 10	金融危机会降低债务政策持续性，即宏观经济稳定性是债务政策持续性的被动接受因素之一	得到验证

第 7 章

结论与展望

本章在前述研究结果的基础上，归纳和总结了本研究的主要研究结论，并指出了与现有研究相比本研究的主要创新点和可能的研究贡献。在此基础上，进一步分析了本研究存在的局限性以及未来研究的发展方向。

7.1　主要研究结论

上市公司的债务政策持续性现象受到了学术界的广泛关注。然而，传统的债务政策理论如 MM 理论、权衡理论、优序融资理论等却都无法对此做出合理的解释。那么，为什么上市公司的债务政策会具有持续性？这一问题的提出引起了一些学者的关注和探究，但目前都仍处于探索阶段，并未达成一致的观点。

针对这一研究问题，本研究在债务异质性假说的基础上，从债务规模异质性、债务来源异质性和债务期限异质性三个视角，提出了研究债务政策的五个维度，具体包括资本结构政策、债务类型结构政策、零杠杆政策、债务期限结构政策和债务期限的分散度政策。在此基础上，分别从这五个维度验证了我国上市公司债务政策持续性的存在性，并且进一步探讨了上市初期债务政策对最优债务政策调整速度的影响，深入挖掘上市初期债务政策现象背后的理论基础。在现有研究的基础上，本研究开创性地基于公司主动选择和被动接受的视角，探究了公司的战略惯性、盈利压力、CEO 管理风格是否会促使上市公司主动选择债务政策的持续性，同时进一步研究了公司是否会出于融资约束和外部环境稳定性的考虑而被动接受债务政策持续性，旨在探究我国上市公司债务政策持续性的存在性及其可能的影响因素，相关结果具有重要的理论意义和实践意义。

本研究的主要研究结论有以下几个方面：

1）我国上市公司的债务政策具有持续性，且其呈现出先下降而后再逐渐保持稳定的趋势。本研究认为在路径依赖理论和印记理论的作用下，上市初期的债务政策能够在"惯性"或"印记"的作用下不断正向反馈，并最终持续性地影响未来期间的债务政策。为此，本研究分别在资本结构政策、债务类型结构政策、零杠杆政策、债务期限结构政策和债务期限分散度政策五维度下对债务政策持续性的存在性进行了具体的实证检验。实证结果表明，在任意一个维度下债务政策的结果都验证了上市公司债务政策具有持续性。即使区分为激进型债务政策和保守型债务政策，上市初期债务政策依然具有持续性。为了进一步验证债务政策的持续性现象，本研究按照公司的上市年限进行了分年度回归，按照行业分类进行了分组回归，相关实证结果与预期相一致，再次验证了债务政策持续性的存在性。

与以往研究有所不同，本研究发现了债务政策的持续性趋势。按照上市年限进行分年度回归的结果表明，无论采用何种债务政策，上市初期债务政策对未来期间债务政策的影响会随着上市时间的增加而呈现出先下降而后再逐渐保持稳定的趋势，而不同债务政策在最终达到稳定影响之前所需的时间是有差异的，大约需要 3～5 年。具体来说，上市初期零杠杆政策达到稳定的持续性影响需要 3 年，上市初期债务类型结构政策和上市初期债务期限结构政策对未来期间的债务政策达到稳定的持续性影响需要 4 年，而上市初期资本结构政策和上市初期债务期限分散度政策则需要 5 年。

此外，本研究的实证结果也表明，上市初期债务政策对最优债务政策调整速度的影响会受到债务政策偏好的干扰：当公司采用激进型债务政策时，上市初期债务政策会降低最优债务政策的动态调整速度；而当公司采用保守型债务政策时，上市初期债务政策会加快最优债务政策的动态调整速度。这种差异主要源于不同的债务政策偏好会面临截然不同的调整成本和财务风险影响。

2）战略惯性有助于促使上市公司主动选择债务政策的持续性。本研究认为公司的战略惯性代表了公司维持原有战略现状的程度，战略惯性越大，组织内部的风俗、习惯与技术诀窍越强，组织维持原有战略现状的可能性越大，债务政策的持续性就越强。实证检验的结果表明，无论采用何种债务政策，战略惯性与上市公司债务政策的持续性都显著正相关。这意味着战略惯性确实是影响上市公司债务政策持续性的一个重要因素，对于揭开上市公司债务政策持续性现象的谜团具有重要的意义。

3）盈利压力会促进上市公司债务政策的持续性。基于业绩反馈理论，公司的实际绩效低于历史经营绩效的预期值或分析师盈余预测值时，公司会存在内外部盈利压力，为了避免股价下跌或可能的离职威胁，管理层会出于降低风险或投融资支出的考虑而主动采用持续性的债务政策。相关的实证检验结果表明，无论是内部盈利压力还是外部盈利压力，无论是何种债务政策，盈利压力都会显著地增加债务政策的持续性。现有研究尚无从盈利压力的视角来分析债务政策的持续性现象，本研究得出的结论不仅有助于解释债务政策的持续性现象，而且丰富了盈利压力和上市初期债务政策的相关研究。

4）创始 CEO 管理风格和上市 CEO 管理风格都会正向影响债务政策的持续性。创始CEO 作为公司的创始人，通常持有较多的股份，对公司具有更多的特殊情感，同时还参与并影响了公司成立初期的组织结构、公司战略等，因而创始 CEO 的管理风格对公司后续政策的制定具有至关重要的影响。为此，本研究的实证结果也表明，创始 CEO 管理风格有助于增加上市公司债务政策的持续性，即创始 CEO 的管理风格是影响债务政策持续性的重要因素之一。然而，非创始 CEO 的管理风格是否有助于提高债务政策的持续性呢？本研究以上市 CEO 管理风格和任期最长 CEO 管理风格作为非创始 CEO 管理风格的代表，研究表明，虽然上市时非创始 CEO 的管理风格也会影响债务政策持续性，但影响程度显著低于创始 CEO 的管理风格。除了上市时非创始 CEO 的管理风格外，即使是任期最长的非创始 CEO，其管理风格也不会对持续性产生显著影响。因此，本研究不仅深入研究了创始 CEO 管理风格的影响机制，而且拓宽了现有研究仅关注于创始 CEO 管理风格的限制，提高了本研究结论的普适性。

5）融资约束会促进上市公司债务政策的持续性。融资约束假设认为，由于市场摩擦导致外部债务融资和内部融资成本差异较大，公司可能会被迫选择低债务融资。本研究的实证结果表明，融资约束会增加上市公司债务政策的持续性，这可能是源于公司一方面获取外部融资的能力和规模会受到限制，另一方面面临较高的债务调整成本，进而不得不被动接受现有的债务政策，保持债务政策持续性。这意味着公司自身融资约束也是诱发其债务政策持续性的一个不可忽视的关键因素。

6）公司外部环境对上市公司债务政策持续性的影响主要通过宏观层面的金融危机冲击来体现。本研究的实证结果表明，宏观层面的金融危机会显著地降低上市公司债务政策的持续性，而微观层面的环境不确定性并不会影响债务政策持续性。这意味着外部环境对债务政策持续性的影响存在一定限制，微观层面环境不确定性的影响程度有限，并不足以改变公司的战略惯性、盈利压力以及 CEO 管理风格等因素对债务政策持续性的正向影响，而只有宏观层面的巨大冲击才会引起债务政策持续性的降低。

7.2　主要创新点

本研究的主要创新点有以下几个方面：

第一，本研究提出了中国上市公司债务政策具有持续性的观点，认为公司的上市初期债务政策会持续地影响未来期间的债务政策。同时在债务异质性假说的基础上，从债务规模异质性、债务来源异质性和债务期限异质性三个视角，提出了研究债务政策的五个维度，具体包括资本结构政策、债务类型结构政策、零杠杆政策、债务期限结构政策和债务期限的分散度政策，进一步分别从这五个维度验证了债务政策持续性的存在性。并且明确描述了上市公司债务政策持续性先下降而后再保持稳定的趋势，还揭示了不同维度下债务政策在最终达到稳定影响之前所需时间的差异性。具体来说，不同债务政策在最终达到稳定影响之前所需的时间是有差异的，大约需要 3～5 年。其中，上市初期零杠杆政策达到稳定的持续性影响需要 3 年，上市初期债务类型结构政策和上市初期债务期限结构政策对未来期间的债务政策达到稳定的持续性影响需要 4 年，而上市初期资本结构政策和上市初期债务期限分散度政策则需要 5 年。

该创新点是通过以下研究来验证的：在债务政策的五个维度下，分别采用了全样本回归、按照上市年限分年度回归、不同上市板块、不同行业分类及不同债务政策偏好下的分组回归以及相关的稳健性检验等，验证了债务政策持续性的存在性。关于债务政策持续性趋势的描述则主要通过不同维度下债务政策分年度回归的系数对比得到。

该创新点通过提出债务政策持续性的概念并对其进行验证，不仅丰富了公司债务政策的影响因素研究，也极大地提高了对于公司内部债务政策的演变以及不同公司间债务政策异质性问题的解释力度。同时，对于我国资本市场的发展、相关政策法规的制定、上市公司的债务政策选择以及完成"三去一降一补"工作都具有重要的现实意义，为公司及行业改善债务结构和制定有针对性的降杠杆政策提供了操作依据。

第二，本研究运用路径依赖理论解释了上市公司债务政策持续性现象，克服了现有研究仅以印记理论对公司债务政策持续性进行理论解释的不足。与印记理论不同，本研究认为在路径依赖理论的作用下，上市初期的债务政策能够在"惯性"的作用下不断正向反馈，并最终持续性地影响未来期间的债务政策，而不是单纯的以"印记"判断公司债务政策的持续性。路径依赖理论不仅强调了上市初期债务政策的历史重要作用，还强调了它在时间上的重要作用。

因此，基于路径依赖理论的解释，从不同的理论视角丰富了债务政策持续性的理论基础，对于理解上市初期债务政策对未来期间债务政策的内在影响机制具有至关重要的作用。

第三，本研究提出了战略惯性和盈利压力有助于上市公司主动增加债务政策持续性的观点，并对现有创始 CEO 管理风格的研究广度和深度有所拓展。本研究发现战略惯性、盈利压力以及创始 CEO 管理风格都会显著地增加上市公司债务政策的持续性。一方面战略惯性因素和盈利压力因素有助于对上市公司债务政策的持续性进行解释；另一方面，基于 CEO 管理风格的视角，上市公司债务政策持续性现象的产生主要源于创始 CEO 管理风格的影响，也部分受到了上市时非创始人 CEO 管理风格的影响，但不会受其他非创始人 CEO 管理风格的影响。

该创新点基于公司主动选择因素的视角，分别从战略惯性、盈利压力和创始 CEO 管理风格三个方面研究了债务政策持续性的主动选择因素，从而挖掘出了战略惯性因素和盈利压力因素在解释上市公司债务政策持续性方面所具有的重要学术价值，拓展了 CEO 管理风格的相关研究。

第四，本研究从被动接受的视角分析了融资约束和外部环境不确定性对债务政策持续性所产生的影响，提出了融资约束会增加上市公司债务政策的持续性，宏观层面的金融危机会降低上市公司债务政策的持续性，而微观层面的环境不确定性并不会影响债务政策的持续性。该创新点一方面提出了公司由于自身融资能力的限制会不得不被动接受债务政策的持续性，另一方面扩展了公司外部环境因素与债务政策持续性之间的关系研究，认为，上市公司债务政策的持续性作用较强，不会受公司层面的非系统性风险影响，而更可能受到宏观层面的系统性风险冲击。

该创新点意味着公司层面的融资约束和宏观环境的稳定性都会迫使微观企业被动接受债务政策的持续性，而深入研究我国微观层面的债务政策持续性特征对于更好地落实宏观层面的"去杠杆化"等相关政策具有重要的现实意义。

7.3　局限性

本研究探讨了我国上市公司债务政策持续性的存在性问题及其公司主动选择和被动

接受因素，最终达到了预期的研究目标，并取得了一些重要的研究结论。然而，由于种种原因，本研究仍存在一定的局限性，主要表现在以下四个方面：

第一，本研究未采用公司成立时的债务政策作为上市初期债务政策。本研究在探讨上市初期债务政策对未来期间债务政策的影响时，采用上市当年的债务政策作为上市初期债务政策，而未采用公司成立当年的债务政策，这主要是由于公司成立时的相关数据资料往往由于遗漏缺失或未公开等原因而无法获取。因此，这是本研究的一个局限性。

第二，本研究未考虑 1999 年以前上市的公司样本。在研究设计时，本研究选择公司上市后的数据作为样本观测值，这主要是出于两方面的原因：第一，由于本研究采用公司上市当年的债务政策来定义上市初期债务政策，为了使上市初期债务政策和未来期间的债务政策相匹配；第二，出于数据可获得性的考虑，公司上市后的相关财务数据是公开发布的。在此基础上，本研究的样本区间为 1999—2015 年，考虑到 1999 年以前上市的公司样本中存在上市初期债务政策数据缺失的问题，因而本研究未考虑 1999 年以前上市的公司样本。因此，本研究的结论可能并不能准确代表所有上市公司的初期债务政策的特征，存在一定的局限性。

第三，本研究对于公司主动选择和被动接受因素的探究未包含所有的可能影响因素。由于上市初期债务政策对未来期间债务政策的影响持续时间较长，同时上市公司债务决策过程的复杂性以及隐秘性，本研究无法涵盖影响上市公司债务政策持续性的所有的可能影响因素。但为了探讨上市公司债务政策持续性的可能影响因素，本研究已经考虑了公司的战略惯性、盈利压力和 CEO 管理风格这三个公司主动选择因素，同时也意识到了公司自身的融资约束、微观层面的环境不确定性和宏观层面的金融危机这三个公司被动接受因素的影响，已经达到了本研究的目标。事实上，进一步深入挖掘其他因素对债务政策持续性的影响可以弥补现有研究的局限性。

第四，本研究侧重于从公司的基本面分析债务政策持续性的驱动因素，并未从会计计量方式的视角分析债务政策的持续性。这主要是因为：①本研究同时考虑了资本结构政策、债务类型结构政策、零杠杆政策、债务期限结构政策和债务期限分散度政策这五个维度，无法通过某一种会计计量方式涵盖所有维度的债务政策；②基于债务政策的五个维度来分析主要是考虑了债务政策所表现出的特征差异，而基于会计计量方式的视角则主要是考虑了各会计科目之间的勾稽关系，以此来解释现象背后的本质原因。这是未来研究的一个切入点。

7.4 研究展望

虽然现有研究取得了一定的研究成果，能够明确验证并从理论上解释我国上市公司债务政策持续性的存在性，同时从主动选择和被动接受的视角提出了公司的战略惯性、盈利压力、CEO管理风格、融资约束以及宏观环境的稳定性可以部分解释债务政策的持续性现象，对于后续学者研究该问题具有重要的借鉴和指导意义。然而，上述研究局限性的存在也指明了未来的研究发展方向，具体可以从以下几个方面进行扩展和深入研究：

第一，重新界定上市初期债务政策，并扩大样本范围。通过手工搜集数据等方式获取公司成立时的债务政策数据，重新界定上市初期债务政策。同时进一步将公司的样本扩大至1999年以前上市的公司，进而从更大的范围、更准确的上市初期债务政策定义上来探讨上市初期债务政策的持续性现象及其可能的影响因素等研究问题。

第二，深入挖掘上市公司债务政策持续性现象背后的其他影响因素。上市公司债务政策持续性现象的产生会受到多种因素的影响：一方面，上市初期债务政策的"惯性"或"印记"作用可能来源于公司初创期的组织结构、组织文化、决策习惯等的影响；另一方面，公司的管理层特征，如过度自信或过度保守，也可能会影响债务政策的持续性现象，同时由于债务政策的持续性现象最终通过管理层的当期决策而表现出来，因此影响公司管理层决策的因素是否也会影响债务政策的持续性，这也值得未来进一步深入研究。

第三，研究上市公司债务政策持续性现象可能导致的经济后果。现有研究主要集中于债务政策持续性现象的描述以及影响因素的探讨，尚无研究关注债务政策的持续性会对上市公司产生何种经济后果。深入探讨债务政策持续性对公司绩效、盈余持续性以及投资效率等方面的影响，这也是未来的一个重要研究方向，不仅可以明确债务政策持续性所蕴含的实践意义，而且对于公司管理层债务决策具有重要的借鉴意义。

第四，基于会计计量方式的视角研究债务政策的持续性。在该视角下，侧重于通过各会计科目之间的勾稽关系来推导出债务政策的决定因素，并以此来挖掘债务政策具有持续性的本质原因，更具有说服力。这也是从理论上定义、探究以及挖掘债务政策持续性的必经之路，具有重要的理论价值和现实意义。

参 考 文 献

[1] 曾爱民，张纯，魏志华. 金融危机冲击、财务柔性储备与企业投资行为——来自中国上市公司的经验证据[J]. 管理世界，2013（4）：107-120.

[2] 陈策，吕长江. 上市板块差异对会计稳健性的影响——来自A股主板和中小板民营企业的实证检验[J]. 会计研究，2011（9）：32-39.

[3] 陈闯，刘天宇. 创始经理人、管理层股权分散度与研发决策[J]. 金融研究，2012（7）：196-206.

[4] 陈德萍，曾智海. 资本结构与企业绩效的互动关系研究——基于创业板上市公司的实证检验[J]. 会计研究，2012（8）：66-71,97.

[5] 陈岩，张斌，翟瑞瑞. 国有企业债务结构对创新的影响——是否存在债务融资滥用的经验检验[J]. 科研管理，2016（4）：16-26.

[6] 陈艺萍，张信东. 经理特质与资本结构关系研究述评[J]. 经济学动态，2012（1）：136-140.

[7] 段云，国瑶. 政治关系、货币政策与债务结构研究[J]. 南开管理评论，2012（5）：84-94.

[8] 葛永波，陈磊，刘立安. 管理者风格:企业主动选择还是管理者随性施予?——基于中国上市公司投融资决策的证据[J]. 金融研究，2016（4）：190-206.

[9] 苟文均，袁鹰，漆鑫. 债务杠杆与系统性风险传染机制——基于CCA模型的分析[J]. 金融研究，2016（3）：74-91.

[10] 贺小刚，李婧，吕斐斐，等. 绩优企业的投机经营行为分析——来自中国上市公司的数据检验[J]. 中国工业经济，2015（5）：110-121.

[11] 胡建雄，茅宁. 债务来源异质性对企业投资扭曲行为影响的实证研究[J]. 管理科学，2015（1）：47-57.

[12] 黄继承，姜付秀. 产品市场竞争与资本结构调整速度[J]. 世界经济，2015（7）：99-119.

[13] 黄珍，李婉丽，高伟伟. 上市公司的零杠杆政策选择研究[J]. 中国经济问题，2016（1）：110-123.

[14] 黄珍，李婉丽，高伟伟. 为什么上市公司会选择零杠杆政策?[J]. 证券市场导报，2016（9）：21-29,56.

[15] 江龙，宋常，刘笑松. 经济周期波动与上市公司资本结构调整方式研究[J]. 会计研究，2013（7）：28-34,96.

[16] 姜晨，刘汉民. 组织演化理论研究进展[J]. 经济学动态，2005（7）：88-92.

[17] 姜付秀，刘志彪，李焰. 不同行业内公司之间资本结构差异研究——以中国上市公司为例[J]. 金融研究，2008（5）：172-185.

[18] 姜付秀，屈耀辉，陆正飞，等. 产品市场竞争与资本结构动态调整[J]. 经济研究，2008（4）：99-110.

[19] 李大元，项保华，陈应龙. 企业动态能力及其功效:环境不确定性的影响[J]. 南开管理评论，2009（6）：

60-68.

[20] 李科, 徐龙炳. 资本结构、行业竞争与外部治理环境[J]. 经济研究, 2009 (6): 116-128.

[21] 李青原, 吴素云, 王红建. 通货膨胀预期与企业银行债务融资[J]. 金融研究, 2015 (11): 124-141.

[22] 李维安, 徐建. 董事会独立性、总经理继任与战略变化幅度——独立董事有效性的实证研究[J]. 南开管理评论, 2014 (1): 4-13.

[23] 李晓溪, 刘静, 王克敏. 家族创始人职业经历与企业财务保守行为研究[J]. 财经研究, 2016(4): 92-101.

[24] 李心合, 王亚星, 叶玲. 债务异质性假说与资本结构选择理论的新解释[J]. 会计研究, 2014 (12): 3-10,95.

[25] 李延喜, 陈克兢, 姚宏, 等. 认知偏差、债务政策选择偏好和资本结构税收效应[J]. 中国管理科学, 2012 (2): 184-192.

[26] 李曜, 丛菲菲. 产业竞争下的民企资本结构选择——兼以苏宁云商为例[J]. 会计研究, 2015 (4): 47-54,96.

[27] 李增福, 顾研, 连玉君. 税率变动、破产成本与资本结构非对称调整[J]. 金融研究, 2012(5): 136-150.

[28] 连燕玲, 贺小刚, 高皓. 业绩期望差距与企业战略调整——基于中国上市公司的实证研究[J]. 管理世界, 2014 (11): 119-132,188.

[29] 连燕玲, 贺小刚. CEO 开放性特征、战略惯性和组织绩效——基于中国上市公司的实证分析[J]. 管理科学学报, 2015 (1): 1-19.

[30] 连燕玲, 周兵, 贺小刚, 等. 经营期望、管理自主权与战略变革[J]. 经济研究, 2015 (8): 31-44.

[31] 梁琪, 余峰燕. 金融危机、国有股权与资本投资[J]. 经济研究, 2014 (4): 47-61.

[32] 林钟高, 徐虹, 芮晨. 外部盈利压力、内部控制与上市公司并购[J]. 审计与经济研究, 2016(3): 21-30.

[33] 林钟高, 郑军, 卜继栓. 环境不确定性、多元化经营与资本成本[J]. 会计研究, 2015 (2): 36-43,93.

[34] 刘海建, 周小虎, 龙静. 组织结构惯性、战略变革与企业绩效的关系:基于动态演化视角的实证研究[J]. 管理评论, 2009 (11): 92-100.

[35] 刘银国, 焦健, 张琛. 股利政策、自由现金流与过度投资——基于公司治理机制的考察[J]. 南开管理评论, 2015 (4): 139-150.

[36] 吕峻, 石荣. 宏观经济因素对公司资本结构影响的研究——兼论三种资本结构理论的关系[J]. 当代经济科学, 2014 (6): 95-105,125-126.

[37] 吕一博, 程露, 苏敬勤. 组织惯性对集群网络演化的影响研究——基于多主体建模的仿真分析[J]. 管理科学学报, 2015 (6): 30-40.

[38] 梅波, 吴昊旻. 嵌入行业周期的债务来源间替代效应研究[J]. 经济与管理研究, 2013 (8): 74-82.

[39] 闵亮, 沈悦. 宏观冲击下的资本结构动态调整——基于融资约束的差异性分析[J]. 中国工业经济, 2011 (5): 109-118.

[40] 潘晓波. 战略变化、绩效驱动与宏观经济波动[J]. 宏观经济研究, 2015 (6): 49-59.

[41] 潜力, 胡援成. 经济周期、融资约束与资本结构的非线性调整[J]. 世界经济, 2015 (12): 135-158.

[42] 曲凤杰. 危机后美国经济的去杠杆化:成效及影响[J]. 国际贸易, 2014 (3): 41-48.

[43] 申慧慧，于鹏，吴联生. 国有股权、环境不确定性与投资效率[J]. 经济研究，2012（7）：113-126.

[44] 申慧慧. 环境不确定性对盈余管理的影响[J]. 审计研究，2010（1）：89-96.

[45] 苏冬蔚，曾海舰. 宏观经济因素与公司资本结构变动[J]. 经济研究，2009：52-65.

[46] 谈多娇，张兆国，刘晓霞. 资本结构与产品市场竞争优势——来自中国民营上市公司和国有控股上市公司的证据[J]. 中国软科学，2010（10）：143-151.

[47] 王红建，李青原，邢斐. 金融危机、政府补贴与盈余操纵——来自中国上市公司的经验证据[J]. 管理世界，2014（7）：157-167.

[48] 王菁，程博，孙元欣. 期望绩效反馈效果对企业研发和慈善捐赠行为的影响[J]. 管理世界，2014（8）：115-133.

[49] 王菁，程博. 外部盈利压力会导致企业投资不足吗?——基于中国制造业上市公司的数据分析[J]. 会计研究，2014（3）：33-40,95.

[50] 王亮亮，王跃堂. 工资税盾、替代效应与资本结构[J]. 金融研究，2016（7）：113-133.

[51] 王亮亮，王跃堂. 企业研发投入与资本结构选择——基于非债务税盾视角的分析[J]. 中国工业经济，2015（11）：125-140.

[52] 王砚羽，谢伟，乔元波，等. 隐形的手:政治基因对企业并购控制倾向的影响——基于中国上市公司数据的实证分析[J]. 管理世界，2014（8）：102-114,133.

[53] 王跃堂，王亮亮，彭洋. 产权性质、债务税盾与资本结构[J]. 经济研究，2010（9）：122-136.

[54] 王正位，赵冬青，朱武祥. 资本市场磨擦与资本结构调整——来自中国上市公司的证据[J]. 金融研究，2007（6）：109-119.

[55] 吴国鼎. 股权结构、上市板块与企业绩效[J]. 金融评论，2015（1）：89-99.

[56] 夏庆杰，李实，宋丽娜，等. 国有单位工资结构及其就业规模变化的收入分配效应:1988—2007[J]. 经济研究，2012（6）：127-142.

[57] 肖作平，廖理. 公司治理影响债务期限水平吗?——来自中国上市公司的经验证据[J]. 管理世界，2008（11）：143-156,188.

[58] 肖作平. 终极所有权结构对资本结构选择的影响——来自中国上市公司的经验证据[J]. 中国管理科学，2012（4）：167-176.

[59] 谢海洋，董黎明. 债务融资结构对企业投资行为的影响[J]. 中南财经政法大学学报，2011（1）：92-96.

[60] 谢震，艾春荣. 分析师关注与公司研发投入:基于中国创业板公司的分析[J]. 财经研究，2014（2）：108-119.

[61] 熊剑，王金. 债权人能够影响高管薪酬契约的制定吗——基于我国上市公司债务成本约束的视角[J]. 南开管理评论，2016（2）：42-51.

[62] 于蔚，金祥荣，钱彦敏. 宏观冲击、融资约束与公司资本结构动态调整[J]. 世界经济，2012（3）：24-47.

[63] 张志强. 财务保守现象剖析[J]. 财经问题研究，2010（6）：100-106.

[64] 赵文红，李垣. 企业人力资源管理对战略变化幅度的影响分析[J]. 科学学与科学技术管理，2004（3）：86-89.

[65] 甄红线，梁超，史永东. 宏观冲击下企业资本结构的动态调整[J]. 经济学动态，2014（3）：72-81.

[66] 郑祥风. 中国上市公司动态最优资本结构的理论模型[J]. 中国管理科学，2015（3）：47-55.

[67] 周开国，徐亿卉. 中国上市公司的资本结构是否稳定[J]. 世界经济，2012（5）：106-120.

[68] 朱武祥，陈寒梅，吴迅. 产品市场竞争与财务保守行为——以燕京啤酒为例的分析[J]. 经济研究，2002（8）：28-36,93.

[69] 祝继高，王春飞. 金融危机对公司现金股利政策的影响研究——基于股权结构的视角[J]. 会计研究，2013（2）：38-44,94.

[70] ABREU J F, GULAMHUSSEN M A. Dividend payouts: evidence from US bank holding companies in the context of the financial crisis[J]. Journal of Corporate Finance, 2013, 22（1）：54-65.

[71] ACHARYA V V, MERROUCHE O. Precautionary hoarding of liquidity and interbank markets: evidence from the subprime crisis[J]. Review of Finance, 2013, 17（1）：107-160.

[72] ADAM T, GOYAL V K. The investment opportunity set and its proxy variables[J]. Journal of Financial Research, 2008, 31（1）：41-63.

[73] ADAMS R, ALMEIDA H, FERREIRA D. Understanding the relationship between founder–CEOs and firm performance[J]. Journal of Empirical Finance, 2009, 16（1）：136-150.

[74] AGHION P, BOLTON P. An incomplete contracts approach to financial contracting[J]. The Review of Economic Studies, 1992, 59（3）：473-494.

[75] AHN S, CHOI W. The role of bank monitoring in corporate governance: evidence from borrowers's earnings management behavior[J]. Journal of Banking & Finance, 2009, 33（2）：425 - 434.

[76] ALMEIDA H, CAMPELLO M. Financial constraints, asset tangibility, and corporate investment[J]. Review of Financial Studies, 2007, 20（5）：1429-1460.

[77] ANDERSON R C, REEB D M. Founding-family ownership and firm performance: evidence from the S&P 500[J]. The Journal of Finance, 2003, 58（3）：1301-1327.

[78] ARGOTE L, MIRON-SPEKTOR E. Organizational learning: from experience to knowledge[J]. Organization Science, 2011, 22（5）：1123-1137.

[79] ARRFELT M, WISEMAN R M, HULT G T M. Looking backward instead of forward: aspiration-driven influences on the efficiency of the capital allocation process[J]. Academy of Management Journal, 2013, 56（4）：1081-1103.

[80] AUTORE D M, KOVACS T. Equity issues and temporal variation in information asymmetry[J]. Journal of Banking & Finance, 2010, 34（1）：12-23.

[81] BAEK J, KANG J, SUH PARK K. Corporate governance and firm value: evidence from the Korean financial crisis[J]. Journal of Financial Economics, 2004, 71（2）：265-313.

[82] BAMBER L S, JIANG J, WANG I Y. What's my style? The influence of top managers on voluntary corporate financial disclosure[J]. The Accounting Review, 2010, 85（4）：1131-1162.

[83] BARON J N, HANNAN M T, BURTON M D. Building the iron cage: determinants of managerial intensity

in the early years of organizations[J]. American Sociological Review, 1999, 64（4）: 527-547.

[84] BARRON J M, CHULKOV D V, WADDELL G R. Top management team turnover, CEO succession type, and strategic change[J]. Journal of Business Research, 2011, 64（8）: 904-910.

[85] BARRON O E, STUERKE P S. Dispersion in analysts' earnings forecasts as a measure of uncertainty[J]. Journal of Accounting, Auditing & Finance, 1998, 13（3）: 245-270.

[86] BASS B M, RIGGIO R E. Transformational leadership[M]. London: Psychology Press, 2006.

[87] BASS B M. Leadership and performance beyond expectations[M]. London: Collier Macmillan Company, 1985.

[88] BASSE T, REDDEMANN S, RIEGLER J, et al. Bank dividend policy and the global financial crisis: empirical evidence from Europe[J]. European Journal of Political Economy, 2014, 34, Supplement: S25-S31.

[89] BAUM C F, CAGLAYAN M, TALAVERA O. On the sensitivity of firms' investment to cash flow and uncertainty[J]. Oxford Economic Papers, 2010, 62（2）: 286-306.

[90] BERGER A N, BONACCORSI DI PATTI E. Capital structure and firm performance: a new approach to testing agency theory and an application to the banking industry[J]. Journal of Banking & Finance, 2006, 30（4）: 1065-1102.

[91] BERTRAND M, SCHOAR A. Managing with style: the effect of managers on firm policies[J]. The Quarterly Journal of Economics, 2003, 118（4）: 1169-1208.

[92] BESSLER W, DROBETZ W, HALLER R, et al. The international zero-leverage phenomenon[J]. Journal of Corporate Finance, 2013, 23（12）: 196-221.

[93] BILLETT M T, FLANNERY M J, GARFINKEL J A. Are bank loans special? Evidence on the post-announcement performance of bank borrowers[J]. Journal of Financial and Quantitative Analysis, 2006, 41（04）: 733-751.

[94] BILLETT M T, KING T H D, MAUER D C. Growth opportunities and the choice of leverage, debt maturity, and covenants[J]. The Journal of Finance, 2007, 62（2）: 697-730.

[95] BLOOM N, BOND S, REENEN J V. Uncertainty and investment dynamics[J]. The Review of Economic Studies, 2007, 74（2）: 391-415.

[96] BOEKER W. Strategic change: The effects of founding and history[J]. Academy of Management Journal, 1989, 32（3）: 489-515.

[97] BOURDIEU P. The logic of practice[M]. Redwood City: Stanford University Press, 1990.

[98] BRADLEY M, JARRELL G A, KIM E. On the existence of an optimal capital structure: theory and evidence[J]. The Journal of Finance, 1984, 39（3）: 857-878.

[99] BRANDER J A, LEWIS T R. Oligopoly and financial structure: the limited liability effect[J]. The American Economic Review, 1986, 76（5）: 956-970.

[100] BURGSTAHLER D, EAMES M. Management of earnings and analysts' forecasts to achieve zero and

small positive earnings surprises[J]. Journal of Business Finance & Accounting, 2006, 33(5-6): 633-652.

[101] BURNS J M. Leadership[J]. New Yorker: Harper & Row, 1978.

[102] BUSHEE B J. The influence of institutional investors on myopic R&D investment behavior[J]. The Accounting Review, 1998, 73 (3): 305-333.

[103] BYERS S S, FIELDS L P, FRASER D R. Are corporate governance and bank monitoring substitutes: evidence from the perceived value of bank loans[J]. Journal of Corporate Finance, 2008, 14(4): 475-483.

[104] BYOUN S, XU Z. Why do some firms go debt free?[J]. Asia-Pacific Journal of Financial Studies, 2013, 42 (1): 1-38.

[105] BYOUN S. How and when do firms adjust their capital structures toward targets?[J]. The Journal of Finance, 2008, 63 (6): 3069-3096.

[106] CAMPBELL J L, DHALIWAL D S, SCHWARTZ W C. Financing constraints and the cost of capital: evidence from the funding of corporate pension plans[J]. Review of Financial Studies, 2011, 25 (3): 868-912.

[107] CAMPELLO M, GRAHAM J R, HARVEY C R. The real effects of financial constraints: evidence from a financial crisis[J]. Journal of Financial Economics, 2010, 97 (3): 470-487.

[108] CHANG Y, CHOU R K, HUANG T. Corporate governance and the dynamics of capital structure: new evidence[J]. Journal of Banking & Finance, 2014, 48 (11): 374-385.

[109] CHATTOPADHYAY P, GLICK W H, HUBER G P. Organizational actions in response to threats and opportunities[J]. Academy of Management Journal, 2001, 44 (5): 937-955.

[110] CHEN H. Macroeconomic conditions and the puzzles of credit spreads and capital structure[J]. The Journal of Finance, 2010, 65 (6): 2171-2212.

[111] CHEN W. Determinants of firms' backward-and forward-looking R&D search behavior[J]. Organization Science, 2008, 19 (4): 609-622.

[112] CHOI J, HACKBARTH D, ZECHNER J. Granularity of corporate debt. Journal of Financial and Quantitative Analysis, 2021, 56(4): 1127-1162.

[113] CHOR D, MANOVA K. Off the cliff and back? Credit conditions and international trade during the global financial crisis[J]. Journal of International Economics, 2012, 87 (1): 117-133.

[114] CHRISTENSEN P O, DE LA ROSA L E, FELTHAM G A. Information and the cost of capital: an ex ante perspective[J]. The Accounting Review, 2010, 85(3): 817-848.

[115] CLAESSENS S, TONG H, WEI S. From the financial crisis to the real economy: using firm-level data to identify transmission channels[J]. Journal of International Economics, 2012, 88 (2): 375-387.

[116] COLLA P, IPPOLITO F, LI K. Debt specialization[J]. The Journal of Finance, 2013, 68(5): 2117-2141.

[117] COOK D O, TANG T. Macroeconomic conditions and capital structure adjustment speed[J]. Journal of Corporate Finance, 2010, 16 (1): 73-87.

[118] CORNETT M M, MCNUTT J J, STRAHAN P E, et al. Liquidity risk management and credit supply in the

financial crisis[J]. Journal of Financial Economics, 2011, 101（2）: 297-312.

[119] CORNETT M M, GUO L, KHAKSARI S, et al. The impact of state ownership on performance differences in privately-owned versus state-owned banks: an international comparison[J]. Journal of Financial Intermediation, 2010, 19（1）: 74-94.

[120] CROSSAN M M, LANE H W, WHITE R E. An organizational learning framework: from intuition to institution[J]. Academy of Management Review, 1999, 24（3）: 522-537.

[121] CUSTÓDIO C, FERREIRA M A, LAUREANO L. Why are US firms using more short-term debt?[J]. Journal of Financial Economics, 2013, 108（1）: 182-212.

[122] CYERT R M, MARCH J G. A behavioral theory of the firm[M]. Englewood Cliffs: Prentice Hall, 1963.

[123] DANG V A. An empirical analysis of zero-leverage firms: new evidence from the UK[J]. International Review of Financial Analysis, 2013, 30（12）: 189-202.

[124] DATTA S, ISKANDAR-DATTA M, RAMAN K. Value creation in corporate asset sales: the role of managerial performance and lender monitoring[J]. Journal of Banking & Finance, 2003, 27（2）: 351-375.

[125] DAVID P A. Clio and the economics of QWERTY[J]. The American Economic Review, 1985, 75（2）: 332-337.

[126] DAVID P, O'BRIEN J P, YOSHIKAWA T. The implications of debt heterogeneity for R&D investment and firm performance[J]. Academy of Management Journal, 2008, 51（1）: 165-181.

[127] DEANGELO H, ROLL R. How stable are corporate capital structures?[J]. The Journal of Finance, 2014, 70（1）: 373-418.

[128] DEANGELO H, MASULIS R W. Optimal capital structure under corporate and personal taxation[J]. Journal of Financial Economics, 1980, 8（1）: 3-29.

[129] DEVOS E, DHILLON U, JAGANNATHAN M, et al. Why are firms unlevered[J]. Journal of Corporate Finance, 2012, 18（3）: 664–682.

[130] DIAMOND D W. Debt maturity structure and liquidity risk[J]. Quarterly Journal of Economics, 1991, 106（3）: 709-37.

[131] DIAMOND D W. Financial intermediation and delegated monitoring[J]. The Review of Economic Studies, 1984, 51（3）: 393-414.

[132] DUCHIN R, OZBAS O, SENSOY B A. Costly external finance, corporate investment, and the subprime mortgage credit crisis[J]. Journal of Financial Economics, 2010, 97（3）: 418-435.

[133] DUNCAN R B. Characteristics of organizational environments and perceived environmental uncertainty[J]. Administrative Science Quarterly, 1972, 17（3）: 313-327.

[134] FACCIO M, XU J. Taxes and capital structure[J]. Journal of Financial and Quantitative Analysis, 2015, 50（3）: 277-300.

[135] FAHLENBRACH R. Founder-CEOs, investment decisions, and stock market performance[J]. Journal of Financial and Quantitative Analysis, 2009, 44（02）: 439-466.

[136] FAMA E F, FRENCH K R. Testing trade-off and pecking order predictions about dividends and debt[J]. Review of Financial Studies, 2002, 15（1）: 1-33.

[137] FAMA E F. What's different about banks?[J]. Journal of Monetary Economics, 1985, 15（1）: 29-39.

[138] FAN J P, TITMAN S, TWITE G. An international comparison of capital structure and debt maturity choices[J]. Journal of Financial and Quantitative Analysis, 2012, 47（1）: 23-56.

[139] FARRELL K A, WHIDBEE D A. Impact of firm performance expectations on CEO turnover and replacement decisions[J]. Journal of Accounting and Economics, 2003, 36（1）: 165-196.

[140] FAULKENDER M, PETERSEN M A. Does the source of capital affect capital structure?[J]. Review of Financial Studies, 2006, 19（1）: 45-79.

[141] FAZZARI S, HUBBARD R G, PETERSEN B C. Financing constraints and corporate investment[J]. Brookings Papers on Economic Activity, 1988, 19（1）: 141-195.

[142] FEE C E, HADLOCK C J, PIERCE J R. Managers with and without style: evidence using exogenous variation[J]. Review of Financial Studies, 2013, 26（3）: 567-601.

[143] FINKELSTEIN S, HAMBRICK D C. Top-management-team tenure and organizational outcomes: the moderating role of managerial discretion[J]. Administrative Science Quarterly, 1990, 35（3）: 484-503.

[144] FLANNERY M J, RANGAN K P. Partial adjustment toward target capital structures[J]. Journal of Financial Economics, 2006, 79（3）: 469-506.

[145] FRANK M Z, GOYAL V K. Capital structure decisions: which factors are reliably important?[J]. Financial Management, 2009, 38（1）: 1-37.

[146] GAVETTI G, LEVINTHAL D. Looking forward and looking backward: cognitive and experiential search[J]. Administrative Science Quarterly, 2000, 45（1）: 113-137.

[147] GHOSH D, OLSEN L. Environmental uncertainty and managers' use of discretionary accruals[J]. Accounting, Organizations and Society, 2009, 34（2）: 188-205.

[148] GILSON S C, JOHN K, LANG L H. Troubled debt restructurings: an empirical study of private reorganization of firms in default[J]. Journal of Financial Economics, 1990, 27（2）: 315-353.

[149] GIMENO J, FOLTA T B, COOPER A C, et al. Survival of the fittest? Entrepreneurial human capital and the persistence of underperforming firms[J]. Administrative Science Quarterly, 1997, 42（4）: 750-783.

[150] GORDON R H, LEE Y. Do taxes affect corporate debt policy? Evidence from U.S. corporate tax return data[J]. Journal of Public Economics, 2001, 82（2）: 195-224.

[151] GOYAL V K, LEHN K, RACIC S. Growth opportunities and corporate debt policy: the case of the U.S. defense industry[J]. Journal of Financial Economics, 2002, 64（1）: 35-59.

[152] GRAHAM J R, TUCKER A L. Tax shelters and corporate debt policy[J]. Journal of Financial Economics, 2006, 81（3）: 563-594.

[153] GRAHAM J R, HARVEY C R, RAJGOPAL S. The economic implications of corporate financial reporting[J]. Journal of Accounting and Economics, 2005, 40（1）: 3-73.

[154] GRAHAM J R, HARVEY C R. The theory and practice of corporate finance: evidence from the field[J]. Journal of Financial Economics, 2001, 60 (2–3): 187-243.

[155] GRAHAM J R. Debt and the marginal tax rate[J]. Journal of Financial Economics, 1996, 41 (1): 41-73.

[156] GRAHAM J R. How big are the tax benefits of debt?[J]. The Journal of Finance, 2000, 55(5): 1901-1941.

[157] GROSSMAN W, CANNELLA A A. The impact of strategic persistence on executive compensation[J]. Journal of Management, 2006, 32 (2): 257-278.

[158] HABIB A, HOSSAIN M, JIANG H. Environmental uncertainty and the market pricing of earnings smoothness[J]. Advances in Accounting, 2011, 27(2): 256-265.

[159] HACKBARTH D, MIAO J, MORELLEC E. Capital structure, credit risk, and macroeconomic conditions[J]. Journal of Financial Economics, 2006, 82 (3): 519-550.

[160] HACKBARTH D. Determinants of corporate borrowing: a behavioral perspective[J]. Journal of Corporate Finance, 2009, 15 (4): 389-411.

[161] HACKBARTH D. Managerial traits and capital structure decisions[J]. Journal of Financial and Quantitative Analysis, 2008, 43 (4): 843-882.

[162] HAMBRICK D C, GELETKANYCZ M A, FREDRICKSON J W. Top executive commitment to the status quo: some tests of its determinants[J]. Strategic Management Journal, 1993, 14 (6): 401-418.

[163] HAMBRICK D C, MASON P A. Upper echelons: the organization as a reflection of its top managers[J]. Social Science Electronic Publishing, 1984, 9 (2): 193-206.

[164] HANNAN M T, CARROLL G. Dynamics of organizational populations: density, legitimation, and competition[M]. New York: Oxford University Press, 1992.

[165] HANNAN M T, FREEMAN J. Structural inertia and organizational change[J]. American Sociological Review, 1984, 49 (2): 149-164.

[166] HANNAN M T, FREEMAN J. The population ecology of organizations[J]. American Journal of Sociology, 1977, 82 (5): 929-964.

[167] HANOUSEK J, SHAMSHUR A. A stubborn persistence: is the stability of leverage ratios determined by the stability of the economy?[J]. Journal of Corporate Finance, 2011, 17 (5): 1360-1376.

[168] HANSSENS J, DELOOF M, VANACKER T. The evolution of debt policies: new evidence from business startups[J]. Journal of Banking & Finance, 2016, 65 (4): 120-133.

[169] HARRIS M, RAVIV A. Corporate control contests and capital structure[J]. Journal of Financial Economics, 1988, 20 (1): 55-86.

[170] HARVEY C R, LINS K V, ROPER A H. The effect of capital structure when expected agency costs are extreme[J]. Journal of Financial Economics, 2004, 74 (1): 3-30.

[171] HAYNES K T, HILLMAN A. The effect of board capital and CEO power on strategic change[J]. Strategic Management Journal, 2010, 31 (11): 1145-1163.

[172] HE J J, TIAN X. The dark side of analyst coverage: the case of innovation[J]. Journal of Financial

Economics, 2013, 109 (3): 856-878.

[173] HE L. Do founders matter? A study of executive compensation, governance structure and firm performance[J]. Journal of Business Venturing, 2008, 23 (3): 257-279.

[174] HUANG Z, LI W, GAO W. Why do firms choose zero-leverage policy? Evidence from China[J]. Applied Economics, 2017, 49 (28): 2736-2748.

[175] HUBER G P. Organizational learning: the contributing processes and the literatures[J]. Organization Science, 1991, 2 (1): 88-115.

[176] HUTZSCHENREUTER T, KLEINDIENST I, GREGER C. How new leaders affect strategic change following a succession event: a critical review of the literature[J]. The Leadership Quarterly, 2012, 23 (5): 729-755.

[177] IVASHINA V, SCHARFSTEIN D. Bank lending during the financial crisis of 2008[J]. Journal of Financial Economics, 2010, 97 (3): 319-338.

[178] JAMES C. Some evidence on the uniqueness of bank loans[J]. Journal of Financial Economics, 1987, 19 (2): 217-235.

[179] JAYARAMAN N, KHORANA A, NELLING E, et al. Research notes and commentaries CEO founder status and firm financial performance[J]. Strategic Management Journal, 2000, 21 (12): 1215-1224.

[180] JENSEN M C, MECKLING W H. Theory of the firm: managerial behavior, agency costs and ownership structure[J]. Journal of Financial Economics, 1976, 3 (4): 305-360.

[181] JENSEN M C. Agency costs of free cash flow, corporate finance, and takeovers[J]. The American Economic Review, 1986, 76 (2): 323-329.

[182] JUN S, JEN F C. Trade-off model of debt maturity structure[J]. Review of Quantitative Finance and Accounting, 2003, 20 (1): 5-34.

[183] KAHLE K M, STULZ R M. Access to capital, investment, and the financial crisis[J]. Journal of Financial Economics, 2013, 110 (2): 280-299.

[184] KANG J, LIU W. Bank incentives and suboptimal lending decisions: evidence from the valuation effect of bank loan announcements in Japan[J]. Journal of Banking & Finance, 2008, 32 (6): 915-929.

[185] KAYO E K, KIMURA H. Hierarchical determinants of capital structure[J]. Journal of Banking & Finance, 2011, 35 (2): 358-371.

[186] KIM J, J J KIM, MINER A S. Organizational learning from extreme performance experience: the impact of success and recovery experience[J]. Organization Science, 2009, 20 (6): 958-978.

[187] KORAJCZYK R A, LEVY A. Capital structure choice: macroeconomic conditions and financial constraints[J]. Journal of Financial Economics, 2003, 68 (1): 75-109.

[188] KRAUS A, LITZENBERGER R H. A state-preference model of optimal financial leverage[J]. The Journal of Finance, 1973, 28 (4): 911-922.

[189] LAMBERT R A, LEUZ C, VERRECCHIA R E. Information asymmetry, information precision, and the

cost of capital[J]. Review of Finance, 2012, 16（1）: 1-29.

[190] LEARY M T, ROBERTS M R. Do firms rebalance their capital structures?[J]. The Journal of Finance, 2005, 60（6）: 2575-2619.

[191] LEARY M T, ROBERTS M R. The pecking order, debt capacity, and information asymmetry[J]. Journal of Financial Economics, 2010, 95（3）: 332-355.

[192] LEE J M, HWANG B H, CHEN H. Are founder CEOs more overconfident than professional CEOs? Evidence from S&P 1500 companies[J]. Strategic Management Journal, 2017, 38（3）: 751-769.

[193]LELAND H E, PYLE D H. Informational asymmetries, financial structure, and financial intermediation[J]. Journal of Finance, 1977, 32（2）: 371-387.

[194] LEMMON M L, ROBERTS M R, ZENDER J F. Back to the beginning: persistence and the cross-section of corporate capital structure[J]. The Journal of Finance, 2008, 63（4）: 1575-1608.

[195] LEVITT B, MARCH J G. Organizational learning[J]. Annual Review of Sociology, 1988, 14（1）:319-340.

[196] LEVY A, HENNESSY C. Why does capital structure choice vary with macroeconomic conditions?[J]. Journal of Monetary Economics, 2007, 54（6）: 1545-1564.

[197] LI F, SRINIVASAN S. Corporate governance when founders are directors[J]. Journal of Financial Economics, 2011, 102（2）: 454-469.

[198] LIU C, UCHIDA K, YANG Y. Corporate governance and firm value during the global financial crisis: evidence from China[J]. International Review of Financial Analysis, 2012, 21（1）: 70-80.

[199] LOCKE E A, LATHAM G P. Work motivation and satisfaction: light at the end of the tunnel[J]. Psychological Science, 1990, 1（4）: 240-246.

[200] LOVE I, PREVE L A, SARRIA-ALLENDE V. Trade credit and bank credit: evidence from recent financial crises[J]. Journal of Financial Economics, 2007, 83（2）: 453-469.

[201] LOVE I, ZAIDI R. Trade credit, bank credit and financial crisis[J]. International Review of Finance, 2010, 10（1）: 125-147.

[202] MACKEY A. The effect of CEOs on firm performance[J]. Strategic Management Journal, 2008, 29（12）: 1357-1367.

[203] MAKSIMOVIC V. Capital structure in repeated oligopolies[J]. The Rand Journal of Economics, 1988, 19（3）: 389-407.

[204] MALMENDIER U, TATE G, YAN J. Overconfidence and early life experiences: the effect of managerial traits on corporate financial policies[J]. The Journal of Finance, 2011, 66（5）: 1687-1733.

[205] MALMENDIER U, NAGEL S. Depression babies: do macroeconomic experiences affect risk taking?[J]. The Quarterly Journal of Economics, 2011, 126（1）: 373-416.

[206] MARCH J G. Exploration and exploitation in organizational learning[J]. Organization Science, 1991, 2（1）: 71-87.

[207] MARCHICA M, MURA R. Financial flexibility, investment ability, and firm value: evidence from firms

with spare debt capacity[J]. Financial Management, 2010, 39（4）: 1339-1365.

[208] MARGARITIS D, PSILLAKI M. Capital structure, equity ownership and firm performance[J]. Journal of Banking & Finance, 2010, 34（3）: 621-632.

[209] MARQUIS C, TILCSIK A. Imprinting: toward a multilevel theory[J]. Academy of Management Annals, 2013, 7（1）: 195-245.

[210] MERTON R C. On estimating the expected return on the market: an exploratory investigation[J]. Journal of Financial Economics, 1980, 8（4）: 323-361.

[211] MIAN A R, SANTOS J A. Liquidity risk, and maturity management over the credit cycle[J]. Journal of Financial Economics, 2018, 127（2）: 264–284.

[212] MILLIKEN F J. Three types of perceived uncertainty about the environment: state, effect, and response uncertainty[J]. Academy of Management Review, 1987, 12（1）: 133-143.

[213] MISHINA Y, DYKES B J, BLOCK E S, et al. Why "good" firms do bad things: the effects of high aspirations, high expectations, and prominence on the incidence of corporate illegality[J]. Academy of Management Journal, 2010, 53（4）: 701-722.

[214] MODIGLIANI F, MILLER M H. Corporate income taxes and the cost of capital: a correction[J]. The American Economic Review, 1963, 53（3）: 433-443.

[215] MODIGLIANI F, MILLER M H. The cost of capital, corporation finance and the theory of investment[J]. The American Economic Review, 1958, 48（3）: 261-297.

[216] MYERS S C, MAJLUF N S. Corporate financing and investment decisions when firms have information that investors do not have[J]. Journal of Financial Economics, 1984, 13（2）: 187-221.

[217] MYERS S C. The capital structure puzzle[J]. The Journal of Finance, 1984, 39（3）: 574-592.

[218] NADKARNI S, HERRMANN P. CEO personality, strategic flexibility, and firm performance: the case of the Indian business process outsourcing industry[J]. Academy of Management Journal, 2010, 53（5）: 1050-1073.

[219] NELSON T. The persistence of founder influence: management, ownership, and performance effects at initial public offering[J]. Strategic Management Journal, 2003, 24（8）: 707-724.

[220] NORDEN L, ROOSENBOOM P, WANG T. The effects of corporate bond granularity[J]. Journal of Banking & Finance, 2016, 63（2）: 25-34.

[221] PAGE S E. Path dependence[J]. Quarterly Journal of Political Science, 2006, 1（1）: 87-115.

[222] QIAN M, YEUNG B Y. Bank financing and corporate governance[J]. Journal of Corporate Finance, 2015, 32（1）: 258-270.

[223] RAJAN R G, ZINGALES L. What do we know about capital structure? Some evidence from international data[J]. The Journal of Finance, 1995, 50（5）: 1421-1460.

[224] RAUH J D, SUFI A. Capital structure and debt structure[J]. The Review of Financial Studies, 2010, 23（12）: 4242-4280.

[225] REDDING G. The spirit of Chinese capitalism[M]. Berlin：Walter de Gruyter, 1990.

[226] ROSS S A. The determination of financial structure: the incentive signalling approach bell[J]. Bell Journal of Economics, 1977, 8（1）: 23-40.

[227] SANTOS J A C. Bank corporate loan pricing following the subprime crisis[J]. The Review of Financial Studies, 2011, 24（6）: 1916-1943.

[228] SHIMIZU K. Prospect theory, behavioral theory, and the threat-rigidity thesis: combinative effects on organizational decisions to divest formerly acquired units[J]. Academy of Management Journal, 2007, 50（6）: 1495-1514.

[229] SHYAM-SUNDER L, MYERS S C. Testing static tradeoff against pecking order models of capital structure[J]. Journal of Financial Economics, 1999, 51（2）: 219-244.

[230] SINGH J V, LUMSDEN C J. Theory and research in organizational ecology[J]. Annual Review of Sociology, 1990, 16（1）: 161-195.

[231] SKINNER D J, SLOAN R G. Earnings surprises, growth expectations, and stock returns or don't let an earnings torpedo sink your portfolio[J]. Review of Accounting Studies, 2002, 7（2）: 289-312.

[232] SMITH K G, GRIMM C M. Environmental variation, strategic change and firm performance: a study of railroad deregulation[J]. Strategic Management Journal, 1987, 8（4）: 363-376.

[233] SONENSHEIN S. We're Changing—or are we? Untangling the role of progressive, regressive, and stability narratives during strategic change implementation[J]. Academy of Management Journal, 2010, 53（3）: 477-512.

[234] SOUDER D, SIMSEK Z, JOHNSON S G. The differing effects of agent and founder CEOs on the firm's market expansion[J]. Strategic Management Journal, 2012, 33（1）: 23-41.

[235] STAW B M, SANDELANDS L E, DUTTON J E. Threat rigidity effects in organizational behavior: a multilevel analysis[J]. Administrative Science Quarterly, 1981, 26（4）: 501-524.

[236] STINCHCOMBE A L, MARCH J G. Social structure and organizations[J]. Advances in Strategic Management, 1965, 17（1）: 229-259.

[237] STREBULAEV I A, YANG B. The mystery of zero-leverage firms[J]. Journal of Financial Economics, 2013, 109（1）: 1-23.

[238] STULZ R. Managerial control of voting rights: financing policies and the market for corporate control[J]. Journal of Financial Economics, 1988, 20（1）: 25-54.

[239] STULZ R. Managerial discretion and optimal financing policies[J]. Journal of Financial Economics, 1990, 26（1）: 3-27.

[240] TEECE D J, PISANO G, SHUEN A. Dynamic capabilities and strategic management[J]. Strategic Management Journal, 1997, 18（7）: 509-533.

[241] TEECE D J. Explicating dynamic capabilities: the nature and microfoundations of (sustainable) enterprise performance[J]. Strategic Management Journal, 2007, 28（13）: 1319-1350.

[242] TITMAN S, WESSELS R. The determinants of capital structure choice[J]. The Journal of Finance，1988，43（1）：1-19.

[243] TRIPSAS M, GAVETTI G. Capabilities, cognition, and inertia: evidence from digital imaging[J]. Strategic Management Journal，2000，21（10-11）：1147-1161.

[244] VERGNE J P, DURAND R. The missing link between the theory and empirics of path dependence: conceptual clarification, testability issue, and methodological implications[J]. Journal of Management Studies，2010，47（4）：736-759.

[245] VILLALONGA B, AMIT R. How do family ownership, control and management affect firm value?[J]. Journal of Financial Economics，2006，80（2）：385-417.

[246] VON HOFSTEN C, VISHTON P, SPELKE E S, et al. Predictive action in infancy: tracking and reaching for moving objects[J]. Cognition，1998，67（3）：255-285.

[247] WALDMAN D A, JAVIDAN M, VARELLA P. Charismatic leadership at the strategic level: a new application of upper echelons theory[J]. The Leadership Quarterly，2004，15（3）：355-380.

[248] WAN W P, YIU D W. From crisis to opportunity: environmental jolt, corporate acquisitions, and firm performance[J]. Strategic Management Journal，2009，30（7）：791-801.

[249] WASSERMAN N. Stewards, agents, and the founder discount: executive compensation in new ventures[J]. Academy of Management Journal，2006，49（5）：960-976.

[250] WELCH I. Capital structure and stock returns[J]. Journal of Political Economy，2004，112（1）：106-132.

[251] WESTPHAL J D, FREDRICKSON J W. Who directs strategic change? Director experience, the selection of new CEOs, and change in corporate strategy[J]. Strategic Management Journal，2001，22（12）：1113-1137.

[252] WESTWOOD R. Harmony and patriarchy: the cultural basis for 'paternalistic headship' among the overseas Chinese[J]. Organization Studies，1997，18（3）：445-480.

[253] WHITED T M, WU G. Financial constraints risk[J]. Review of Financial Studies，2006，19（2）：531-559.

[254] WU X, YEUNG C K A. Firm growth type and capital structure persistence[J]. Journal of Banking & Finance，2012，36（12）：3427-3443.

[255] ZHANG Y, GIMENO J. Earnings pressure and competitive behavior: evidence from the US electricity industry[J]. Academy of Management Journal，2010，53（4）：743-768.

[256] ZHANG Y, RAJAGOPALAN N. Once an outsider, always an outsider? CEO origin, strategic change, and firm performance[J]. Strategic Management Journal，2010，31（3）：334-346.